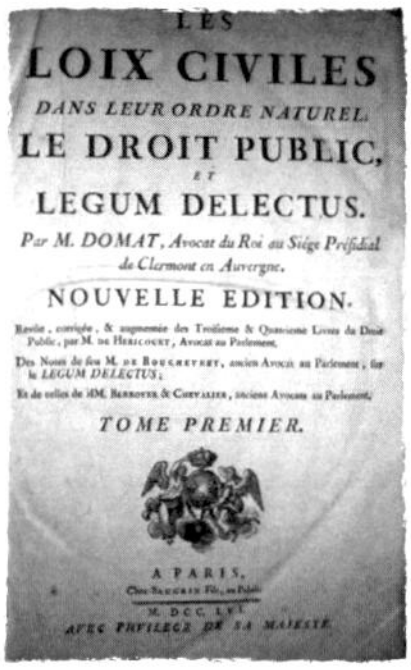
LES
LOIX CIVILES
DANS LEUR ORDRE NATUREL;
LE DROIT PUBLIC,
ET
LEGUM DELECTUS.
Par M. DOMAT, Avocat du Roi au Siége Présidial de Clermont en Auvergne.
NOUVELLE EDITION.
TOME PREMIER.
A PARIS,
M. DCC. LVI.

这是17世纪法国法学家让·多马（Jean Domat, 1625～1696）的著作《自然秩序中的民法》（1756年版）

The Philosophic Studies of Civil Law

民法哲学

第七辑

周清林／主　编　　黄家镇　范雪飞／副主编

法律出版社
LAW PRESS · CHINA
北京

图书在版编目(CIP)数据

民法哲学. 第七辑 / 周清林主编. -- 北京 : 法律出版社, 2024
ISBN 978-7-5197-8704-2

Ⅰ. ①民… Ⅱ. ①周… Ⅲ. ①民法-法哲学-文集 Ⅳ. ①D913.01-53

中国国家版本馆 CIP 数据核字(2024)第 017535 号

民法哲学(第七辑)
MINFA ZHEXUE(DI-QI JI)

周清林 主 编
黄家镇 范雪飞 副主编

策划编辑 似 玉
责任编辑 似 玉
装帧设计 李 瞻

出版发行 法律出版社
编辑统筹 法律应用出版分社
责任校对 李 军
责任印制 刘晓伟
经 销 新华书店

开本 710 毫米×1000 毫米 1/16
印张 13.75 **字数** 225 千
版本 2024 年 4 月第 1 版
印次 2024 年 4 月第 1 次印刷
印刷 北京建宏印刷有限公司

地址:北京市丰台区莲花池西里 7 号(100073)
网址:www.lawpress.com.cn
投稿邮箱:info@lawpress.com.cn
举报盗版邮箱:jbwq@lawpress.com.cn
销售电话:010-83938349
客服电话:010-83938350
咨询电话:010-63939796

书号:ISBN 978-7-5197-8704-2
定价:62.00 元

凡购买本社图书,如有印装错误,我社负责退换。电话:010-83938349

目　　录

社会主义核心价值观与民法

民法结构与制度历史

民法学与政治学交叉

民法法理

特别民法理论

社会主义核心价值观与民法

社会主义核心价值观融入民事法治建设之路径

韩富鹏*

摘 要：社会主义核心价值观落地生根，必须融入民事法治建设的全过程。国家、社会、个人层面的社会主义核心价值观，在民法中具有不同内涵，融入民法的路径和要求也存在明显差异。“富强、民主、文明、和谐”中除民主不宜直接作为民法的价值目标外，其余应作为民法的价值目标，成为民事立法之价值追求，融入民事司法法律解释和法律续造的全过程。作为社会层面价值取向的“自由、平等、公正、法治”，本身具有极强的价值内在多元性，甚至蕴含着相互对立的面向。民事立法和民事司法中，实质面向的“积极自由、实质平等、实质公正”价值对形式面向的限制消极自由、形式平等和形式公正等原则性价值的限制，应保持在必要限度之内。作为个人层面价值准则的“爱国、敬业、诚信、友善”在入法入规时，应当注意把握道德与法律的界限。原则上宜采取倡导性规范的方式予以价值引领，对符合“爱国、敬业、诚信、友善”之行为予以正面激励，对严重违反“爱国、敬业、诚信、友善”之行为予以否定性评价。

关键词：社会主义核心价值观　民事法治建设　民法典　层次性

---

* 韩富鹏，清华大学法学院博士研究生，研究方向：民法学。本文曾获中共南京市委全面依法治市委员会办公室、江苏省社会科学院法学研究所“法智与法治”征文二等奖。

一、问题的缘起

社会主义核心价值观传承着中国优秀传统文化的基因,寄托着近代以来中国人民上下求索、历经千辛万苦确立的理想和信念,也承载着我们每个人的美好愿景。〔1〕习近平总书记强调:“要通过教育引导、舆论宣传、文化熏陶、实践养成、制度保障等,使社会主义核心价值观内化为人们的精神追求,外化为人们的自觉行动。”〔2〕“社会主义核心价值观的培育和践行拥有不同层面的境界,法治境界是最为基础和最为重要的境界,只有在法治境界的基础上,才能逐步提升到伦理境界和信仰境界。”〔3〕将社会主义核心价值观融入法治建设全过程,对于在全社会培育和践行社会主义核心价值观至关重要。2016 年 12 月,中共中央办公厅、国务院办公厅印发了《关于进一步把社会主义核心价值观融入法治建设的指导意见》,要求把社会主义核心价值观的要求体现到宪法法律、法规规章和公共政策之中,转化为具有刚性约束力的法律规定;加快建立健全公正高效权威的社会主义司法制度,努力让人民群众在每一个司法案件中都感受到公平正义,推动社会主义核心价值观落地生根。〔4〕最高人民法院 2015 年 10 月发布了《关于在人民法院工作中培育和践行社会主义核心价值观的若干意见》,并于 2016 年 3 月、2016 年 8 月和 2020 年 5 月发布了三批弘扬社会主义核心价值观的典型案例。2021 年,最高人民法院印发了《关于深入推进社会主义核心价值观融入裁判文书释法说理的指导意见》,对社会主义核心价值观融入裁判文书说理作出了具体规定。《民法典》通过后,相关司法解释和配套规范的立改废释工作正在进行,司法实践也逐步探索准确适用《民法典》及相关规范之路径,尽快地将社会主义核心价值观融入民事立法与司法之全过程,具有紧迫性、必要性,也具有重大的现实意义。

近年来,在法条中写入“社会主义核心价值观”成为社会主义核心价值

---

〔1〕 参见习近平:《青年要自觉践行社会主义核心价值观——习近平在北京大学师生座谈会上的讲话》,载共产党员网,http://news.12371.cn/2014/05/05/ARTI1399236440433514.shtml。

〔2〕 习近平:《使社会主义核心价值观的影响像空气一样无所不在》,载共产党员网,http://news.12371.cn/2014/02/25/ARTI1393330861835553.shtml。

〔3〕 李其瑞、王金霞:《社会主义核心价值观融入法治文化建设研究的现状、意义及前景》,载《陕西师范大学学报(哲学社会科学版)》2018 年第 4 期,第 47 页。

〔4〕 参见中共中央办公厅、国务院办公厅:《关于进一步把社会主义核心价值观融入法治建设的指导意见》,载中国政府网,http://www.gov.cn/xinwen/2016-12/25/content_5152713.html。

观入法入规的重要表现形式之一。[5]《民法典》等法律都明确将"弘扬社会主义核心价值观"作为立法目的,但简单地"写入"并非等于"融入",如何将社会主义核心价值观真正融入民事立法与民事司法全过程,仍然是一个重要课题。社会主义核心价值观是一个整体,但"作为整体的社会主义核心价值观内含着三个不同层面的价值观要求,不同层面的价值观进入权利义务性规范和影响个体行为的方式应当有所差异"。[6] 在民事立法和司法领域,更应当如此。作为国家层面价值目标的"富强、民主、文明、和谐"、作为社会层面价值取向的"自由、平等、公正、法治"、作为个人层面价值价值准则的"爱国、敬业、诚信、友善",在民法中具有不同内涵,融入民事立法与司法的路径和要求也存在明显差异。基于此,本文拟对社会主义核心价值观的不同层面在民法中的具体内涵和融入民事立法、民事司法之路径进行具体分析。

二、"富强、民主、文明、和谐"融入民事法治建设之路径

(一)"富强、民主、文明、和谐"的民法内涵

1. 富强

富强即国富民强,是社会主义现代化国家经济建设的应然状态,也是民事法治建设的应然目标。从宏观角度讲,民法所确立的物权制度、债和合同制度、知识产权制度等制度都是旨在通过对私人权利的保护,鼓励社会成员积极创造财富、积累财富,实现民富国强的价值目标。[7] 从微观角度讲,作为社会主义核心价值观的"富强",与民法中的效率价值相契合。功利主义哲学将功利或福利的最大化作为公正实现的路径,法经济学派均将效率价值作为法学中必须重视之价值,从而作为经济分析之前提。不容否认的是,效率价值是民法领域内的一项普遍价值,在诸多制度中都有体现《民法典》第10条规定的"绿色原则",有环境保护与节约资源双重面向,而全面的节约资源等同于社会成本最小化或社会财富最大化。[8] 绿色原则,便是效率价值在《民法典》中外显的重要表现。《民法典》第313条(善意取得)、第322条(添附)、第580条第1款第2项后半句(经济不能)等具体制度,均体现了效

〔5〕 参见宋维志:《社会主义核心价值观"入法入规"文本研究——以299部法律法规为分析样本》,载《重庆理工大学学报(社会科学)》2021年第4期,第147页。

〔6〕 王怡:《社会主义核心价值观如何入法——一个立法学的分析框架》,载《法学》2019年第9期,第57页。

〔7〕 参见钟瑞栋:《社会主义核心价值观融入民法典编纂论纲》,载《暨南学报(哲学社会科学版)》2019年第6期,第64页

〔8〕 参见贺剑:《绿色原则与法经济学》,载《中国法学》2019年第2期,第110页。

率价值的色彩。有学者指出,对经济效率的追求是中国当代民法得以发生的主要原因。[9]《民法典》第 9 条规定的"绿色原则"及相应的具体制度,为富强价值进入民法教义提供了通道。

2. 民主

民主的本质是人民当家做主,是社会主义的生命,是创造人民美好幸福生活的政治保障,也是法治建设的重要目标。罗马法以降,法律发展呈现出公法与私法的二元分野,公法以维护社会公共利益为主要目的,法律关系的主体一方为公权力机关;私法主要涉及私人之间的利益关系,调整的是平等主体之间的人身关系和财产关系。公法和私法的区分主要是基于功能差异而展开的,[10]在法治建设中实现民主价值的任务,应主要由公法承担。公法私法逐步交融,平行交错地共同实现社会治理的功能,而民法中的某些制度也能体现民主这一社会主义核心价值观的色彩,如决议行为的本质是多数决的意思表示形成机制,便是民主这一社会主义核心价值观在民商法领域的具体体现。[11] 但民法中的多数决机制与作为权力运行机制的民主,具有显著不同。笔者也承认,大力弘扬民法精神有利于消除民主发展的障碍,民法精神能够成为建构和维护民主制度的内驱力,[12]但笔者认为,基于公私法的功能差异,不宜将民主作为民法的基本价值目标。

3. 文明、和谐

文明是社会进步的重要标志,也是社会主义现代化国家的重要特征;和谐是中国传统文化的基本理念,是社会主义现代化国家在社会建设领域的价值诉求。文明与和谐在民法诸制度中均有生动体现,也是民法所应追求的价值目标。作为国家层面价值目标的文明与和谐,便属于"共同善"范畴。亚里士多德主义的共同善目的论将德性的培养和共同善的推进作为实现公正的路径。[13] 亚里士多德认为,正义的标准需要立法者确定,城邦的最高善便应是立法的依据。[14] "个体的善包括生命、知识、游戏、美感、友谊、宗教及实践理性中的自由,而共同体的善就是正义。"[15]"共同善"理论遭到了以罗尔

---

〔9〕 参见熊丙万:《中国民法学的效率意识》,载《中国法学》2018 年第 5 期,第 82 页。

〔10〕 参见许德风:《合同自由与分配正义》,载《中外法学》2020 年第 4 期,第 994 页。

〔11〕 参见王雷:《论我国民法典中决议行为与合同行为的区分》,载《法商研究》2018 年第 5 期,第 128 页。

〔12〕 参见钟瑞栋:《社会主义核心价值观融入民法典编纂论纲》,载《暨南学报(哲学社会科学版)》2019 年第 6 期,第 64 页。

〔13〕 参见[美]迈克尔·桑德尔:《公正:该如何是好?》,朱慧玲译,中信出版社 2011 年版,第 308 页。

〔14〕 参见[古希腊]亚里士多德:《尼各马可伦理学》,廖申白译,商务印书馆 2003 年版,第 5 页。

〔15〕 [美]约翰·菲尼斯:《自然法与自然权利》,董娇娇等译,中国政法大学出版社 2005 年版,第 134 页。

斯为代表的权利正义论的猛烈批评，权利正义论强调个人权利价值的优先性，罗尔斯认为："每个人都拥有一种基于争议的不可侵犯性，这种不可侵犯性即使以整个社会的福利之名也不能逾越。"[16] 权利正义论的观点并非没有可取之处，但综观国家治理实践可以看出，西方大多数国家属权利正义取向的国家治理类型，中国等国家则属于共同善目的取向的国家治理类型。[17] 因此，笔者认为，在我国民法中不应完全排除将文明和谐等共同善作为其目标。作为国家和社会建设目标的文明与和谐，应当全面融入社会主义民事法治建设。

4. 价值目标与目的中立

就正义的实现路径，功利主义与共同善论均属广义的目的论范畴，将福利最大化或共同善的推进预设为正义的目标；权利正义论属于道义论范畴，否认任何先验的原则或至善论的原则作为正义的基础。私法具有目的独立性，"私法唯一能做的就是其自身必须没有目的，而将每个人的目的都当成自己的目的"。[18] 作为普通法的民法典，应坚持中立规则，不适合任何政策性干预。[19] 富强、文明、和谐等价值目标，能否融入民法之中成为民事法治建设之目标，也值得怀疑。但笔者认为，民法制度具有价值包容性，形式正义与实质正义的界限并非清晰，"民法常常将价值判断纳入那些看似与政治、伦理、分配正义无涉的形式标准之中"。[20] 每个人都在追求自己的目的，"即使人民遵守私法，他们实际上仍是在追求他们自己的目的而非立法者的目的"。[21] 但是，这不能否认通过合理的制度供给和司法适用，将富强、文明、和谐等价值融入民法之中的可能性和正当性。如有学者指出，当下的家庭法，是功利主义、共同善论与道义论这三种实现公正路径的混合体。[22] 财产法领域也并不应排除富强、文明、和谐等价值目标的影响。

（二）"富强、民主、文明、和谐"融入民事立法之要求

社会主义核心价值观融入民事法治建设，首先要求作为国家层面价值目

---

〔16〕［美］约翰·罗尔斯：《正义论》（修订版），何怀宏等译，中国社会科学出版社 2009 年版，第 3 页。

〔17〕参见刘敬鲁：《当代西方国家治理研究的两种价值取向及其意义》，载《哲学动态》2015 年第 1 期，第 42 页。

〔18〕易军：《私人自治与私法品性》，载《法学研究》2012 年第 3 期，第 72 页。

〔19〕参见苏永钦：《寻找新民法》，北京大学出版社 2012 年版，第 90 页。

〔20〕许德风：《合同自由与分配正义》，载《中外法学》2020 年第 4 期，第 989 页。

〔21〕易军：《私人自治与私法品性》，载《法学研究》2012 年第 3 期，第 73 页。

〔22〕参见刘征峰：《家庭法中的类型法定原则：基于规范与生活事实的分离和整合视角》，载《中外法学》2018 年第 2 期，第 489 页。

标的“富强、民主、文明、和谐”,同时成为民事立法所追求之价值目标。如前所述,民法诸制度体现了民主的色彩,但民主本身不宜作为民法之价值目标。但“富强、文明、和谐”等价值目标,本身与民法的价值追求具有很强的契合性,应当成为民事立法所追求之价值。

1.“富强”融入民事立法

富强即国富民强,是我国民事立法所追求的重要价值。《民法典》编纂,集中而深刻地体现了富强价值的要求。首先,《民法典》最大限度地保障了私法自治,集中清理了私法自治的制度障碍,有助于有效激发市场活力,推动社会财富的增长。[23] 如就受欺诈、受胁迫订立合同的效力,原《合同法》采纳了二元效力的立法模式,一方以欺诈、胁迫的手段订立合同,损害国家利益的合同无效,而一方以欺诈、胁迫的手段订立的、没有损害国家利益的合同可撤销。相较于无效制度,可撤销制度通过赋予一方当事人撤销权来决定该民事法律行为的效力,是否主张撤销权取决于当事人的决定,更有利于维护意思自治。规定欺诈、胁迫损害国家利益的合同无效,主要在于防止受害人对国有财产漠不关心,导致国有财产流失。[24] 这容易被人理解为,国有企业受欺诈、胁迫而订立的合同属于国家利益受损害而无效,而国有企业欺诈、胁迫非国有企业则属于可撤销,这有违民法的平等原则。《民法典》第148~150条最终取消了二元效力的区分,所采可撤销的一元效力模式,更加充分保障了民事主体的意思自治。其次,《民法典》明晰产权关系,构建基本的市场经济秩序,激励人们创造财富。《民法典》扩张物权客体、新增添附制度,有助于进一步厘定物的归属关系克服公地悲剧,避免物被过度使用;通过新设土地经营权、创新业主表决规则等做法,确认物权性的使用关系克服反公地悲剧,最大限度地发挥物的价值。[25] 再次,《民法典》积极协调法益保护和行动自由之间的关系,一方面,通过惩罚性赔偿、获利返还、精神损害赔偿等制度加大对侵权行为的制裁力度,充分发挥侵权法的预防功能,通过强化法益保护鼓励财富创造;另一方面,《民法典》通过贯彻自己责任和过错责任的原则、增加自甘冒险等免责事由、完善高空抛物规则等方式,充分保障行为人的行为自由,激发人民群众的创造力。此外,《民法典》强调夫妻平等及家庭和睦

---

〔23〕 参见王利明:《民法典:国家治理体系现代化的保障》,载《中外法学》2020年第4期,第848页。

〔24〕 参见胡康生主编:《中华人民共和国合同法释义》(第3版),法律出版社2013年版,第101页。

〔25〕 参见谢鸿飞:《〈民法典〉物权配置的三重视角:公地悲剧、反公地悲剧与法定义务》,载《比较法研究》2020年第4期,第64页。

团结,为国家富强提供了稳定的社会基础;通过扩大遗产范围、完善遗嘱形式、新增遗产管理制度、扩大代位继承人范围等途径完善继承制度,激励人民群众创造财富。最后,《民法典》在激励财富创造的同时,也强调节约资源、避免浪费。《民法典》第9条确立绿色原则作为民法的基本原则,并在分则编合同履行、合同终止、相邻关系等制度中增加节约资源的相关规范,将节约资源的基本理念融汇于各分编具体规则、贯穿整个民事活动。[26]

但是,《民法典》对富强价值观要求的落实,也存在不尽如人意之处。这主要表现为两个方面:一是制度规范供给不足,比如欠缺法定地役权制度。根据《民法典》第372条的规定,地役权基于双方的约定产生。但是,如果地役权人对他人土地利用效益明显大于供役地人可能受到的损失,创设地役权更有助于社会整体福利的增加。当需役地人欠缺足够的交易对象可供选择,只能在有限的供役地上设定地役权方能实现不动产利用效益最大化的需要时,容易受到供役地人的"敲竹杠"行为,双方自愿达成交易的交易成本极高。[27] 此时,有必要通过法定地役权制度克服当事人之间的合作障碍,增加社会整体福祉。在《民法典》编纂过程中,就有学者建议增设法定地役权制度。[28] 但遗憾的是,《民法典》并未就法定地役权作出一般规定,有赖特别法予以完善。二是制度障碍清理不彻底。如前所述,《民法典》大范围地清理了阻碍当事人意思自治、创造财富的制度障碍,但仍存在一定的残余。比如,《民法典》第397条规定了建设用地使用权和建筑物一并抵押的规则,并规定抵押人未一并抵押的,未抵押财产视为一并抵押。有学者认为,抵押财产自动延伸部分,性质为法定抵押权。[29] 根据《最高人民法院关于适用〈中华人民共和国民法典〉有关担保制度的解释》第51条的规定,房地分别抵押时,应当将房屋所有权和建设用地使用权视为同一抵押财产,根据抵押登记的时间先后确定优先受偿的顺序。笔者认为,这过分干涉了当事人的意思自治,不利于鼓励交易和提高社会整体福祉。房地一体原则的目的在于保障建筑物所有权和建设用地使用权不会出现权利主体分离,克服"反公地悲剧"。而房地分别抵押,只要保证抵押权实现时一并处分便可避免权利主体分离现

---

〔26〕 参见王旭光:《〈民法典〉绿色条款的规则构建与理解适用》,载《法律适用》2020年第23期,第14~29页。

〔27〕 参见[美]理查德·A.波斯纳:《法律的经济分析》(第7版,中文第2版),蒋兆康译,法律出版社2012年版,第85页。

〔28〕 参见崔建远:《民法分则物权编立法研究》,载《中国法学》2017年第2期,第56页。

〔29〕 参见崔建远:《中国民法典释评·物权编》(下卷),中国人民大学出版社2020年版,第359页。

象,各抵押权人优先受偿权范围并不影响房地一体规范目的的实现。抵押人将建筑物和建设用地使用权分别抵押给不同的抵押权人,意味着当事人基于意思自治对抵押范围做了明确安排。[30] 坚守一并抵押规则,有违意思自治,不利于最大限度发挥抵押物的担保价值,提高融资效率。在未来制定相关法律和司法解释时,应当进一步予以完善,最大限度地服务国富民强这一价值目标的实现。

2. "文明、和谐"融入民事立法

建设文明国家、和谐社会是我国社会主义现代化建设的宏伟目标,也理应成为民事立法的价值追求之一。在《民法典》中,体现对文明和谐价值追求的具体制度,不胜枚举。比如,《民法典》开世界民事立法之先河,将绿色原则确立为民法的基本原则,并将生态修复责任纳入民法责任形式,极大地推动了我国生态文明建设进程。《民法典》在协议离婚制度中增加离婚冷静期规定,有助于限制和约束轻率离婚,维护家庭稳定,推进社会和谐。[31] 再如,以人为本,促进人的全面发展是社会主义文明建设的重要目标。民法的终极价值是对人的关怀,民法的最高目标就是服务于人格的尊严和人格的发展。[32] 在《民法典》中引入人文关怀理念,首先就表现在将人格权独立成编。[33] 《民法典》将人格权编独立成编,并增加、完善了诉前禁令(第997条)、人体基因等医学科研活动规范(第1009条)、性骚扰防范(第1010条)等规范,极大地深化了人格权的内涵、扩展了人格权的外延、丰富了人格权的保护手段、增强了人格权的保障力度,极大地推动了文明国家的建设。

《民法典》不是民事立法推动文明国家、和谐社会建设的终点,而有赖于未来法律和司法解释的进一步完善。例如,《民法典》新增离婚冷静期制度,在限制和约束轻率离婚的同时,一定程度上限制了离婚自由。如果婚姻一方当事人存在婚内同居、家暴、遗弃、虐待等情节,适用离婚冷静期制度不利于保护另一方当事人利益,也无益于和谐社会建设,应当限制离婚冷静期制度的适用。[34] 未来司法解释,需要进一步明确离婚冷静期制度的消极适用范

---

[30] 参见高圣平、严之:《房地单独抵押、房地分别抵押的效力——以〈物权法〉第18条为分析对象》,载《烟台大学学报(哲学社会科学版)》2012年第1期,第13页。

[31] 参见马忆南:《离婚冷静期是对轻率离婚的限制和约束》,载《妇女研究论丛》2020年第4期,第103页。

[32] 参见王利明:《民法的人文关怀》,载《中国社会科学》2011年第4期,第152页。

[33] 参见王利明:《人文关怀与人格权独立成编》,载《重庆大学学报(社会科学版)》2016年第1期,第176页。

[34] 参见夏沁:《民法典登记离婚冷静期条款的解释论》,载《法学家》2020年第5期,第37~38页。

围。再如,《民法典》第997条新增了人格权侵权诉前禁令规范,但对该禁令的性质、申请程序、构成要件、审查标准均欠缺具体规定,需要相应司法解释予以厘清。

(三)“富强、民主、文明、和谐”融入民事司法之要求

1.“富强、文明、和谐”价值目标与法律解释

语言具有歧义性、模糊性和价值评价的开放性等特征,法律同样以语言为载体,在适用过程中同样需要以法律解释为前提。就法律解释的方法,萨维尼提出了文义解释、历史解释、体系解释和目的解释四种解释方法。[35] 尽管就解释方法一直存在争议,但萨维尼的理论经受住了考验,在当今法学方法论中仍占据主导地位。[36] 作为民法价值目标的“富强、文明、和谐”,可以融入传统法律解释方法之中。首先,文义解释从法条文义出发,如果具有开放性的法律概念本身带有经济意涵,如《民法典》第580条第1款第2项规定的履行费用过高规则,文义解释时可以引入经济分析的方法精确化其内涵,以实现富强价值。其次,历史解释要求从立法资料中探求立法者的意思,如果立法资料本身包含效益考量或者推进国家文明、社会和谐等因素,历史解释可以将其作为考量因素,以探求立法者的意思。再次,体系解释是以维持法律体系的一致性与融贯性为依据的解释方法,旨在避免法律适用的矛盾冲突和追求价值评价的融贯。法律体系可以分为外在体系和内在体系,前者指的是法律概念的抽象程度位阶所形成的体系,后者是取向于法律体系内在的价值判断与一般原则所形成的价值目的体系。“富强、文明、和谐”等价值目标的确立,有助于内在体系层面实现价值融贯,避免评价矛盾。最后,法律适用是一种价值实现的行为,[37] 目的解释在法律适用中发挥了至关重要的作用。实现作为国家层面价值目标的“富强、文明、和谐”,本身应当成为民法的客观规范目的,成为目的解释的重要根据。

2.“富强、文明、和谐”价值目标与法律续造

有限的法律规范,面对无限并不断发展的社会现实,不可避免地存在法律漏洞。法律解释以文义所表达的可能范围为限,超出该范围即进入了法律

---

〔35〕 参见[德]萨维尼:《当代罗马法体系Ⅰ:法律渊源·制定法解释·法律关系》,朱虎译,中国法制出版社2010年版,第166页。

〔36〕 参见[奥]恩斯特·A.克莱默:《法律方法论》,周万里译,法律出版社2019年版,第25页。

〔37〕 See B. Rüthers, Rechtordung und Wertordung, Konstanz1986, S. 19ff.

续造的范畴。[38] 类推适用、目的性限缩、目的性扩张等方法是法律续造的重要方法。法律续造无法按照纯粹的形式逻辑方法作业,而是需要价值导向式思考。类推适用并非判断类推与被类推情形"事实上的相似性","富强、文明、和谐"价值目标可以作为理解和确认民法规范目的的准据,证成法官对法律客观规范目的理解的合理性,指引法官法律续造作业。如前所述,《民法典》新增离婚冷静期制度,旨在减少轻率离婚,维护社会和谐。但在一方存在婚内同居、家暴、遗弃、虐待等情节时,双方离婚很难评价为轻率离婚,要求冷静期后双方才能办理离婚,可能给一方当事人造成进一步伤害,不利于和谐社会的构建。由于《民法典》欠缺离婚冷静期的限制性规范,应当目的性限缩《民法典》离婚冷静期规范的适用范围,排除一方存在婚内同居、家暴、遗弃、虐待等情节在该制度中的适用。

三、"自由、平等、公正、法治"融入民事法治建设之路径

(一)"自由、平等、公正、法治"的民法内涵

"自由、平等、公正、法治"属于社会层面的价值取向,与民法更具天然的亲和性。《民法典》第 4 条规定的平等原则、第 5 条规定的自愿原则、第 6 条规定的公平原则,与作为社会主义核心价值观的"自由""平等""公正"相对应;而编纂《民法典》并加强《民法典》执法司法活动,便是"法治"的应有之义,《民法典》第 3 条规定的权益保护原则、第 8 条规定的合法原则,都体现了法治之要求。作为社会价值取向的"自由、平等、公正、法治",其本身具有极强的价值内在多元性,甚至蕴含着相互对立的面向,如积极自由与消极自由、形式平等与实质平等、形式正义与实质正义、形式法治与实质法治。不同面向具有不同内涵,融入民事法治建设的路径和要求也存在明显差异。

1. 消极自由与积极自由

1958 年,政治哲学大师以赛亚·伯林在《两种自由概念》的演讲中,将自由划分为两个面向:消极自由与积极自由。消极自由指的是"免于……的自由",意味着没有障碍,在一个领域内可以不受阻碍地行动,消极自由与人的能力无关;积极自由指的是"去做……的自由",强调行为主体意志的实现,认为国家有义务保障个体具有有效追求个人目标的能力。[39] 西方古典自由

---

〔38〕 参见[德]卡尔·拉伦茨:《法学方法论》(第 6 版),黄家镇译,商务印书馆 2020 年版,第 460 页。

〔39〕 参见[英]以赛亚·伯林:《自由论》,胡传胜译,译林出版社 2011 年版,第 179 页。

主义主要强调自由的消极自由面向，作为社会主义核心价值观的自由，应同时保障人民的消极自由与积极自由。民法上的自由价值，也应包含消极自由与积极自由两个面向。消极自由表现为私人自治原则，即保障“个人通过其意思自主形成法律关系”，〔40〕原则不受强制干涉和妨碍。积极自由要求法律关注不同主体追求个人目标在法律上实现的能力差异，保障不同个体自主决定的前提不受妨害。《民法典》中的强制缔约（第494条）、格式条款规制（第496～498条）、显失公平（第151条）、利息管制（第680条第1款）、流质流押（第401、428条）等规范，均体现了积极自由的要求。

2. 形式平等与实质平等

平等指涉的是人们基于同类主体间的一致性确立起来的一种主体与主体等同对待的价值起点，〔41〕不同的平等观虽有相同的价值预设，但在内容和诉求上存在显著差异。根据平等的发展历程和实践程度，可以将平等分为形式平等和实质平等。形式平等指的是抽象的无条件的平等，不考虑实际情况的差异，依据最基本的平等价值原则推出平等的规范；实质平等指的是具体的、有条件的平等，要求关注不同主体之间知识、能力、信息、经验、规模等多方面差异，从而实现对弱者的补偿与同情。以形式平等为核心的平等观，本质上是一种资产阶级的平等诉求，〔42〕逐步成为两极分化的催化剂。作为社会主义核心价值观的平等，不应仅关注形式平等，更应重视实质平等的实现。同时，《民法典》的规范设计也全面体现了形式平等和实质平等的辩证统一关系。《民法典》赋予每一个生物学意义上的人以平等的权利能力，并对不同主体的民事权利予以平等的保护，体现了形式平等的要求。但“现代法上的法律人格经历了从法律人格的平等向不平等的人、从抽象的法律人格向具体的人、从理性的强而智的人向弱而愚的人转变”。〔43〕《民法典》第128条对消费者、劳动者的保护作出了一般性规定，为特别立法提供了基础，反映了现代民法中“具体人”的发展，〔44〕充分体现了实质平等的要求。

---

〔40〕 参见易军：《私人自治的政治哲学之维》，载《政法论坛》2012年第3期，第13页。

〔41〕 参见林剑、张旭：《唯物史观视域下的形式平等与实质平等》，载《江汉论坛》2019年第11期，第5页。

〔42〕 参见林剑、张旭：《唯物史观视域下的形式平等与实质平等》，载《江汉论坛》2019年第11期，第8页。

〔43〕 ［日］星野英一：《私法中的人》，王闯译，中国法制出版社2004年版，第50页。

〔44〕 参见姜战军：《历史视野中民法的“多彩人像”》，载《法律科学（西北政法大学学报）》2020年第1期，第79页。

3. 形式公正与实质公正

社会公平正义是人民创造美好生活的基本需要。[45] “公正”是对社会主体之间权利与义务的配置比例是否恰当,差别是否合理的一种价值评判,既覆盖了人类社会价值准则的“正义”维度,也关注现实生活中人们的“公平”诉求,具有强大的包容性。[46] 但笔者认为,“公正”与“公平”“正义”并不能严格区分。公正可以分为形式公正与实质公正两个面向。形式公正是一种无视境况的差异同等对待一切人的观念,实质公正立足于具体现象,秉持特殊情况特殊处理、个别情况个别对待;[47]形式公正侧重公正的程序规则;实质公正侧重公正的内容和结果。[48] 马克思认为,“正义”既有作为法权意义的形式正义的含义,又有作为规范意义的实质正义的含义。[49]《民法典》体系同时容纳了形式公正与实质公正,以形式公正为原则,以实质公正为例外。[50] 前者表现在诸如以主观等价性作为交换正义性的判断标准等规范之中,后者则体现于显失公平(第151条)、情势变更(第533条)、公平分担损失(第1186条)等例外性制度。

4. 形式法治与实质法治

法治是国家治理的基本方式,是国家治理现代化的重要标志。[51] 法治是社会保障之盾,我国正处于社会转型时期,民主、自由、公正的真正实现,离开法治就无从谈起。[52] 法治可以分为形式法治和实质法治两个面向。形式法治与实质法治共享法治的以下要素:(1)政府受法律限制;(2)形式合法性;(3)法律而非人的统治,[53]但存在不同的含义。形式法治观认为,法治是“依照法律的统治”,富勒曾总结了法治的8项条件:“法律的一般性、公开性、不溯及既往、意义的明确性、不得自相矛盾、不规定不可能之事、稳定性、官方行动与公布规则之间的一致性。”[54]这些要求本身是形式的,没有对法律内容提出任何特定的要求,形式法治具有道德中立性,并不承诺特定的道

〔45〕 参见胡玉鸿:《新时代推进社会公平正义的法治要义》,载《法学研究》2018年第4期,第40页。
〔46〕 参见吴沁芳:《公正的价值维度及其现实观照》,载《学习与实践》2017年第3期,第56页。
〔47〕 参见易军:《民法基本原则的意义脉络》,载《法学研究》2018年第6期,第58页。
〔48〕 参见吴沁芳:《公正的价值维度及其现实观照》,载《学习与实践》2017年第3期,第58页。
〔49〕 参见刘祥乐:《马克思正义观的双重向度及其方法论原则》,载《湖北社会科学》2017年第1期,第11页。
〔50〕 参见易军:《民法公平原则新诠》,载《法学家》2012年第4期,第71~72页。
〔51〕 参见张文显:《法治与国家治理现代化》,载《中国法学》2014年第4期,第5页。
〔52〕 参见陈金钊:《对法治作为社会主义核心价值观的诠释》,载《法律科学(西北政法大学学报)》2015年第2期,第14页。
〔53〕 参见李桂林:《实质法治:法治的必然选择》,载《法学》2018年第7期,第73页。
〔54〕 [美]富勒:《法律的道德性》,郑戈译,商务印书馆2017年版,第55~107页。

德价值。实质法治观认为,形式法治是法治的必要不充分条件,一个满足形式法治原则要求的法律体系,仍难以实现法治的目标。[55] 实质法治要求在形式法治层面增加实质价值与实质内容的要求。形式法治的一般性、明确性、禁止溯及既往等要求,均得到了《民法典》之肯认和贯彻;同时,《民法典》的适用也不能脱离实质价值而走向虚幻的规则之治。

(二)恪守"消极自由、形式平等、形式公正"之原则地位,以负面清单形式创设其例外

在民法价值体系中,形式面向的"消极自由、形式平等、形式公正"处于原则地位。消极自由、形式平等和形式公正,形成了高度融贯的体系,均旨在落实个体性价值,构成民法上最稳固、坚硬的部分,应严予坚守。[56] 消极自由、形式平等、形式公正处于原则地位,意味着其具有初始的优先性。但形式面向忽视具体情况差异,容易沦为掩饰不平等之工具,具有一定的虚伪性。当存在更强理由时,消极自由、形式平等和形式公正等原则性价值,同样应被限制。实质面向的"积极自由、实质平等、实质公正"也存在其理论缺陷,如实质公正强调结果面向,容易沦为平均主义;在对自由即自主、自控的理解和追求的过程中,积极自由最终可能会变成强制和压迫的一种借口。[57] 实质面向的"积极自由、实质平等、实质公正"价值对形式面向的限制消极自由、形式平等和形式公正等原则性价值的限制,应保持在必要限度之内,立法技术上应采用"负面清单"的方式。国家治理体系层面上的负面清单模式,指的是仅列举法律法规禁止的事项,法律没有明确禁止的事项,都属于法律允许的事项。[58] 对消极自由、形式平等和形式公正的限制,也应通过负面清单模式,限定在法律明文列举的情形之中。

消极自由是民法的核心价值,但消极自由是相对的,对其限制也是必要的。对消极自由的限制应采用负面清单模式。《民法典》第 143 条明文规定了法律行为的有效要件,便与这一要求存在抵牾。法律行为的有效要件旨在限制私人自治,因此,不应正面规定有效要件,而应一般性地承认法律行为成立即发生效力,仅消极列举性地规定法律行为生效不应有的内容。[59] 即使

---

〔55〕 参见李桂林:《实质法治:法治的必然选择》,载《法学》2018 年第 7 期,第 76 页。

〔56〕 参见易军:《民法基本原则的意义脉络》,载《法学研究》2018 年第 6 期,第 53 页。

〔57〕 参见肖红春、肖泳冰:《虚幻的影像——伯林自由理论析论》,载《中南大学学报(社会科学版)》2014 年第 1 期,第 151 页。

〔58〕 参见王利明:《负面清单管理模式与私法自治》,载《中国法学》2014 年第 5 期,第 26 页。

〔59〕 参见易军:《法律行为生效要件体系的重构》,载《中国法学》2012 年第 3 期,第 80、90 页。

不满足《民法典》第143条的有效要件,意思表示仍可能有效。如表意人真意保留,不满足"意思表示真实"要件,但除相对人明知外,该意思表示仍为有效。即使存在欺诈、胁迫、重大误解等事由,撤销权人作出撤销意思表示前,该意思表示仍为有效。在《民法典》第143条已经明文规定法律行为有效要件的背景下,解释论上应当进行适当扩张,将不满足该规范的某些情形纳入有效的意思表示范围。

形式平等是自由的前提,与消极自由具有内在一致性。不同的民事主体在法律地位上是平等的,因而人人可以享有自由,即处于一种同等自由的状态,自由的主体借形式平等可达到最大的广泛性与普遍性。[60] 民法应以形式平等为原则,只有在双方虽然形式平等,但规模、能力、经验等多方面差异已经达到法律应作区别对待的程度时,才例外采取实质平等原则。实质平等原则的具体适用领域,应限制在法律明文规定的情形之中。如果双方实质性的不平等已经呈现出固化趋势,这些内容可能就溢出民法之范围,如消费者法、劳动法;如果双方实质性不平等尚未出现固化趋势,应尽可能弥补一方自由意志之不足,如格式条款中提供格式条款一方的提示说明义务。

形式公正与消极自由、形式平等同样具有天然的契合性。合同机制内含正确性担保,从某种程度上可以确保内容是公平的,法律对合同约定的法律效果进行评价时,并不考虑该约定的"合理性",其合理性来源于合同的约定。[61] 矫正正义亦具有形式性特征,从反面体现了消极自由价值。形式公正的原则地位并不意味着民法全然与实质公正无涉,当坚持形式公正导致结果存在明显的不正义时,民法亦追求实质公正。但是,追求实质公正的制度必须是法定的,实质公正原则在法律明文规定的具体规范之外,不存在适用余地。[62] 如果法官可以通过自由裁量的方式舍弃形式公正而追求实质公正,将是不合理的,也是危险的。

司法实践中,应通过比例原则审查"积极自由、实质平等、实质公正"突破"消极自由、形式平等、形式公正"原则的正当性。比例原则由适当性、必要性和均衡性三个子原则组成,要求公权力行使之目的和手段之间处于合比例的关系。适当性原则要求行政机关所采取的手段至少应当有助于目的实现;必要性原则要求当存在数个可以实现同一目的手段时,行政机关应当选

---

〔60〕 参见易军:《私人自治与私法品性》,载《法学研究》2012年第3期,第70页。

〔61〕 参见[德]维尔纳·弗卢梅:《法律行为论》,迟颖译,法律出版社2013年版,第5页。

〔62〕 参见于飞:《民法基本原则:理论反思与法典表达》,载《法学研究》2016年第3期,第96页。

择对公民权利干预最小之手段;均衡性原则要求行政机关所采取的手段与其所达到的目的之间必须合比例。比例原则起源于行政法领域,主要审查行政机关公权力干预公民权利是否具有合理性。近年来,比例原则的发展正在经历范式转型,逐渐从行政法向民法、刑法等部门法渗透。[63] 部分民法学者主张将比例原则引入民法,"比例原则作为对目的理性的凝练概括,作为成本效益分析的另一种表达,在私法中也应具有普适性"。[64] 笔者对此表示认同。相较于行政机关公权力,行政相对人私权在法律上具有初显的优先性。同样,相较于"积极自由、实质平等、实质公正",作为民法精神内核的"消极自由、形式平等、形式公正"具有初显优先性。初显优先性并不排除其他价值击退该价值的可能,但要求具有更强的理由。"积极自由、实质平等、实质公正"对"消极自由、形式平等、形式公正"的突破,应限制在必要限度内,以维系民法之不堕。

(三)保证"负面清单"既具有适度开放性,又不过度泛滥

对消极自由、形式平等和形式公正之限制,需要法律通过负面清单方式予以列举。这一要求,同时对"负面清单"立法之科学性有了更高的要求。首先,负面清单应当具有适度的开放性和灵活性,以避免规范供给之不足。《民法典》第153条便是正面范例。《民法典》第153条第1款对应《德国民法典》第134条,该条款并非独立性规范,而是对违反法律、行政法规禁止性规定作出的法律行为规定民法上的法律后果,该规范构成民法和公法之间最重要的连接纽带。[65] 该规定将公法上的规范接入民法,保障了民法向公法的开放性。《民法典》第153条第2款进一步使民法向"作为主导的法律道德和社会道德"的善良风俗开放。该条款属于概括性条款,而概括性条款授权法官在私法不同价值之间相互权衡以实现各价值的动态平衡,具有授权法官进行造法之法律发展的功能。[66] 《民法典》第153条的两款规范,充分保障了民法的弹性和灵活性,使得民法可以相对适应时代发展之要求。《民法典》第1236条是另一典型范例。无过错责任不以违法性为前提,其根本思想乃是对不幸损害的合理分配,旨在践行分配正义。[67] 无过错责任以法律明

---

〔63〕 参见蒋红珍:《比例原则适用的范式转型》,载《中国社会科学》2021年第4期,第110页。

〔64〕 纪海龙:《比例原则在私法中的普适性及其例证》,载《政法论坛》2016年第3期,第98页。

〔65〕 [德]迪特尔·施瓦布:《民法导论》,郑冲译,法律出版社2006年版,第468页。

〔66〕 参见刘亚东:《民法概括条款适用的方法论》,载《政治与法律》2019年第12期,第82页。

〔67〕 参见易军:《民法公平原则新诠》,载《法学家》2012年第4期,第66页。

文规定为前提,比较法上通常只针对具体情形规定无过错责任,并且禁止类推适用现有的无过错责任规范。[68] 这种立法模式和法律适用技术不可避免地具有不完整性、滞后性,且有违相同情形相同处理的平等原则。不同于其他域外立法,我国《民法典》第 1236 条沿袭原《侵权责任法》第 69 条对高度危险作业规定了一般条款,在一定程度上克服了上述问题。

《民法典》第 1186 条可谓反面事例,该条规定:“受害人和行为人对损害的发生都没有过错的,依照法律的规定由双方分担损失。”这在理论上被称为“公平责任”或者“公平分担损失”。公平分担损失规范以实现实质公正为目的,对于弥补过错责任和无过错责任二元归责体系的不足,具有重要意义。但是,《民法典》第 1186 条将公平分担损失的适用范围限制在存在明确法律规定的情形之中,使得该条款的灵活性和开放性稍显不足。例如,《民法典》第 1190 条第 1 款规定,因暂时丧失意识或失去控制造成他人损害的完全民事行为能力人,只要对暂时丧失意识或失去控制没有过错便无须承担过错责任。过错判断采客观主义标准,原则上不考虑侵害人的个体状态,但在行为人失去意识或控制情形,却将个体特征纳入考量,使行为人受到责任能力优待。[69] 《民法典》第 1190 条第 1 款后半句规定的“公平责任”,便是对这一利益失衡的校正。但是,将行为人的个体特征纳入考量从而使行为人获得优待,并非仅限于这一情形。过失判断原则采客观过失标准,当行为人因年龄、身体残疾或极其特殊的情况无法期待行为人符合理性人标准时,应对客观过失标准进行调整。[70] 此时,行为人的个体性特征也纳入了考量,双方当事人的利益天平偏向了对行为人的保护,需要适用公平责任予以校正。但现行法并没有相关规定,从而无法适用《民法典》第 1186 条要求行为人分担部分损失。《民法典》第 1186 条僵硬封闭的缺陷,暴露无遗。

针对现行负面清单规范存在的僵硬性、封闭性问题,司法实践中可以运用类推适用等法律适用方法予以克服。负面清单规范旨在实践“积极自由、实质平等、实质公正”等价值,在民法规范体系中处于例外地位。有学者认为,原则规范乃是针对事物的常态所设并理应“通常适用”的规范,例外规范

---

〔68〕 参见[德]埃尔温·多伊奇、汉斯-于尔根·阿伦斯:《德国侵权法:侵权行为、损害赔偿及痛苦抚慰金》(第 5 版),叶名怡、温大军译,中国人民大学出版社 2016 年版,第 175 页。

〔69〕 参见吴香香:《中国法上侵权请求权基础的规范体系》,载《政法论坛》2020 年第 6 期,第 178 页。

〔70〕 参见欧洲侵权法小组编著:《欧洲侵权法原则:文本与评注》,于敏、谢鸿飞译,法律出版社 2009 年版,第 117 页。

则是为因应情节变异所设。因此,就一般意义而言,“例外规范不得类推适用”这一命题具有一定的合理性。[71] 但是,“例外规定不得类推适用”本质上反映了概念法学法无漏洞的幻想,只不过这一命题主张例外规定的设置不存在漏洞。[72] 因立法技术缘由,例外规范有时残缺不全,严守“例外规定不得类推适用”难以获得公平的裁判结果。[73] 因此,当负面清单僵硬、封闭难以适应实践需要时,司法实践不必受“例外规定不得类推适用”命题的约束,可以通过类推适用等方法填补漏洞。在前文所述情形中,适用主观过失标准认定行为人没有过失时,与《民法典》第 1190 条第 1 款规定的情形类似,均将行为人的个体特征纳入考量因素,双方当事人的利益天平偏向了对行为人的保护。此时,可以通过类推适用《民法典》第 1190 条第 1 款后半句,对行为人苛以公平责任,以调整当事人之间失衡的利益关系。

其次,负面清单也应保持一定的具体性和明确性以趋避被过度滥用的危险。原《侵权责任法》第 24 条便是反面事例之一。原《侵权责任法》第 24 条规定:“受害人和行为人对损害的发生都没有过错的,可以根据实际情况,由双方分担损失。”其中,“行为人和受害人均没有过错”只是划定了该条款适用的最大范围,但并未对此范围内何种情形可以适用该条款提供任何指引;“可以根据实际情况”授权法官进行判断,但也未对应考量何种情况提供任何指引,这导致该条款在实践中有很大的被滥用的危险。原《侵权责任法》施行 10 余年来的司法实践,也充分印证了这一担心绝非杞人忧天。原《侵权责任法》第 24 条几乎成了无法通过其他规则追究责任时判决相关当事人分担损失的万能条款,该规范的适用范围也不再限于因行为人没有过错而无须承担责任,在不存在加害行为、[74] 不存在因果关系[75] 等情形时,均存在适用原《侵权责任法》第 24 条的相关判例。正因如此,《民法典》第 1186 条将“可以根据实际情况”改为“依照相关规定”,从根本上防止了公平责任的滥用,但如前所述,该规定又产生了僵硬封闭的问题。

---

〔71〕 参见易军:《原则/例外关系的民法阐释》,载《中国社会科学》2019 年第 9 期,第 83 页。

〔72〕 参见韩富鹏:《民法中“例外规定不得类推适用”之反思与重构》,载《西北民族大学学报(哲学社会科学版)》2021 年第 1 期,第 111 页。

〔73〕 参见易军:《原则/例外关系的民法阐释》,载《中国社会科学》2019 年第 9 期,第 83 页。

〔74〕 参见新安县石井镇安里村民委员会与洛阳市新生实业公司、洛阳市老城区洛浦办事处新生村民委员会财产损害赔偿纠纷案,河南省高级人民法院(2015)豫法民一终字第 361 号民事判决书。

〔75〕 何春磊、何双磊海上、通海水域人身损害责任纠纷案,最高人民法院(2018)最高法民申 971 号民事裁定书;刘玉娟、湖南制药有限公司医疗损害责任纠纷案,湖南省高级人民法院(2018)湘民终 922 号民事判决书。

当负面清单过于抽象而存在被滥用危险时,司法实践中应尽量驯服个中之恣意而追求其客观性。民法学界也应当提供可行方案,以尽量限制规范恣意,增强规范的确定性。面对规范中的不确定性概念和概括条款,传统的解释方法存在力所不逮之处。[76] 对此类规范的适用,需要进行具体化,案例群便是其中重要的方法。[77] 民法学界可以进行相似案例总结归纳和案例群构建,为司法实践提供较为明确的指引。

从立法论上讲,对消极自由、形式平等和形式公正之限制,对积极自由、实质平等和实质公正之追求,在民法体系中处于例外地位。例外规范既要避免过于抽象泛泛而导致滥用,从而冲击原则规范,也应保持适当的开放性和灵活性,以适应社会发展之需要。例示列举规范是值得借鉴的立法技术,例示列举规范的优点在于,一方面以概括性的用语赋予法官在法律适用时的裁量空间,另一方面通过例示事项的指引限制法官的裁量。[78] 例示列举规范处于列举规定与概括规定之间的过渡地带,既有具体性又具有抽象性,[79]能够在具体明确和灵活开放之间保持折中。

(四)坚持实质法治观,提高立法质量,树立功能主义司法观

良法是善治之前提,提高立法质量,是"法治"价值观融入民事立法的应有之义和必然要求。笔者认为,在立法层面,应坚持实质法治观,既要保证立法符合公开性、明确性、稳定性、不自相矛盾等形式要求,也应保证立法价值判断具有实质妥当性。《民法典》在形式与实质层面,均有可斟酌之处,有待未来司法解释和相关法律进一步明确含义。在形式层面,如《民法典》第 194 条第 2 款规定:"自中止时效的原因消除之日起满六个月,诉讼时效期间届满。"相较于原《民法通则》第 139 条规定的诉讼时效于障碍消除之日起立即继续计算,本条对权利人的保护更为周全,因继续计算可能距离诉讼时效期间届满只剩较短时间导致权利人根本不及行使权利。[80] 但是,诉讼时效继续计算后,有可能再次发生中止或者中断,相较于自中止原因消除之日起满 6 个月时效届满,表述为自中止原因消除之日继续计算 6 个月更为妥当。《民法典》第 194 条第 2 款与明确性、不自相矛盾等形式层面要求,并不相符。

---

[76] Möllers, Juristische Arbeitstechnik und wissenschaftliches Arbeiten, 9. Aufl. 2018, S. 62.

[77] 参见刘亚东:《民法案例群方法适用的中国模式》,载《环球法律评论》2021 年第 1 期,第 102 页。

[78] 参见占善刚、施瑶:《例示列举规范的正确表达——以现行〈民事诉讼法〉为文本的分析》,载《河北法学》2021 年第 5 期,第 45 页。

[79] 参见刘风景:《例示规定的法理与创制》,载《中国社会科学》2009 年第 4 期,第 98 页。

[80] 参见李宇:《民法总则要义:规范释论与判解集注》,法律出版社 2017 年版,第 924 页。

在实质层面,如《民法典》第 933 条有偿合同一方行使任意解除权后应当赔偿对方的直接损失和合同履行后可以获得的利益,与《民法典》第 584 条违约损害赔偿的范围一致。这在注重营利保护的商事合同中具有妥当性,但在民事委托中,应当对该规则进行适当调整。如在委托律师等委托代理合同中,委托人行使任意解除权后赔偿受托人的全部利益,便有失妥当。[81] 《民法典》编纂成典后,有赖通过司法解释、指导案例、特别法等形式,进一步校正《民法典》中不符合形式要求和实质要求的规范,以更好地保证"法治"这一核心价值观在民事法治建设中落地生根。

包括法律解释在内的法律认知活动,通常围绕表现形式和社会功能两个基本维度展开。[82] 形式主义注重通过概念分析、逻辑演绎解决具体的纠纷,有助于知识和规则的表达和传授,有助于维持法的确定性和可预期性,有助于防止司法专断。[83] 但是,疑难问题的解决通常面临多元化的解释方案,形式推演难以得出确定结论。形式主义没有自我决断的能力和品质,容易陷入无休止的形式化对立困境。[84] 司法领域贯彻"法治"这一社会主义核心价值观,要求在法律适用过程中树立功能主义的司法观。在司法实践中,法官需要关注法律规范背后的社会功能期待,从多元的形式化解释方案中寻找最能满足该期待的方案。功能主义的司法观不等于形式虚无主义,法官选取的最佳方案必须回到形式主义维度,以既有的法律文本所能支持的形式化方案表述出来。[85]

四、"爱国、敬业、诚信、友善"融入民事法治建设之路径

(一)个人层面:"爱国、敬业、诚信、友善"的民法内涵

"爱国、敬业、诚信、友善"属于社会主义核心价值观中个人层面的价值准则,着眼于现实性和可操作性,为个人提供了直接的价值指引和行为规范。爱国是民族精神的核心,是一个人立德之源、立功之本。"在社会主义核心价

---

〔81〕 详细分析参见韩富鹏:《民商区分视角下委托合同任意解除权的适用》,载《财经法学》2021 年第 3 期,第 97 ~ 110 页。

〔82〕 参见熊丙万:《法律的形式与功能:以"知假买假"案为分析范例》,载《中外法学》2017 年第 2 期,第 301 页。

〔83〕 参见张翔:《形式法治与法教义学》,载《法学研究》2012 年第 6 期,第 7 页。

〔84〕 参见熊丙万:《法律的形式与功能:以"知假买假"案为分析范例》,载《中外法学》2017 年第 2 期,第 321 页。

〔85〕 参见熊丙万:《法律的形式与功能:以"知假买假"案为分析范例》,载《中外法学》2017 年第 2 期,第 322 ~ 323 页。

值观中,最深层、最根本、最永恒的是爱国主义。"[86]民事主体从事民事活动,应不违背爱国的基本要求,不损害国家和民族的至高利益。《民法典》第153、1165条等规范,可以为"爱国"融入民法教义提供通道。敬业是职业道德的灵魂,它为个人安身立命奠定基础,为社会发展进步注入活力,是实现中华民族伟大复兴的必然要求。敬业属于对公民的倡导,但严重违背敬业基本要求的行为,法律也应给予否定性评价,如《劳动合同法》第39条规定的劳动者严重违法违章或者失职时用人单位的单方解除权,便是其例。

诚信是公民道德的基石,既是做人做事的道德底线,也是社会运行的基本条件。诚信的基本要求是诚实不欺,守信重诺。作为社会主义核心价值观的诚信,同样是民事主体从事民事活动之基本要求。《民法典》第7条明文规定了诚信原则,诚信原则在民法中有广阔的应用领域,在民法体系中诚信原则可以用于解释法律行为,并可作为解释先合同义务、附随义务、后合同义务等规范的依据。[87] 诚信原则具有权利行使审查的功能,即存权利的行使,在具体情况下由于某些不寻常的情事而构成权利滥用的,依照诚信原则即不被允许。[88] 有学者还主张,当适用具体规则与诚信原则相抵触,并于个案中产生难以容忍的不公正结果时,诚信原则具有法律修正的功能。[89] 友善是中华民族传统美德的重要内容,儒家文化始终强调"仁者爱人""己欲立而立人,己欲达而达人",倡导与人为善、以己度人。作为社会主义核心价值观的友善,是中华民族传统美德在当代的传承和发展,是社会主义和谐人际关系的应有特征和内在要求。[90] 民法可以发挥倡导、激励和规范友善行为的功能,"民法典是培养友善价值观的'沃土'",[91]见义勇为(第183、184条)、无偿搭乘时责任减轻(第1217条)等规范,均体现了友善价值观的要求。

(二)原则通过倡导性规范发挥法律之引领作用

作为个人层面价值准则的"爱国、敬业、诚信、友善"在入法入规时,应当

---

〔86〕 习近平:《在文艺工作座谈会上的讲话》,载新华网,http://www.xinhuanet.com/politics/2015-10/14/c_1116825558.htm。

〔87〕 参见李宇:《民法总则要义:规范释论与判解集注》,法律出版社2017年版,第42页。

〔88〕 参见于飞:《公序良俗原则与诚实信用原则的区分》,载《中国社会科学》2015年第11期,第151页。

〔89〕 参见李夏旭:《诚信原则法律修正功能的适用及限度》,载《法学》2021年第2期,第56页。

〔90〕 参见沈海壮:《爱国、敬业、诚信、友善:公民的价值准则》,载《湖北社会科学》2014年第10期,第179页。

〔91〕 钟瑞栋:《社会主义核心价值观融入民法典编纂论纲》,载《暨南学报(哲学社会科学版)》2019年第6期,第71页。

注意把握道德与法律的界限。[92] 道德可分为“愿望道德”和“义务道德”，愿望道德是善的生活的道德、卓越的道德以及充分实现人之力量的道德；义务道德从最低点出发，确认了使有序社会成为可能或者使有序社会可以达到特定目标的基本原则，是社会生活的最基本要求。[93] “爱国、敬业、诚信、友善”属于愿望道德而非义务道德，其得到人民群众的普遍认同和自觉践行，更多地依靠人民群众自觉自主而非他律。通过强制性规范命令人们“爱国、敬业、诚信、友善”不仅有损私人自治，也欠缺现实基础，甚至导致法律沦为具文，影响法的权威性。因此，原则上应通过倡导性规范将“爱国、敬业、诚信、友善”的要求纳入法律规范体系。倡导性规范指的是提倡和引导当事人采用特定行为模式的法律规范。[94] 倡导性规范虽然不配置强制手段和惩罚措施，但对于提高公民道德水平和培育良好道德风尚，同样必不可少。倡导性规范在《民法典》中占有重要地位，如第 86 条规定的营利法人社会责任、第 1043 条规定的夫妻忠实关爱、家庭成员敬老爱幼互相帮助等规范。这些规范对于弘扬社会主义核心价值观、引领社会主义精神文明建设具有重要意义。在未来司法解释和特别立法的制定过程中，应进一步完善相关的倡导性规范，更好地保障核心价值观落地生根。

（三）对符合“爱国、敬业、诚信、友善”之行为予以正面激励

“法律的首要目的是通过提供一种激励机制，引导当事人事前采取从社会角度看最优的行动。”[95] 法律激励包括权利、义务、责任分配方面的激励，成本、收益配置方面的激励以及资格、待遇、荣誉方面的激励等激励模式。[96] 法律不宜强制人们做到“爱国、敬业、诚信、友善”，但应当运用多种手段对人们的“爱国、敬业、诚信、友善”行为进行激励，以引导人们自觉地将社会主义核心价值观作为行动遵循。《民法典》中的诸制度均体现了对爱国等行为的激励。如《民法典》第 185 条规定：“侵害英雄烈士等的姓名、肖像、名誉、荣誉，损害社会公共利益的，应当承担民事责任。”这一规范进一步加大了对英雄烈士合法权益的保障力度，体现了对“爱国”行为的正向激励。《民法典》第 1129 条赋予尽了主要赡养义务的丧偶儿媳、丧偶女婿对公婆、岳父母遗产

---

[92] 参见王怡：《社会主义核心价值观如何入法——一个立法学的分析框架》，载《法学》2019 年第 9 期，第 63 页。

[93] ［美］富勒：《法律的道德性》，郑戈译，商务印书馆 2017 年版，第 7 页。

[94] 参见王轶：《民法典的规范类型及其配置关系》，载《清华法学》2014 年第 6 期，第 59 页。

[95] 张维迎：《信息、信任与法律》，生活 · 读书 · 新知三联书店 2003 年版，第 66 页。

[96] 参见胡元聪：《我国法律激励的类型化分析》，载《法商研究》2013 年第 4 期，第 41 页。

的继承权,体现了对"友善"行为的正向激励。上述规范通过权利分配手段进行激励,而通过义务、责任分配手段进行激励的规范,亦不少见。如《民法典》第1217条规定无偿搭乘时机动车一方没有故意或重大过失时应当减轻责任,便是通过责任分配手段对无偿搭乘这一符合友善价值观的行为之法律激励。

当然,《民法典》在法律激励方面也存在不尽如人意之处。无因管理中管理人管理他人事务并非为自己利益而是襄助他人,乃至见义勇为,此种助人的义行符合友善之价值观,应进行正面激励。[97]《民法典》第979条第1款前半句规定适法无因管理中管理人有权请求受益人偿还因管理事务而支出的必要费用,但没有规定管理人必要费用的利息请求权和有益费用请求权,不利于激励管理人的助人行为。在解释论上,可以通过类推适用《民法典》第921条(委托合同受托人费用及利息请求权)和扩张解释第979条第1款前半句中的"必要费用",进一步保障管理人利益。[98]就管理人"非自愿的财产损失",根据《最高人民法院关于贯彻执行〈中华人民共和国民法通则〉若干问题的意见(试行)》(已失效)第132条,管理人可以请求受益人赔偿因无因管理而遭受的损失,通说认为应当全额赔偿。[99]而根据《民法典》第979条第1款的后半句,管理人仅能请求受益人适当补偿。尽管受益人并未对管理人实施不法的侵权行为,仅令其适当补偿能够避免使受益人承受过重负担,具有一定的正当性。但是,就非自愿损失,受益人是否承担赔偿义务及赔偿数额大小,应当进行更为精细分析。如有观点认为,如果损害是由无因管理行为的固有风险导致的,受益人应当承担赔偿责任;如果损害非因救助本身固有风险导致,受益人无须对该损害进行救济。[100]《民法典》第979条第1款的后半句规定受益人一律承担"适当补偿"义务,并不精细也不尽合理,不利于激励无因管理尤其是紧急情况下的无因管理行为。解释论上,应当进一步根据损害发生原因、是否属于紧急情况、管理效果、双方过失程度等因素,对"适当补偿"进一步类型化。

---

〔97〕 参见易军:《无因管理制度设计中的利益平衡与价值调和》,载《清华法学》2021年第1期,第144页。

〔98〕 参见易军:《无因管理制度设计中的利益平衡与价值调和》,载《清华法学》2021年第1期,第159~160页。

〔99〕 参见王轶:《作为债之独立类型的法定补偿义务》,载《法学研究》2014年第2期,第119页;张新宝:《〈中华人民共和国民法总则〉释义》,中国人民大学出版社2017年版,第240页。

〔100〕 参见冯德淦:《见义勇为中救助人损害救济解释论研究——兼评〈民法典(草案)〉第979条第1款》,载《华东政法大学学报》2020年第2期,第141页。

(四)对严重违反“爱国、敬业、诚信、友善”之行为予以否定性评价

就法律能否执行道德,即国家是否应对公民的不道德行为进行立法干预,法律道德主义和自由主义者之间存在争论。自由主义者站在国家中立性的立场上,强调个人自治的重要性;法律道德主义者以至善主义核心传统为理论基础,倡导国家对公民的不道德行为的立法干预。[101] 社会价值具有多元性,法律执行道德并不当然违背个人自治。对公民的不道德行为进行立法干预,具有必要性和正当性。法律不宜强制人们做到“爱国、敬业、诚信、友善”,但对于严重违反“爱国、敬业、诚信、友善”的行为,应当苛以否定性的法律后果。民事主体原则上没有“爱国、敬业、诚信、友善”的法律义务,但有不损害国家利益、个人利益服从国家利益、不玩忽职守、不违背诚信和友善最低要求的法律义务。民事主体之间损害国家利益的法律行为无效,损害国家利益构成侵权的,应承担侵权责任;根据《民法典》第 243 条,基于公共利益需要,国家有权征收民事主体的不动产;根据《民法典》第 245 条,在紧急情况下,国家有权征用民事主体之财产。上述规范,均是“爱国”价值观遁入民法之典型。玩忽职守等严重违背敬业价值观的行为,会导致承担赔偿责任、开除等否定性的法律后果。诚信原则是民法的基本原则,民法也蕴含着对当事人诚信的要求。作为社会主义核心价值观的诚信系道德规范,其要求高于法律意义上的诚信规范。[102] 对于只违背道德意义上的诚信规范的行为,不宜直接配置否定性的法律后果,但对于不满足法律意义上诚信规范要求的行为,应当直接予以法律规制,如缔约过失责任等。“友善”要求与人为善、推己及人,对人民群众提出了较高的道德要求,不宜直接转化为法律义务。但民事主体负有为对方提供必要便利的最低限度的义务。如相邻关系规范,便是友善价值观转化为法律义务的典型。

司法实践中,应当掌握必要的限度,避免不当扩张法律义务的范围而造成对行为人自由的侵害。如根据诚实信用原则,双方当事人在缔结合同时彼此负有就一定情况进行说明的义务,以解决合同双方信息不对称问题,但并不意味着当事人应当就所了解的信息和盘托出。有学者认为,可根据信息重要性、披露可能性、期待合理性与信赖紧密度四个要素构建动态体系,综合衡

---

〔101〕 参见孙海波:《法律能强制执行道德吗? ——乔治〈使人成为有德之人〉介评》,载《政法论坛》2020 年第 4 期,第 155 页。

〔102〕 参见严立:《论作为民法典立法目的的社会主义核心价值观》,载《时代法学》2019 年第 5 期,第 38 页。

量说明义务的范围。[103]

五、结语

相较于其他法域,民事领域根据利益衡量、价值取向来解决问题的空间更大,[104]法律解释和漏洞填补存在更大的空间。因此,在民事领域,社会主义核心价值观融入立法司法全过程的空间更大,也更具必要性。作为国家层面价值目标的"富强、民主、文明、和谐",作为社会层面价值取向的"自由、平等、公正、法治",作为个人层面价值准则的"爱国、敬业、诚信、友善",在民法中具有不同内涵,融入民事立法与司法的路径和要求也存在明显差异。

"富强、民主、文明、和谐"中除民主不宜直接作为民法的价值目标外,"富强、文明、和谐"宜作为民法的价值目标,成为民事立法之价值追求,融入民事司法法律解释和法律续造的全过程。社会层面价值取向的"自由、平等、公正、法治",本身具有极强的价值内在多元性,甚至蕴含着相互对立的面向,如积极自由与消极自由、形式平等与实质平等、形式公正与实质公正、形式法治与实质法治。在民法价值体系中,形式面向的"消极自由、形式平等、形式公正"处于原则地位,具有初始的优先性。但在某些特定情形中,实质面向的"积极自由、实质平等、实质公正"限制、突破形式面向的"消极自由、形式平等、形式公正",也具有其正当性。民事立法和民事司法中,实质面向的"积极自由、实质平等、实质公正"价值对形式面向的限制消极自由、形式平等和形式公正等原则性价值的限制,应保持在必要限度之内。民事法治建设要坚持实质法治观,提高立法质量,树立功能主义司法观,关注法律规范背后的社会功能期待。将作为个人层面价值准则的"爱国、敬业、诚信、友善"入法入规时,应当注意把握道德与法律的界限。因此,原则宜采取倡导性规范的方式予以价值引领,对符合"爱国、敬业、诚信、友善"之行为予以正面激励,对严重违反"爱国、敬业、诚信、友善"之行为予以否定性评价。

---

〔103〕 参见尚连杰:《缔约过程中说明义务的动态体系论》,载《法学研究》2016 年第 3 期,第 115 ~ 119 页。

〔104〕 参见方乐:《司法参与公共治理的方式、风险与规避——以公共政策司法为例》,载《浙江社会科学》2018 年第 1 期,第 36 页。

民法结构与制度历史

《山海经》“人—物”之辨的法语义学考察

刘云生*

摘　要：从法语义学角度考察，《山海经》的“人—物”之辨不仅是一种积极的思想认知，还是一种独立的价值赋予，通过命名规则—语义系统—功能识别—品性界定的体系化思维实现了对有限时空的自我把控和意志凌御，外在的“物”不仅是一种生命的实在，还成为人类语言场景中的象征符号和意义世界。通过语词系统辨别“人—物”，界分“种—类”，《山海经》确证了人自我的先定本质，渐次疏离、告别、改写人与动物的同态性、同质性，彰显了人脱离动物进化枝后的能动性和个体性，人最终成为自我思维和自我语言的产物，成为自我意志的产物。

关键词：法语义学　《山海经》　“人—物”

《山海经》中的“人—物”关系是以“人”为中心建构的言说体系，是人对外部于我的物的世界进行逻辑与价值双重类化的结果。人的类化逻辑是以人的思想、方式、标准界定物的存在和本质，通过语言、巫术、礼仪、法律予以固化，达成两个目的：一是实现人的自我独立和解放，二是实现对物的控制和利用。从法语义学角度考察，《山海经》的“人—物”之辨不仅是一种积极的思想认知，还是一种独立的价值赋予，通过命名规则—语义系统—功能识别—品性界定的体系化思维实现了对有限时空的自我把控和意志凌御，外在的“物”不仅是一种生命的实在，还成为人类语言场景中的象征符号和意义世界。

* 刘云生，广州大学法学院教授，博士生导师。

一、"人—物"之辨:万物之中 以人为贵

传统儒家学说所谓天人之说,是以人为中心建构政治秩序、伦理秩序并确立自我无上地位的核心前提。《大戴礼记·曾子·天圆》篇将世间生命体划分为毛、羽、介、鳞、倮五类,毛羽为阳气所生,介鳞为阴气所生,唯有人禀阴阳之气而生,是超然异于毛羽介鳞四类生命体的存在。此种超然性、天然性被诠释为一种必然性、优越性,最后人成为万物的主人,其他生命体都成为可供人类役使的对象。曾子由此推而广之,主张"圣人为天地主,为山川主,为鬼神主,为宗庙主"。董仲舒虽然尊天为万物之祖,但人受命于天且明于天性,亦"超然异于群生","自贵于物"。[1] 延及东汉时期,传统易学创设的天人定位理论已然占据主流,故周举诠释周易,高度赞同"天尊地卑,乾坤以定"的创世秩序,主张"二仪交构,乃生万物,万物之中,以人为贵"。[2]

揆诸《山海经》文本,表层语义并不仅注重人天命天性的本质性存在属性,更侧重于天之下的地之理,即以天之"星辰"经纪六合四海的空间分布与四时岁月的时间迁移,形成特定的时空秩序。[3] 但细加寻绎,不难发现,《山海经》所谓的"经"与"纪"无不以人为中心,通过特定的祭祀礼仪联结天地、日月、神灵以及随地所生之万千物种,并依照地中—地陬的方位由近及远经山纪海,品类万物,形成了原初的法律秩序图景与语义逻辑。也正是从这个意义上,有学者认为,《山海经》的编纂有着极为明确的政治动机,反映了上古时期走向大一统的政治权力逻辑,是一部"宗教政治想象图景"。[4]

更重要的是,《山海经》文本中开始了"人—物"之辨并确立了人对物的绝对性支配地位。从法语义学角度考察,人对物形成了早期的语言霸权,对物享有了命名权、分类权、处置权。

(一)命名权

命名权是一种自我识别和排除异类的话语霸权。考稽《山海经》文本可知,其命名为"人"者,并非以人形人面为依据,而是以下四大标准:一是有明确的种属来源;二是掌握了特定的技术工具;三是具有特定的食物来源和饮

[1] 《汉书·董仲舒传》,载顾颉刚等:《点校本二十四史》,中华书局2011年版,第2516页。

[2] 《后汉书·周举传》,载顾颉刚等:《点校本二十四史》,中华书局2011年版,第2025页。

[3] 《山海经·海外南经》:"地之所载,六合之间,四海之内,照之以日月,经之以星辰,纪之以四时,要之以太岁,神灵所生,其物异形,或夭或寿,唯圣人能通其道。"载郝懿行:《山海经笺疏》,沈海波校点本,上海古籍出版社2019年版,第191页。下列《山海经》文非经特别列示,均出自郝懿行书且仅标注页码。

[4] 叶舒宪:《〈山海经〉神话政治地理观》,载《民族艺术》1999年第3期。

食结构；四是拥有特定的领地疆域。以《大荒南经》为例，其中有“小人”，其姓为几，其国名“焦侥”，具有栽种水稻的技术并以水稻为食；有“蜮人”，其姓为桑，能种黍，能射杀蜮作为肉食来源；而驩头之国则系鲧的子孙，不仅能够海上捕鱼，还能在陆地种植谷物作为主要食物供给。[5]

上述四大标准无疑是人类文明发展的显性标识。比如氏族名称，无论是动物图腾，抑或指地（山、河）为姓，都是人类自我识别的早期进化必经历程。摩尔根认为，氏族名称是共同世系的确凿证据。正是基于此种自我识别，人类不仅拥有了血缘共同体的共同聚集地，还有了迥然异于兽群鸟群的社会化组织，更通过氏族名称发明了早期的婚姻制度。摩尔根考察澳大利亚卡米拉罗伊部落的六大氏族时，都以动物图腾命名，每一组内部均来自同一氏族，禁止通婚。[6]

命名权方面值得留意的有两点：一是《山海经》中人对自我识别而产生的命名权并非以单纯人的形貌界定人，而是对上述四大标准的统合。比如驩头国，其人“人面鸟喙有翼”，无论是天生异象，还是图腾崇拜，但人的形貌绝非区分“人—物”的决定性标准。由此，大量具有人面的动物只能属于“神”或“物”而不能成为“人”。如西次二经中的飞兽之神，或人面而马身，或人面牛身；如司掌昆仑之丘的陆吾神，虎身而九尾，人面而虎爪。至于动物，如崦嵫山的孰湖兽，其状马身而鸟翼，人面蛇尾；此山还有一种鸟，其状如鸮而人面，蜼身而犬尾；又如灌题山的竦斯鸟，其状如雌雉而人面。二是《山海经》中的命名权不仅表现为人对自我的识别，还包括对“物”的命名。无论是“其鸣自呼”的拟声精卫，还是拟态见人而跃的竦斯，都是人对物的一种异己化称呼。乃至于在存在专名的情形下，《山海经》文本还会以“通名”称呼虫鱼鸟兽。如《大荒北经》中的叔歜国，能种黍，能驱使四鸟。而所谓“四鸟”，实则为虎、豹、熊、罴四种动物；有猎猎名为黑虫，实则熊之一种。[7]《海外南经》中，自南山以来，呼“虫为蛇，蛇号为鱼”。[8]

（二）分类权

《山海经》“人—物”之辨不单纯是为了实现对自我和外部世界的有效识别，还试图对“人—物”进行结构化塑造，实现人和物的二元分离，最终凸显

---

[5] 《山海经·大荒南经》，第 279～282 页。

[6] 参见[美]摩尔根：《古代社会》，杨东蒓、张栗原、冯汉骥译，商务印书馆 1971 年版，第 77～81、402 页。

[7] 《山海经·大荒北经》，第 298～300 页。

[8] 《山海经·海外南经》，第 191 页。

人的独立性、自主性和能动性。按照鲍曼的理论,分类的目的是追求秩序。分类本身就是分离、分割,其功能有四:赋予世界以结构;控制或然性;增强可能性,使一些事件较另外一些事件更有可能性;强化确定性,抑制、限制、消除事件的随机性。[9] 在福柯看来,物本身的存在价值不仅在于被命名,还在于被整合到特定的结构之中。探究其因,物与物之间的相似性保证了相互间发生"交感"的可能性,而物与物之间的排他性又使其相互间保持了单一性,防范被他物同化而丧失独立存在的价值和意义。质言之,物本身的相似性与排他性创造了物自身的空间与时间。[10]

《山海经》文本中的命名规则或标准实际上也是其分类标准,其核心主体既不是高高在上接受人类祭祀的"神灵",更不是供人类驱使的毛羽鳞介,而是唯一作为主体性存在的人类本身。此种元逻辑引申的元秩序后来融人易学理论,结晶为中国独有的"天—地—人"三才哲学思维和结构认知,万物虽然亦为天地所生,但沦为人的意志、欲望的客体。此点决定了《山海经》文本最重要的两大特性:一是以人的认知所及为标准,凡人所罕见、所难接受的物被冠名、区隔为"怪";二是以人的中心居住圈("内—外")为标准,凡人迹所罕至或不能至之区域被冠名、区隔为"荒"。

关于前者,有学者认为,中国宋以前的哲学重在天人之分,天人之际。[11] 但其区分、辨别的目的显然是达成易经所述观象、取法、类情、通德四大目标。("宓羲氏仰观象于天,俯观法于地,观鸟兽之文,与地之宜,近取诸身,远取诸物,于是始作八卦,以通神明之德,以类万物之情")故其标准也是具象的"人道"而非抽象的"天道"。此种精神直接导致对异于常人的"人"的异化、对象化、客体化,不仅不能归并于"人"的范畴,还成为人的控制物或排斥物。显例如《山海经》中的"小人",本应归属于"人",但后世却被排除,甚至被视为"怪"。据《南村辍耕录》所载,元代至元年间尚有"小人",但已沦为贡品和"人腊";[12] 延及清代乾隆年间,山西发掘小人墓葬,袁枚不仅未将其视为

---

[9] 参见[英]齐格蒙特·鲍曼:《现代性与矛盾性》,邵迎生译,商务印书馆2003年版"导引:对秩序的追求",第3~4页。

[10] [法]米歇尔·福柯:《词与物——人文科学考古学》,莫伟民译,上海三联书店2001年版,第34页。

[11] 参见李零:《中国方术续考》"前言",中华书局2006年版,第5页。

[12] 参见陶宗仪:《南村辍耕录》卷十四,载上海古籍出版社编:《宋元笔记小说大观》,上海世纪出版股份有限公司、上海古籍出版社2007年版,第6283页。"至正乙巳春,平江金国宝、袖人腊出售。余获一观。其形长六寸许,口耳目鼻与人无异,亦有髭须,头发披至臀下,须发皆黄色,间有白发一根。偏身黄毛长二分许。脐下阴物,乃男子也,相传云:至元间,世皇受外国贡献,以赐国公阿你哥者。无几何时即死,因剖开背后,刳去肠脏,实以他物,仍缝合烘干,故至今无恙。"

"人",还感喟"不知何怪"。[13]

关于后者,《山海经》中"物"的分类与其所处空间息息相关。有学者认为《山海经》系以黄河流域为中心的农业文明为中心,由"内部世界"渐次外扩,拓展及于"蛮荒野生"的"外部世界"。有学者更以文化编码为标准,将其解释为"中心—边缘""同化—异化""正—负"的空间结构,属于福柯所谓的"政治地理学"范畴。[14] 揆诸文本,有学者认为《山海经》之《山经》当为周王朝官府文书,《中山经》193 座山分类为 13 组,其中 8 组在黄河汉水之间,1 组在中条山区,2 组在江汉间及洞庭湖北岸,正好吻合周王的王畿区域,故视之为"天下之中"并归列于《中山经》。[15]

(三)处置权

考稽《山海经》文本,"人—物"之辨仅仅处于中华文明萌芽状态的语言尝试和哲学定位。通过语词系统辨别"人—物",界分"种—类",确证人自我的先定本质,渐次疏离、告别、改写人与动物的同态性、同质性,彰显人脱离动物进化枝后的能动性和个体性。[16] 由此,人成为自我思维和自我语言的产物,最终成为自我意志的产物。

《山海经》对所描述的物一般都有物性识别和功能认知,但其与后来的科学最大的区别即在于:对物性的掌握学习并非研究探索自然的奥秘或规律,而是一种极为功利的现实目的:趋利避害。或者说,是在人的主导下的人性与物性的二元对立与互动。比如,鼠从远古时代开始,不仅传播疾病,还是与人类争夺有限资源的强劲对手,所以《山海经》中对毒鼠之物的记载特别详尽。如《西山经》中的涂水有白色的礜石,有赤色的草本植物无条,两者都可以用来"毒鼠"。由此引申,凡属鼠类或状如鼠类之物,要么成为人类的药物,要么以人为食,要么为人类带来灾难。如熏水之中的耳鼠,其状如鼠,而兔首麋身,其音如獆犬,以其尾飞,食之可御百毒(《北山经》),如栒状之山有鼠,实为鸟类,其状如鸡而鼠毛,见则其邑大旱。(《东山经》)如絜钩鸟,其状如凫而鼠尾,善登木,见则其国多疫。(《东山经》)如北号之山的猲狚兽,其

---

[13] (清)袁枚编撰:《子不语》卷九,上海古籍出版社 2012 年版,第 116 页。"一棺藏十八人":"乾隆四年,山西蒲州修城,掘河滩土,得一棺,方扁如箱。启之,中有九槅,一槅藏二人,各长尺许,老幼男妇如生,不知何怪。"

[14] 参见[日]伊藤清司:《〈山海经〉中的鬼神世界》,刘晔原译,中国民间文艺出版社 1990 年版,第 1 ~2 页;叶舒宪:《〈山海经〉神话政治地理观》,载《民族艺术》1999 年第 3 期。

[15] 参见常征:《〈山海经〉管窥》,河北大学出版社 1991 年版,第 32 页。

[16] 参见高清海、余潇枫:《"类哲学"与人的现代化》,载《中国社会科学》1999 年第 1 期,第 71 页。

状如狼,赤首鼠目,以人为食;有鸟名曰鬿雀,其状如鸡而白首,鼠足而虎爪,亦食人。(《东山经·东次四经》)

细加寻绎,《山海经》中的"人—物"关系既有以相似性结合的一面,也有以排他性对立的一面;既有将动物视为亲族作为图腾崇拜的一面,也有将动物纯物化作为食物供给的一面。此点决定了《山海经》中的语言修辞,既可以将人拟物化,也可以将物拟人化,形成了"人—物"之间拟制—象征的双向修辞。此种修辞反映了早期人类对物的世界的被动性依赖,人因为生存需求不得不建构并维系与自然物之间的身份关联、利益关联、精神关联。易言之,早期人类之所以将特定的动物视为"亲族"甚至祖先,既是一种语言的修辞,也是一种法权的拟制,是"人—物"混同一体的原始思维和原初结构。一旦在人完全摆脱了被动性依赖,可以对动物进行养殖、驯化、宰制后,人就开始以理性、自由界定自我,最终实现人与物的二元界分,确立语言霸权,成为自我决策者,成为物的命运主宰者。

这种话语霸权不仅让人从被动的生物"进化"递进到自我人格"优化",最终成为自在自为的唯一存在,还为人对物的控制、驯养、杀戮提供了法权上的正当性与合理性,人类由此开启对物的牧养—圈禁、阉割—繁衍、驯化—杀戮、神化—污名的历史。

二、性态之别:以善恶、吉凶、尊卑为中心

检阅《山海经》对物的分类、命名可以发现,有一种现象比较突出:以物的性态昭示人的善恶吉凶尊卑,借此确立人的现实地位与未来命运。此类语言活动不仅是普通语言学视野下单纯的符号系统,也不仅仅是社会语言学视野下的语义识别和意义联结,在辨识名物、交流思想、体味情感之外,语言还成为人类所独有的一种权力工具和权力符号,借此区分物我,创设秩序,追寻理性。也正是从这个意义上,亚里士多德认为,语言不仅是人类有目的的自觉活动,还凭借语言获取了鉴别善恶、区分正义与非正义的能力。[17]

这种能力本质上属于权力,人和物的语言关系实际上也就是一种权力转型关系。刘歆《上山海经表》解读《山海经》之作的缘由云:"禹别九州,任土作贡,而益等类物善恶,著《山海经》,皆圣贤之遗事,古文之著明者也。"刘歆博综典籍,其论有自。图别九州,按区贡赋,容易理解,经山纪海为什么还能

〔17〕 参见[古希腊]亚里士多德:《政治学》,陈春富译,浙江人民出版社1988年版,第301页。

"类物善恶"？鉴别善恶的标准如何确立？

（一）善恶界分与道德标识

以对人类生活直接产生利害关系为标准，《山海经》将动物种群区分为善—恶两类。此点印证了鲍曼的一个观点：一切超个体化群集（supra individual groupings）都是朋友或敌人的"集体化"（collectivization）。[18] 比如后世的四大仁兽与凶兽的善恶鉴别，都是以对人类造福或致害为标准，其文化图谱均植根于《山海经》。如《西山经》中有邽山，"其上有兽焉，其状如牛，蝟毛，名曰穷奇，音如獆狗，是食人"。而《海内北经》所载穷奇，其状有异，其名则一："穷奇状如虎，有翼，食人从首（一说从足）始，所食被发，在蜪犬北。"根据郝懿行笺疏，《史记正义》引证《神异经》："西北有兽，其状似虎，有翼能飞，便剿食人，知人言语，闻人斗辄食直者，闻人忠信辄食其鼻，闻人恶逆不善，辄杀兽往馈之，名曰穷奇。"[19] 是知穷奇于民间通行文本中专一肆凶行恶，残虐忠信。考诸史乘，《左传》文公十八年有载："少皞氏有不才子，毁信废忠，崇饰恶言，靖谮庸回，服谗搜慝，以诬盛德，天下之民谓之穷奇。"考察文本语义，穷奇于当时已为恶行彰著之怪兽凶兽，民间以"穷奇"称谓少昊氏之不肖子，显属道德差评语境下以兽喻人的拟物化语言修辞。

与此相对应，仁兽义兽在《山海经》及其后传播文本中的表达则采用拟人化修辞进行解读、定位，显例如驺虞、白泽之类。关于驺虞，《山海经·海内北经》载，"林氏国有珍兽，大若虎，五彩毕具，尾长于身，名曰驺吾，乘之日行千里"。驺吾即驺虞，又作驺牙，其知名者，无非为身具五彩，能日行千里。按照《六韬》的记载，该兽罕见，是为"珍"，故商纣囚文王，闳夭之徒至林氏国求之以献纣王；周时驺虞代指执掌管理鸟兽之职的官员，《诗经·驺虞》篇当是赞誉驺虞恪尽职守之作。自汉代以来，各类解读倾向于仁义之说藻饰驺虞。如《淮南子·道应训》载列散宜生等人求天下珍怪救文王之事，仅仅说明驺虞为珍兽或怪兽。但高诱注中除了保存《山海经》日行千里的特性外，又另行指称其"白虎黑文而仁，食自死之兽"。[20] 许慎《说文解字》释之云："虞，驺虞也。白虎黑文，尾长于身。仁兽，食自死之肉。"宋代陆佃《埤雅》铺陈演绎："盖既名为虎，正宜以杀生为事。今独不履生草，食自死之肉，仁之至耳。"延及清代，段玉裁《毛诗故训传》一脉相承，盛赞其德："驺虞，义兽也，白

---

[18] 参见［英］齐格蒙特·鲍曼：《现代性与矛盾性》，邵迎生译，商务印书馆 2003 年版，第 93～94 页。

[19] 《山海经·西山经》，第 65～66 页；《海内北经》，第 242 页。

[20] 《淮南子·道应训》，《诸子集成》第七册，上海书店出版社 1986 年版，第 202 页。

毛黑纹,不食生物,有至信之德则应之。"

至于白泽,今本《山海经》无载。清代类书《渊鉴类函》卷四三二《兽部·白泽》直接引证《山海经》:"东望山有泽兽者,一名曰白泽,能言语,王者有德明照幽远则至,昔黄帝巡狩,至东海,此兽有言,为时除害。"[21]《山海经》版本驳杂,篇章多讹,但此种类书系御制,其采纳脚本为《唐类鉴》及唐以后各类官藏文本,其可信度较高。此外,个人文集中,据《抱朴子》所载,黄帝"穷神奸则记白泽之辞"。[22] 后世多援引宋代道教典藏《云笈七签》注释《抱朴子》,认为神兽白泽能言语,究知天下精怪鬼神,黄帝以图写之,以戒百姓。唐代敦煌写本中尚有《白泽精怪图》残卷,为后世民俗祝邪之源。[23] 值得留意的是,除了非正式文本的识别精怪、禳解凶恶的神圣功能外,[24] 官方正式文本中的白泽作为神兽,则与仁德、贤明的政治诉求发生了内关联、强关联,需王者贤明且德行幽远方见。后世取其神威洞明,中古开始成为军方、皇家的仪仗、卤簿图案。唐代开元天子出行仪仗有白泽旗,明代高官有白泽补。[25] 至于所谓白泽图,作为民间辟邪降怪灭妖的通俗读物,一直到唐代都极为流行。[26]

(二)吉凶定位与功能识别

考察《山海经》的文本语境可知,"人—物"的利益交织演化为道德交互,最终催生了后世儒家的"天人合一"的哲学范畴和命题逻辑。对物进行善恶道德标识,其本旨并非为善恶而善恶,而是基于对物的功能的自我满足的认知。简言之,《山海经》中对物的道德认知与功能识别都是以物对人的效用为标准,形成"善恶—吉凶"的价值强制赋予和语义情景维护并通过巫术信仰、礼俗仪式、法律制度演进、沉淀为特有的文化谱系和制度体系。

比如凤凰崇拜,显系上古文明中鸟占的巫仪遗存,经由《山海经》整合,

---

〔21〕 张英、王士禛、王掞等:《渊鉴类函》,康熙四十九年序刊本。此据书格 PDF 黑白本,影印本电子页码第 349 页。

〔22〕《抱朴子·内篇·极言》,孙星衍校正,《诸子集成》第八册,上海书店出版社 1986 年版,第 58 页。

〔23〕 如《云笈七签·轩辕本纪》有载:"帝巡狩,东至海,登桓山,于海滨得白泽神兽。能言,达于万物之情。因问天下鬼神之事,自古精气为物、游魂为变者凡万一千五百二十种。白泽言之,帝令以图写之,以示天下。帝乃作祝邪之文以祝之。"

〔24〕 如《宋书·符瑞志》谓白泽"达知万物之情,以戒于民,为时除害。"梁孙柔之《瑞应图》谓之"能言语,达知万物之精,以戒于民,为除灾害。"

〔25〕 何凌霄:《白泽考论》,载《云梦学刊》2013 年第 6 期,第 52 页。此外,唐代情形详参《新唐书·舆服志》,诸卫大将军、中郎给袍,其绣文因等级而别,其中"领军卫以白泽,金吾卫以辟邪。"明代情形详参《明史·舆服志》,洪武二十四年定制,"公、侯、驸马、伯服,绣麒麟、白泽。"

〔26〕 参见[日]佐佐木聡:《法藏〈白泽精怪图〉(P. 2682)考》,载《敦煌研究》2012 年第 3 期。

开始了"瑞禽—王德"的比附修辞。按照《大荒西经》的描述,凤凰之属有三:一曰皇鸟,一曰鸾鸟,一曰凤鸟,具有五彩之文。《南山经》中,凤凰出于丹穴之山,"其状如鸡,五采而文,名曰凤皇,首文曰德,翼文曰义,背文曰礼,膺文曰仁,腹文曰信。是鸟也,饮食自然,自歌自舞,见则天下安宁"。《西山经》中的女床之山"有鸟焉,其状如翟而五采文,名曰鸾鸟,见则天下安宁"。《大荒西经》中有沃民所居的诸夭之野,其地"鸾鸟自歌,凤鸟自舞。凤皇卵,民食之;甘露,民饮之,所欲自从也。百兽相与群居"。《海内西经》中有开明之国,其西有凤皇、鸾鸟、皆戴蛇践蛇,膺有赤蛇。其北则有视肉、珠树、文玉树、玗琪树、不死树之类,凤皇、鸾鸟皆戴瞂。[27] 稍加留意,不难发现,凤凰之所以成为《山海经》文本书写中的瑞禽,无非是对其身具五彩、所居之地物产丰沛、百兽群居无间等自然现象的经验归纳与价值抽象,后世渐次神化,成为祥瑞和皇权的象征。

瑞禽之外,《山海经》对可能危及人类安全生存者,则采取另类立场,名之为凶鸟、妖鸟。如钦原鸟剧毒,其状如蠭,大如鸳鸯,蠚鸟兽则死,蠚木则枯;如蛮蛮即后世比翼鸟,其状如凫,一翼一目,相得乃飞,见则天下大水;而毕方鸟一出,必有妖火。

究其实,鸟占又称"飞禽占",属于人类早期巫术占验之一种,根据鸟的毛色、禀性、鸣声预卜吉凶兴衰和气候农时。质言之,《山海经》中预示祥瑞灾异的动物多达数十种,[28] 都是人类通过动物中介探寻自然规律、掌握自身命运的一种哲学思辨和宗教仪式。有学者认为凤凰预示祥瑞全出"臆说",多系汉代学人"自造","牵强比附,荒唐可笑",显系过激之言。[29] 客观而论,《山海经》中的瑞禽、妖鸟之分并不能以今日所谓科学标准予以衡估。首先,《山海经》中瑞禽—妖鸟的区分是根据其正负效用进行的吉凶定位,是一种以人类自我为中心的理想图景和解释方法,以此获得秩序建构的动力和权力,是人对物的一种价值赋予和功能识别,并不代表物本体的自性自然;其次,鸟占体现的是上古之民特有的心理需求和宗教信仰,并不是求真求实的科学。因之,研究《山海经》必须严格区分宗教与科学的边界。许烺光教授

---

〔27〕 参见郝懿行:《山海经笺疏》,分见第15~16、35~36、205、237~238页。

〔28〕 参见张伟:《"大、小传统"之间:论郭璞〈山海经图赞〉的天人感应思想》,载《东方论坛》2014年第2期,第44~45页。

〔29〕 参见连劭名:《〈尚书·高宗肜日〉与古代的鸟占》,载饶宗颐主编:《华学》第1期,中山大学出版社1995年版。

坚决反对混淆科学与宗教的界限,主张区分角色与情感:科学科技可能带动角色、人际交往的变革,进而引发社会结构变革。但情感领域中,人类的喜怒哀乐、绝望、焦虑、希望、忍耐、宽容、忠诚、背叛等情感认知与几千年的祖先相比,并没有发生实质性变化。[30] 汤因比则认为,人类的精神安宁远比智力和技术更重要。相较之下,科技可能带来人类经济的增长和社会结构的改变,但由信仰代表的个人灵魂的解放才是生命的最高目的。信仰代表着人类的精神需求,人类借此获得精神满足并更好地表现、实现自我。[31]

(三)尊卑定序与秩序生成

按照吉登斯的结构理论,社会结构与社会交往的"区域化"(regionalization)息息相关,是不同场所(local)或场景(setting)的社会互动和情景定位。[32]《山海经》作为上古传说中第二次大洪水之后(第一次为女娲补天造人时期,为始祖神话时期;尧帝时代的洪水漫衍,则为救世神话时期)的一种元秩序设定,无疑是以人的意志、想象、利益为出发点而进行的一种自我定位以及可与其他人群和动物种群发生关联场景的一种区域化、定型化分类。

刘歆《上山海经表》认为,《山海经》出于唐虞之际,是大洪水发生后大禹治水的产物。刘歆的观点可以在今本《尚书·禹贡》得到印证:"禹别九州,随山浚川,任土作贡。禹敷土,随山刊木,奠高山大川。"按照其时的分工,大禹、益、伯翳主导水,故"定高山大川",内别五方,外分八海,更具体的任务则是"驱禽兽、命山川、类草木、别水土"。[33] 而其具体标准,除了对山川进行经纪征收贡赋外,就是"类物善恶",按照人的标准对物进行分类,据此辨别神奸,厘定尊卑,实现人与物之间的社会化、组织化互动。由此,《山海经》中的元秩序无疑就是通过语言活动或话语霸权,以人为中心、以其时中原聚居区(《孟子·滕文公》所谓的"中国")为中心构建的政治空间和社会空间,此即枚乘《七法》中所谓的"原本山川,极命草木;比物属事,离辞连类"。

由是论之,《山海经》中的区域化绝非单纯的地域或地理分类,而是体现了"中心—边缘"的政治权力意识的文本表达,遵循的是政治哲学中尊—卑、

[30] 参见张小军:《驯鬼年代:鬼与节的文化生态学思考》,载《民俗研究》2013 年第 1 期,第 78 ~79 页。

[31] 参见[英]汤因比:《文明经受着考验》,沈辉等译,顾建光校,浙江人民出版社 1988 年版,第 209 ~210、223 页。

[32] [英]安东尼·吉登斯:《社会的构成:结构化理论大纲》,李康、李猛译,王铭铭校,三联书店 1998 年版,第 44 ~46 页。

[33] 刘歆(郝懿行本作"刘秀"):《上山海经表》,载郝懿行:《山海经笺疏·附录》,第 423 页。

文明—野蛮思维的文本逻辑。区域化之外,对"人—物"的进一步定型化成为《山海经》辨识尊卑的重要语词手段,据此实现对所涉物的功能识别和效用分类。也正是基于此,《汉书·艺文志》将《山海经》归入数术略形法类,是对"形法"规律的追寻和功能的识别。《汉书》所谓"数术",上古时期本由史卜二职执掌,形法系其小类,用以相人、相地、相物。[34]

对物的定性、定位、定序,成为人类建构并维系社会的结构性元素,乃至直接成为身份地位的象征。以玉为例,《山海经》中记载了不同地域、同种类的玉。为什么《山海经》对玉的产地、功能都有特别明确的记载?因为上古时期的玉不仅有辟邪的功能,还有鉴别、宣示尊卑等级的功能。根据《西山经》,丹水中多白玉,产玉膏,既有玄玉,也有瑜玉。玄玉为黄帝所独擅,瑜玉则"天地鬼神,是食是飨;君子服之,以御不祥"。此种传统延及西周,形成了《礼记·玉藻》所谓"公侯佩山玄玉""世子佩瑜玉"的政治仪礼,容后详述。

三、语义系统与价值表征

《山海经》是大洪水之后的再定序,是从混沌到有序的宏大叙事,是以人—物关系为主线,辨识、区分天地神灵—邪祟精怪—自然万物与人的具体利益关联,进而探知人—人(国—国)之间的自然地貌、自有风物的差序性分布与合理性解释。由此,现有《山海经》文本实际上形成了自有的语义系统和修辞逻辑,并通过历代的诠释,沉淀为制度化的意义世界,汇聚为中国特有的文化基因图谱。

前已述及,叶舒宪从《山海经》的地理学中发现了经山纪海的政治诉求并借鉴福柯理论,将《山海经》视为"权力地理学"。[35] 此点虽然有利于辨识《山海经》的撰述本旨及语用效果,但从法语义学层面考察,视阈过窄且胶柱鼓瑟,仅倾心聚焦"地理+权力"语境,不利于全方位、多角度析出《山海经》固有的开放性文本意义。

(一)本体喻体之间

根据语义学文本解读,《山海经》文本中的本体和喻体呈现为三种关系:本喻合一、本喻分离、本喻对立,表面上是语义的渐次进化和语用表达的修辞

---

〔34〕《汉书·艺文志》,载顾颉刚等:《点校本二十四史》,中华书局 2011 年版,第 1775 页。

〔35〕参见叶舒宪:《〈山海经〉神话政治地理观》,载《民族艺术》1999 年第 3 期,第 63 页。

差异,实则是"人—物"关系的认知进化和价值提升,是"人"为建构理性秩序不断与"物"脱钳、分离并最终获取主体性地位和自由意志的必然。

本喻合一。根据郝懿行的研究结果,《山海经》最早的文本不是文字,而是图像;后出文字是对上古图像的解读、诠释。图像世界的《山海经》属于神异时代,人神杂糅,天地可通。其时,"人"作为万物之一种,尚能自卑自牧,与万物杂处共生,人性内嵌、互嵌于自然万物灵性之中,获得自我存在和延续的正当性。当其时,"人"与神祇一致,也与禽兽形似,绘制为一幅人面兽身的人—神—兽合一的图景。有神如烛龙,人面而蛇身,有鱼如赤鱬,人面而其状如鱼,有鸟如瞿如,白首三足而人面,有凫徯如雄鸡而人面,有兽如孰湖,其状马身而鸟翼,人面而蛇尾。凡此种种,有人面而非人,有兽身而非兽,有人兽之形但既非人亦非兽而属于神。此种本体喻体合一引致后世视《山海经》为神怪之祖,夸诞迂阔。延及司马迁《史记·大宛列传》,其所述空间地理、战事外交仅以汉军、汉使所至者为限,非经眼见,视同虚妄,进而崇《尚书》为实而抑《禹本纪》《山海经》为虚,显系以史家、汉家之标准衡估外国小邦。[36]

本喻分离。所谓本喻分离,系指人类获得语言能力和话语霸权后,对混沌合一的世界秩序进行强力改写或再度诠释,对人—神—物三者进行明确界分并确立特定法则规范,三者发生关联不再是主体意义与语词意义的同一性关联,而是本体与喻体的比喻性、象征性关联,人最终脱钳于"神"与"物",获得一种自性的实"在"。检索《山海经》文本,本喻分离时代应在西周之前,系人确立了自我绝对统治地位后对天地秩序的自我设定。如此定论的依据有二:一是根据《尚书·周书·吕刑》的记载,周穆王陈述尧之政,"(尧)乃命重黎,绝地天通,罔有降格"。汉代孔安国据此引申,说明了天地人神相互区隔的具体语境:"重即羲,黎即和。尧命羲和世掌天地四时之官,使人神不扰,各得其序,是谓绝地天通。言天神无有降地,地祇不至于天,明不相干。"[37]二是周代开始有意识地区隔"人—物",确立"人"对"物"的支配性地位。陆威仪(Mark Lewis)研究《周礼》时,发现所有的动物管理人员往往身兼二任:比如"牛人",既是自然世界的具体动物——牛——的管理人,又是礼仪社会和宗教祭祀的管理人。胡司德(Roel Sterckx)对此的评价是:真正的原因并非

---

[36] 《史记·大宛列传》:"至《禹本纪》《山海经》所有怪物,余不敢言之也。"载顾颉刚等:《点校本二十四史》,中华书局2011年版,第3179页。

[37] 《十三经注疏·尚书注疏·周书·吕刑》,孔安国传,孔颖达疏,此据书格明嘉靖刻本PDF版,电子页码第679页。

要从本体论上确定人与动物的平等主体地位，而是借鉴"人—物"秩序预设，通过对动物的价值赋予和有效管理推进社会和国家治理。[38] 其时"龙""凤"尚未被皇权垄断，但已成为皇权管理人"豢龙氏""御龙氏""凤鸟氏"具体管理的动物。

本喻对立。本喻分离引致"人—物"二元分离，西周以后，《山海经》中"人—物"因利—害、吉—凶的关联而被纳入善—恶的价值体系和言说体系，最终引致"人—物"之间在哲学上的对立，形成主体—客体的二元对峙范畴，"人—物"之间实现了彻底分离甚至对立，人与禽兽从此分道扬镳，各行其道。《山海经》文本中"人—物"的关联逻辑和审美思维被周秦以来的天人合一思想所替代，"物"不再是自性的实在，而是沦为"人"的语言工具，成为喻体或象征，隐入嵌入文学艺术中的修辞手段（如《诗经》中的"比""兴"）和制度表达工具（如龙凤成为皇权的象征）。

（二）价值对立与语用歧路

"人—物"的本喻对立并不能完全改写《山海经》文本固有的价值立场和意义世界，周秦以来的主流话语场不断强化人与禽兽的道德差异性甚至对立性，但《山海经》人物浑然合一的价值观念仍然有其自身的语义承载系统和语言表达逻辑，由此导致了后世对《山海经》文本解读的价值对立和语用歧路。其中，颇值留意的是对同一物的功能识别和道德标签不一致甚至截然相反。如比翼鸟在《山海经》文本中并非瑞禽。《西山经》中，崇吾之山"有鸟焉，其状如凫而一翼一目，相得乃飞，名曰蛮蛮。见则天下大水"。郝懿行引证《尔雅》云"南方有比翼鸟焉，不比不飞，其名谓之鹣鹣"认为郭璞的解释源出《尔雅》，此点殆无疑义。但在《博物志》《封禅书》《宋书·符瑞志》等文本中，比翼鸟不再是凶鸟咎征，反转而为瑞禽吉征。或谓乘之寿可千岁，或视之为瑞命之符，"王德及于高远则至"。[39] 民间语体文本中，尚以其比附男女之爱忠贞不易，共情共命，演绎出《长恨歌》中的"比翼鸟—连理枝"意象。

有趣的是，虽然未涉及《宋书·符瑞志》，郝懿行一味坚守《山海经》原文本语义场，斥《封禅书》符命之论系对比翼鸟的歧向解读，[40] 既无视了比翼鸟的具体文本语境，也变异了比翼鸟的语义内核。究其实，《山海经》中的比翼鸟形象并未发生任何改变，仅仅是后世政治文本和民间文本对其语义指向和

---

〔38〕 参见［英］胡司德：《古代中国的动物与灵异》，蓝旭译，江苏人民出版社2016年版，分见第61、67页。

〔39〕 《宋书》三《符瑞志中》，中华书局2011年版，第812页。

〔40〕 《山海经·西山经》郝懿行疏，第40页。

道德义项进行了改写,新增了政治符命和男女共情两大语义项,最终超越《山海经》文本中的语义场,实现了全盘改写和道德重构,民间、官方各取所需,各行其道。

此点显然遵循的是"同体歧用"的语用逻辑。钱钟书先生认为,"比喻有两柄而复具多边。盖事物一而已,然非止一性一能,遂不限于一功一效。取譬者用心或别,着眼因殊,指(denotatum)同而旨(significatum)则异;故一事物之象可以孑立应多,守常处变"。[41] 为什么会出现"同体歧用"的语用逻辑?钱钟书先生解释了三个原因,可谓至当至确:一是物性多元,二是认知差异,三是价值歧向。三者统合,都可能导致语言能指与所指之间出现道德定向、价值联属的差异。[42] 比如前举穷奇,《山海经》文本中视之为食人怪兽,但此类凶兽既能食人,亦可驱邪,故郭璞《山海经图赞》脱离原文本,屏蔽其食人之性,而发覆其驱邪之德:"穷奇之兽,厥形甚丑。驰逐妖邪,莫不犇走。是以一名,号曰神狗。"此点体现了郭璞的辩证思维,但更凸显了人对物认知的能动性和选择性,此即郭璞所谓"物不自物,自物由人"!在《注山海经叙》中,郭璞更进一步说明了人的认知能动性和差异性对物的语用效果:"世之所谓异,未知其所以异;世之所谓不异,未知其所以不异。何者?物不自异,待我而后异;异果在我,非物异也!"[43]

(三)制度进化

《山海经》"人—物"之辨属于中国早期的元哲学认知,对其语义系统进行解读不仅有利于还原从图像到文字时代人类思维的变迁时序与认知规律,更有利于发掘中华文明"巫术—礼仪—法律"的线性递进图谱和制度建构历程。

弗雷泽认为,巫术是一种自然法则体系,既是对世界秩序形成、运行规律的陈述(弗雷泽称之为"理论巫术");也是人类为实现特定目的而必须遵循的戒律(弗雷泽称之为"应用巫术")。[44] 《山海经》文本中,表面是对物性的认知识别,实则是人类认知自我,力求自主的主观性活动,后世据此而产生的系列性巫术仪式也是人类寻求超越必然律,获得自由度的能动性表达。即如

---

[41] 钱钟书:《管锥编·周易正义·归妹》,三联书店2001年版,第67页。

[42] 参见刘云生:《法语义学:道德羼入与语义歧变》,载《学术研究》2021年第10期,第57~58页。

[43] 郭璞:《山海经图赞》,郝懿行:《山海经笺疏·附录》,第362页;《注山海经叙》,第424页。

[44] 参见[英]詹姆斯·乔治·弗雷泽:《金枝》,徐育新、汪培基、张泽石译,大众文艺出版社1998年版,第20页。

"物占",无论是鸟占、鱼占,不仅是一种自然现象的描摹和规律的探寻,还是人类通过感应、识别、决策以确证、确立"人—物"关系的社会性活动。西周至汉代,傩礼成为国之大礼,古老的非正式的驱邪仪式演化为正式的组织化行为规范。《山海经》中的"物",无论是何种灵与怪,何种"变"与"化",都被整体移入法定祭礼仪轨,实现了弗雷泽所谓理论巫术与应用巫术的统一,也实现了从原始巫术向社会礼仪的世纪性迁移。

从法语义学角度考察,《山海经》"人—物"之辨及其对法律的影响不仅表现为对语义和修辞的影响,还表现为对价值和制度的影响。其最为明显的影响有二:一是从物自体到万物为我所用。如穷奇到了汉代,已经成为傩礼的主角,为人所驱使,吞噬蛊毒,造福万民。[45] 又如玉,《山海经》对玉的分类极为详尽,但此种分类,与其说是自然分类,毋宁说是对玉的自我认知和功能假设。质言之,《山海经》文本中的"玉",协于九德,"天地鬼神,是食是享"。不仅是人神交流的中介(《说文解字》以"灵"字隶"玉"部,从玉霝声,其缘由即"灵巫以玉事神"),更是人类确立人际等级秩序的制度性工具。再如白泽,因系仁兽神兽,中古后多有以此命名者,实现了本体、喻体的统一。[46] 更重要的是,西周时期已经有专司预防、攻克毒蛊的官员庶氏。《周礼·秋官·庶氏》云:"庶氏掌除毒蛊,以攻说禬之,嘉草攻之。凡驱蛊,则令之比之。"郑玄注引《贼律》,凡有以蛊毒害人者,教习教唆蛊毒者,一律弃市。是知周秦以来,蛊毒蛊灾已不再是巫仪层面的象征性预防,而是通过死刑等极端措施进行严厉控制的显性法律;[47] 不仅是调整人与蛊之间的关系,亦递进为调整人与人之间的关系。

二是从比附象征到法律隐喻。按通说,《山海经》文字文本是对图像文本的写实描摹,随着文字文本的定型,《山海经》中众多之物及其相关称谓、方位、颜色、形象都从写实转为象征,最终进入法律文本,成为制度隐喻。比如龙凤语义系统的演化,《山海经》中并未记载龙的具体形象如何,只有一些龙首的比附和如龙动物的神异功能,更多的是以龙命名的地域、动物,显见龙的形象于《山海经》文本之前已有更为古老的记载。至于凤凰之属,虽有比附象征的神异之处,但亦不乏其卵为人所食的记载。延及后世,中原文明对

---

[45] 《后汉书·礼仪志中》:"穷奇、腾根共食蛊。"载顾颉刚等:《点校本二十四史》,中华书局 2011 年版,第 3128 页。

[46] 参见何凌霄:《"白泽"考论》,载《云梦学刊》2013 年第 6 期,第 53 页。

[47] 参见武乾:《中国古代对巫术邪教的法律惩禁》,载《法学》1999 年第 9 期,第 20~21 页。

龙凤的认知发生了较大变化,其语义系统亦随之转换,最终从比附象征演化为系统性皇权隐喻,甚至《本草纲目》亦必须遵循此类解释法则,认为龙为鳞虫之长,形有九似,背有八十一鳞,具九九阳数,故以之象征至高无上之皇权;而"羽虫三百六十,凤为之长"。羽被五彩,翱翔四海,故以之象征后权。[48]此类解释甚多,毋庸赘言。

《山海经》中的"人—物"之辨是早期中华文明为寻求元秩序而创设的一种天人关系解释框架和解释方法,是对基于特定认知和信仰而产生的心理需求和行为准则的文本叙事。为强调人的主体性地位,《山海经》经山纪海中不断强化人—物之别,开启了后世对天人关系的另类认知。特别是儒家哲学从天人关系中推演出了"仁"的范畴,主张人能参透天地之道,以仁义礼智超越万物,成为天地之间最高的存在,"人—物"之辨的语义系统最终成为中国最重要的文化记忆和制度基因。也正是从这个意义上,福柯主张话语系由符号构成,但话语从来都不仅限于以符号确指对象。话语是一种权力,是一个复杂的群体、个体区分与关联系统,包含着分享权限、等级归属、功能补充、信息传播与交换等。同时,话语也是一种外在性空间,是在不同位置次第展开的空间网络,主体于此种特定空间和情景下不断进行自我陈述、扩散并确定自我。[49]

---

〔48〕 (明)李时珍:《本草纲目》第四十三卷《鳞部·龙类·龙》第四册,第2375页;又第四十九卷《禽部·山禽类·凤凰》第四册,人民卫生出版社1982年版,第2667页。

〔49〕 [法]米歇尔·福柯:《知识考古学》,谢强、马月译,顾嘉琛校,三联书店2003年版,第29、53~54页。

民法典视野下遗产债务清偿制度历史演进研究

刘宇娇*

摘　要:遗产债务清偿制度的产生是从古至今历史发展的结果,在古代父债子偿的观念下,继承人对被继承人留下的债务要承担全部清偿责任。随着思想的不断解放与社会的不断发展,父债子偿制度也在不断消解。在中外的发展史中,遗产债务清偿制度的演进既呈现相同之处,也各有千秋。通过研究中外遗产债务清偿制度的历史演进趋势,总结两者的异同之处,为我国遗产债务清偿制度的发展完善奠定基础。

关键词:民法典　遗产债务清偿　历史演进　完善

列宁曾指出,研究某个问题时,考察基本历史是至关重要的,需要探究其在历史上是如何产生的以及经历的主要发展阶段,并根据这种发展去考察这一事物现在的状态。[1] 社会发展促进法的演进,法律的发展也要适应社会经济、政治、文化等的全面发展。[2] 继承制度属于法律制度的范畴,不但涉及婚姻、家庭、财产制度,也与公民的和睦、社会的稳定息息相关。同时,继承制度与民族传统、伦理道德密不可分。[3] 庞德指出,不同的地区,有着语言、性格和传统风俗不同的民族,其生活在不同的经济和历史环境中。这些民族

---

* 刘宇娇,浙江理工大学法政学院、史量才新闻与传播学院讲师,民商法学博士,主要从事婚姻家庭继承法研究。

〔1〕 参见中共中央马克思恩格斯列宁斯大林著作编译局编译:《列宁全集》(第2版增订版)(第37卷),人民出版社2017年版,第61页。

〔2〕 参见张文显主编:《法理学》(第5版),高等教育出版社2018年版,第196页。

〔3〕 参见程维荣:《中国继承制度史》,中国出版集团、东方出版中心2006年版,第11页。

除拥有自身独特的法律制度和机构设置外,有必要并可能长期拥有属于他们自己的演进规律。17 世纪传统罗马法学家归纳的规则和概念,至今仍然被完全不同的民族在完全不同的条件下采用,这也说明在文明社会中社会控制存在通用的基本原则,故每个民族没有必要采用一部完全区别于其他民族的法律。〔4〕 在遗产债务清偿制度的历史演进中,包括中国在内的各国都体现出共性,但是,在共性之上又存在差异。

一、中国遗产债务清偿制度的历史演进之探析

(一)中国古代法之遗产债务清偿制度

继承制度是历史发展到一定阶段的产物,在原始社会时期,人类生活非常艰苦,没有任何可供继承的财产。到母系氏族公社时期,生产力水平低下,产品数量有限,即便是氏族首领也没有多少私有财富。他们的主要财产如土地、住房、家畜和其他生产资料都是公有的,个人的财产仅限于少量随身携带的工具或武器以及一些陶器、装饰品等日常生活用具。到父系氏族社会,剩余产品增多。随着私有制与家庭的发展,剩余财产逐渐增加,上古时期出现了财产继承和部落联盟首领世袭的现象。〔5〕

进入封建社会时期,家产由家族(数代同堂)共同共有。家族中的家长统管家产,未经家长许可,一般家庭成员没有权利使用、处分家产。在家庭成员死亡后,遗产仍然包含在家产之中,属于家庭共同所有。只有当大家庭无法继续维持时,才会分家析产。因此,我国古代的财产继承与现代的遗产继承是不同的。当时,继承分为身份继承和财产继承,财产继承和身份继承合为一体,并且财产继承成为身份继承的附庸。身份继承主要是政治利益和荣誉等权力的转移,财产继承则是积极财产和遗产债务的转移。当时的人们因政治地位不同,所继承的被继承人的权利义务内容也不同。贫苦人民需要继承被继承人对国家和剥削者的应履行的义务,如在继承土地占有使用权的同时也要继承交租义务。〔6〕 根据我国古代相关法律的规定,如果家庭中的尊亲属死后留下债务,则直系卑亲属需要对其债务承担无限清偿责任。即使父母健在,对于父亲所欠的债务,债权人也可以向其子女索债。这便是中国古

---

〔4〕 参见[美]罗斯科·庞德:《中国法律之基石:比较法和历史》,熊丙万等译,载《财经法学》2019 年第 1 期,第 82 ~ 83 页。

〔5〕 参见程维荣:《中国继承制度史》,中国出版集团、东方出版中心 2006 年版,第 14、22 页。

〔6〕 参见李志敏:《中国古代民法》,法律出版社 1988 年版,第 59 页。

代长期盛行的“父债子偿”。[7]

在封建时代，“父债子偿”已经成为一种民间习惯，深入人们的思想中。例如，在秦朝，债权债务是一种变相的财产，也是继承的重要内容。这种继承的实质是共同继承被继承人的权利与义务。[8] 根据《金布律》，官吏因类似于“公罪”所发生之债，如“吏坐官以负赏(偿)”，“及恒作官府以负责(债)”予以免除，反映了父亲死亡后，所遗留的债务应由他的儿子承担。[9] 在汉朝的资料中有记载，“即有物故，知责家中见在者”，意思是如果债务人死亡，则家中的“见在”者(“同居”者)要代为偿还债务，即债权人可以向债务人的家人追索。[10] 在魏晋南北朝时期，以债务人的妻子、儿女作为保证人担保债务履行的家属连带担保方式出现。若债务人到期无法履行债务，则由其妻子儿女代为履行。有学者指出，这也是“父债子偿”在法律上的体现。[11] 到了唐代和元明清时代，仍然采用“保人代还”的原则。此时的“保人代还”，是指如果债务人健在，保人没有代还的责任。但是，即使债务人的后代子孙没有作为保人，也要承担无限连带清偿责任。[12] 此外，在元代，继承人不仅要继承财产，还要继承原财产所有者的赋税差役。[13]

据此可知，在中国古代，继承人要对被继承人的遗产债务承担无限清偿责任，即在遗产不能清偿债务时，还要以自己固有的财产清偿遗产债务。因此，在当时实行的是“概括继承”制度。正如有学者所言，“长久以来中国自有一套关于继承的风俗习惯。相比于现代罗马法和大陆法系民法典中发展而来的继承理念，中国的继承更像是古罗马的概括继承”。[14]

(二)中国近代法之遗产债务清偿制度

我国近代时期从 1840 年鸦片战争爆发开始至 1949 年中华人民共和国成立结束。在此期间中国经历了清朝晚期、北洋军阀时期、南京国民政府时期和新民主主义革命时期，半殖民地半封建社会从形成到瓦解。1840 年鸦片战争爆发后，大批传教士到中国传教，使得西方资产阶级的法律文化逐渐

---

〔7〕 参见刘春茂主编：《中国民法学·财产继承》，中国人民公安大学出版社 1990 年版，第 557 页。

〔8〕 参见张晋藩主编：《中国民法通史》，福建人民出版社 2003 年版，第 125 页。

〔9〕 参见睡虎地秦墓竹简整理小组：《睡虎地秦墓竹简》，文物出版社 1978 年版，第 63 页。

〔10〕 参见霍然：《“父债子还”的法文化分析》，东北师范大学 2019 年硕士学位论文，第 6 页。

〔11〕 参见张晋藩主编：《中国民法通史》，福建人民出版社 2003 年版，第 279 页。

〔12〕 参见郭建：《中国财产法史》，复旦大学出版社 2018 年版，第 135、137 页。

〔13〕 参见张晋藩主编：《中国民法通史》，福建人民出版社 2003 年版，第 762 页。

〔14〕 [美]罗斯科·庞德：《中国法律之基石：比较法和历史》，熊丙万等译，载《财经法学》2019 年第 1 期，第 82 页。

输入中国,中国传统的法律文化受到挑战。为此,中国近代开始进行法律变革,模仿西方国家的法律,颁布新的法律文本。

1.清末晚期的遗产债务清偿制度

在晚清政府终结前的最后几年,由于当时外国资本主义的经济侵略,中国历史悠久的自然经济结构遭到破坏。随着以资产阶级民主、法治、三权分立为主要内容的西方法文化输入,传统的宗法伦理受到严重冲击,国内社会经济、政治、文化所发生的巨变,为制定《大清民律草案》提供了客观基础,开始了变法修律的历史进程。1910 年年底,民律草案初稿制定完成。遗产债务清偿制度被规定在第五编"继承"中。在《大清民律草案》中,中国法学开始统一使用"继承"。[15] 该草案所规定的遗产债务清偿制度的主要内容如下。

(1)遗产债务范围。继承人从继承开始时起,要承担被继承人财产上的一切义务。同时,继承财产的相关费用如遗嘱执行费等、特留份财产、遗产酌给份额等从遗产中支付。[16]

(2)遗产债务清偿程序。遗产管理人应声请审判衙门依公示催告程序,公告债权人及受遗赠人申报债权,并做出是否接受遗赠的声明。遗产管理人应当通知已知的遗产债权人和受遗赠人,并且先清偿其债权,后交付遗赠。债权人或受遗赠人非在公告期间届满后,不得请求清偿债权或交付遗赠。若在期限内不作出声明的,只能对剩余财产行使请求权。但是,已经为管理人所知的债权人或者受遗赠人,不在此限。[17]

(3)遗产债务清偿责任。继承人以自己所继承的被继承人的财产承担债务清偿责任,也可以自愿选择以自己固有的财产清偿遗产债务。[18] 也就是说,在《大清民律草案》中,遗产债务清偿责任的主体是继承人。遗产债务清偿责任分为有限清偿责任与无限清偿责任。原则上实行的是限定继承责任,但是,继承人可以自愿承担对遗产债务的无限清偿责任。

(4)遗产债务清偿顺序。被继承人生前所负债务、特留份之债、遗赠之债、赠与之债。关于继承费用,该草案只是规定执行遗嘱费用不能动用特留

[15] 参见俞江:《继承领域内冲突格局的形成——近代中国的分家习惯与继承法移植》,载《中国社会科学》2005 年第 5 期,第 125 页。

[16] 《大清民律草案》第 1463、1469、1470、1535、1543 条,参见杨立新主编:《中国百年民法典汇编》,中国法制出版社 2011 年版。以下本文中所引用的《大清民律草案》的条文均出自此书。

[17] 参见《大清民律草案》第 1556、1558、1564、1566 条。

[18] 参见《大清民律草案》第 1462 条。

份财产。[19]

关于遗产债务清偿制度,该草案虽然在一定程度上保护了债权人和受遗人的利益,但是,该草案仍然将家族传承置于首位,而不顾个人利益得失,仍然带有浓重的封建色彩。然而,因《大清民律草案》在被制定完成后,辛亥革命爆发,清王朝的统治迅速结束,故该草案并未实行。

2. 北洋政府时期的遗产债务清偿制度

1912 年 3 月至 1928 年 6 月是北洋军阀政府统治时期。虽然在这段时期军阀混战,社会动荡,但是近代法律事业却一直在进行,北洋军阀政府将清末的各项法定及相关草案进一步完善,修订完成了《民国民律草案》。[20] 《民国民律草案》是中国近现代民法发展史上的一个重要里程碑。[21] 关于遗产债务清偿制度,《民国民律草案》的规定如下。

第一,遗产债务范围。包括:(1)被继承人生前所欠的债务;(2)遗产费用如管理人遇有与所继人宗祧有关之必要费用、遗产管理人报酬、遗嘱执行费用、丧葬费用;(3)继承开始时的债务如特留份之债、生前赠与、遗赠之债、受被继承人扶养者之扶养费等。[22]

第二,遗产债务清偿程序。其一,发出通知与公告的主体与期限:(1)由限定承认人发出通知与公告。[23] (2)遗产债权人或受遗赠人发出通知与公告。[24] 其二,通知与公告的效力。在公告期限内,遗产继承人不得偿还债务及遗赠。[25] 在公告期限届满后,对于请求分离人、已知的债权人、在公告期内申报债权的遗产债权人、受遗赠人,不论其债权是否到期,均须依其债权额的比例清偿债务。但不得害及有优先权人之权利。对于未提出声明且为遗产继承人所不知的遗产债权人及受遗赠人,仅得对剩余遗产行使其权利。但

---

〔19〕 参见《大清民律草案》第 1535、1545、1546 条。

〔20〕 参见张晋藩:《中国民法通史》,福建人民出版社 2003 年版,第 1143 页。

〔21〕 参见张晋藩:《中国民法通史》,福建人民出版社 2003 年版,第 1146 ~ 1147、1149 页。

〔22〕 参见《民国民律草案》第 1371、1400、1403、1482、1491、1493 条,参见杨立新主编:《中国百年民法典汇编》,中国法制出版社 2011 年版。以下本文中所引用的《民国民律草案》的条文均出自此书。

〔23〕 遗产继承人欲为有限承认时,经核准后,须于 5 日内请法院依公示催告程序公告遗产债权人及受遗赠人为有限承认,令其在一定期间内申报债权及做出是否接受遗赠的说明。公告期间必须在 2 个月以上。参见《民国民律草案》第 1363 条。

〔24〕 在被继承人去世后,继承债权人或受遗人可以向法院申请遗产分离。在遗产分离得到法院的准许后,继承债权人或受遗人应在 5 日内向法院声请公示催告程序,公告遗产已经核准分离,要求其他遗产债权人或受遗赠人在一定期间内为参加分配。参见《民国民律草案》第 1511、1513 条。

〔25〕 参见《民国民律草案》第 1364 条。

遗产中已有特别担保的,不在此限。[26]

第三,遗产债务清偿责任。自继承开始时起3个月内,遗产继承人做出无限继承或有限继承的选择。[27] 包括:(1)有限清偿责任。遗产继承人准备承担有限清偿责任的,须在知道继承开始时起3个月内制作遗产清册,并做出其为限定继承的声明的陈述,向法院申请核准。[28] 遗产继承人承担有限清偿责任时,对被继承人的债务或遗赠在遗产的实际价值内偿还。[29] (2)无限清偿责任。其中包括:①自愿的无限清偿责任。遗产继承人为无限承认时,完全继承所继承人之权利义务。遗产继承人为无限承认时,对被继承人之债务,负连带之责任。[30] ②强制的无限清偿责任。在下列情形下,继承人承担无限清偿责任:a.未在法定期限内作出有限承认的;b.在为无限承认以前或为有限承认以后,对于遗产管理或被继承人的业务继续上有不必要之行为的;c.在为无限承认以前或为有限承认以后,对于遗产有隐匿或处分行为的,但是保全行为不在此限;d.在为无限承认以前或为有限承认以后,意图诈害遗产债权人或者受遗赠人,在财产清册伪载债权的;e.在为无限承认以前或为有限承认以后,遗产债权人或受遗赠人请求报告遗产状况或为必要说明的,予以拒绝或故意迟延的。[31]

第四,遗产债务清偿顺序。遗产债务按照债权比例进行清偿。在没有清偿债权后,不得清偿遗赠。[32] 关于继承开始时所产生的债务,其清偿顺序为享有优先权之债、一般债权、特留份之债、遗赠之债、赠与之债。[33]

3.南京国民政府时期的遗产债务清偿制度

1929年5月至1930年12月《中华民国民法》各编草案相继颁布,并由立法院审议通过。这是中国历史上正式颁行的第一部民法典。[34] 《中华民国民法》关于遗产债务清偿制度的规定如下。

(1)遗产债务范围。遗产债务包括酌给遗产份额、遗产管理、分割及执

[26] 参见《民国民律草案》第1364、1365、1370、1510~1513条。
[27] 参见《民国民律草案》第1354条。
[28] 参见《民国民律草案》第1354、1362条。
[29] 参见《民国民律草案》第1361条第1款。
[30] 参见《民国民律草案》第1358、1359条。
[31] 参见《民国民律草案》第1360条。
[32] 参见《民国民律草案》第1366条。
[33] 参见《民国民律草案》第1494、1495条。
[34] 参见张晋藩主编:《中国法制史》(第5版),中国政法大学出版社2016年版,第376页。

行遗嘱费用。但因继承人过失而支付的,不在此限。[35]

(2)遗产债务清偿程序。承担限定责任的继承人,将制作完成的遗产清单呈报法院时,法院应以公示催告程序公告,通知被继承人的债权人在一定期限内申报债权。公告期限不得在3个月以下。[36] 继承人在公告申报债权期限内,不得对任何债权人偿还债务。[37] 在申报期限届满后,继承人对申报债权者及已知债权人,以遗产进行偿还。[38] 被继承人的债权人未在法定期限内报明债权,并且继承人也不知的,仅得就剩余遗产行使权利。[39]

(3)遗产债务清偿责任。其一,有限清偿责任。继承人可在继承遗产的范围内承担偿还被继承人债务的责任。自继承开始时起3个月内,限定继承人应将遗产清单提交至法院。若3个月期限内不能完成,继承人可以向法院申请延期。法院认为有必要的,可以允许继承人延期。在有多个继承人时,一人做出限定继承意思表示的,对其他继承人也产生效力。[40] 其二,无限清偿责任。①自愿的无限清偿责任。继承人自继承开始时,可以自愿选择承担无限清偿责任。[41] ②强制的无限清偿责任。在下列情形下,继承人不得主张限定清偿责任:a.隐匿遗产;b.制作虚假遗产清单;c.为欺诈被继承人债权人的权利而处分遗产。[42]

(4)遗产债务清偿顺序。遗产债务的清偿顺序为已经申报的债务、特留份、遗赠。继承费用应随时支付。[43] 遗产酌给份额的清偿顺序无规定。

4.新民主主义革命时期的遗产债务清偿制度

在新民主主义革命时期,中国共产党在其建立的民主革命根据地,运用法律武器改革旧的继承制度。在颁布的有关法律、条例和政策中,否定了宗

---

[35] 参见《中华民国民法》第1148、1149、1150条,杨立新主编:《中国百年民法典汇编》,中国法制出版社2011年版。以下本文中所引用的《中华民国民法》的条文均出自此书。

[36] 参见《中华民国民法》第1157条。

[37] 参见《中华民国民法》第1158条。

[38] 参见《中华民国民法》第1156~1159条。

[39] 参见《中华民国民法》第1162条。

[40] 参见《中华民国民法》第1154、1156条。

[41] 参见《中华民国民法》第1148条。

[42] 参见《中华民国民法》第1163条。

[43] 参见《中华民国民法》第1150、1159、1160、1225条。第1159条规定:"公示催告期限届满后,对于已知的债权和在法定期间内申报债权的遗产债权,继承人应根据实际继承的份额承担清偿责任。继承人对于在该期间内报明的债权及继承人所知的债权,根据其继承遗产的比例进行偿还。但不得损害有优先权人的利益。"第1160条规定:"继承人偿还债务后,才能交付遗赠。"第1225条规定:"如果特留份额不足,则应从遗赠财产中扣减,即特留份之债的顺序优先于遗赠之债。"

祧继承制度,确立了男女平等原则。[44] 在抗日战争初期,边区政府制定了《陕甘宁边区继承处理暂行办法》,其中第6条规定,继承人得限定以所继承之遗产,作为偿还被继承人债务的范围。第4条规定,被继承人生前所继续扶养之人,在继承开始时,有请求酌给遗产之权利,但以受抚养人无生活能力者为限。[45] 由此可知,当时继承人对遗产债务承担限定继承责任。

(三)中国现代法之遗产债务清偿制度

在此部分,主要考察我国1985年《继承法》出台前后的相关立法以及2020年《民法典》继承编及司法解释中有关遗产债务清偿制度的规定。[46]

1. 1985年《继承法》颁布之前的遗产债务清偿制度

1963年《最高人民法院关于贯彻执行民事政策几个问题的意见》规定,被继承人生前的合法债务以遗产进行清偿。[47] 1984年《最高人民法院关于贯彻执行民事政策法律若干问题的意见》第49条规定,继承人在遗产范围内负责偿还被继承人生前所欠的合法债务。但其所欠的债务是由于继承人可以尽抚养义务而未尽导致的,即使遗产无法清偿全部债务,继承人也要以其固有的财产偿还。两个以上的继承人应根据各自的经济情况,合理分担被继承人的债务。同时,该意见第43条规定,遗产应适当分给下列继承人一部分:(1)法定继承人外的依靠被继承人生活的未成年人;(2)法定继承人外的无劳动能力的人;(3)法定继承人以外的对被继承人扶助较多的人。可见,遗产债务清偿制度的内容为:(1)遗产债务范围。遗产债务包括被继承人生前所欠的合法债务。(2)遗产债务清偿责任。其一,遗产债务清偿的责任主体为继承人。其二,遗产债务清偿责任类型。①限定清偿责任。继承人在实际继承的遗产范围内偿还遗产债务。②无限清偿责任。有能力而不尽抚养义务而导致被继承人欠债的,继承人承担无限清偿责任。③共同清偿责任。两个以上的继承人,应根据各自的经济情况合理分担被继承人的债务。

2. 1985年《继承法》中的遗产债务清偿制度

1985年4月10日,《继承法》颁布,同年8月,《最高人民法院关于贯彻

---

[44] 参见陈苇主编:《婚姻家庭继承法学》,法律出版社2002年版,第412~413页。

[45] 参见张晋藩:《中国民法通史》,福建人民出版社2003年版,第1328页。

[46] 必须说明,关于中国现代的遗产债务清偿制度,本文只以中国内地立法的相关规定作为研究对象,中国香港特区、澳门特区、台湾地区除外。

[47] 参见《最高人民法院关于贯彻执行民事政策几个问题的意见》(1963年8月28日)“六、继承问题”。

执行〈中华人民共和国继承法〉若干问题的意见》公布。这标志着我国社会主义继承法制建设进入了新阶段。关于遗产债务清偿制度,我国1985年《继承法》及其司法解释规定了继承开始的通知、遗产债务的无条件的有限清偿责任与自愿的无限清偿责任,并规定了部分遗产债务的清偿顺序。

3. 2020年《民法典》[48]继承编中的遗产债务清偿制度

2020年颁布的《民法典》中继续延续了1985年《继承法》有关继承开始的通知、遗产债务的清偿责任类型、遗产债务的清偿顺序外,[49]新增了遗产管理人制度,遗产管理人有制作遗产清单、清理被继承人债权债务的职责。[50] 遗产管理人制度的增加是此次《民法典》继承编的一大亮点。

(四)中国遗产债务清偿制度历史演进的特征

法的演进是一个国家的法律制度从落后向先进发展进步的过程。中国遗产债务清偿制度的演进,深受各个时期政治、经济、文化的影响。遗产债务清偿制度在整体上的历史演进是不断向前发展的。纵观前述中国各个时期遗产债务清偿制度的内容,总体发展呈现出以下特点。

1. 由家长继承转向个人继承,继承主体范围逐渐扩大

中国古代的家族是父权家长制,父祖是统治的首脑。在家庭中,无论家庭范围或大或小,都有一个家长,并且家长的权力是法律所给予的。[51] 在当时,同居共财是主要形态。同居共财的关系不会因人的死亡而改变。因此,中国古代的继承是以家庭为单位的,家承载着一代又一代人,除非出现户绝的情况,否则,家是一直延续下去的。我国古代的财产继承是家长身份继承的附属物。"在家产制下,家产归属于整体性的家,其主要作用是祭祀祖先,供养家庭成员,使家族得以存续和发展。"[52]

清末,随着西学东渐,西方文化对中国的影响逐渐增强,民众的观念日益改变,中国传统的继承制度开始出现变革。《中华民国民法》开始允许未成年子女、妻子拥有特有财产,确立个人财产制,这标志着近代继承制度在形式意义上最终确立。[53] 进入新民主主义革命时期后,进一步强化了个人财产

---

[48] 2020年《民法典》。

[49] 参见2020年《民法典》第1150、1159、1160、1161~1163条。此外,需要说明的是,因2020年《民法典》继承编之规定在下文会详细阐述,故为了避免重复,在此不予详细分析。

[50] 参见2020年《民法典》第1147条。

[51] 参见瞿同祖:《中国法律与中国社会》,商务印书馆2010年版,第6页。

[52] 郝洪斌:《民国时期继承制度的演进(1912~1949)》,中国政法大学出版社2014年版,第47页。

[53] 参见郝洪斌:《民国时期继承制度的演进(1912~1949)》,中国政法大学出版社2014年版,第132页。

制,主要表现为在各抗日根据地制定的法规和政策中保障女子、子女的继承权,当时革命根据地的政策与废除父权、族权、神权的斗争紧密相关。法律不再规定由夫管理财产或子女随父居住之类的条文。[54] 新中国成立后,1985年《继承法》摒弃了家长身份继承,真正实现了财产继承。我国2020年《民法典》在此基础上进一步发展与完善。继承的主体由原来的"家长"转变为子女甚至其他人。

2. 由身份继承转向财产继承,继承客体范围逐渐缩小

中国古代父亲和儿子结成宿命性的同居共财关系。[55] 传统继承的基本原则是人格继承原则、父子一体原则,父亲只是一个同居共财家族的代表人。父亲死亡后,这些属于家族的权利和义务马上移转到其继承人身上,即便是债务,也属于家族的债务,而非父亲一个人的债务,债权人可以向对死亡的父亲一样要求继承人偿还债务。[56]

1911年,《大清民律草案》完成,草案创造了"继承"这一概念,中国古代的分家制度开始淡出国家法律领域。该草案将身份继承与财产继承区别开来,摆脱了传统伦理法的财产继承、身份继承的束缚,开始采用"二分法"。[57]《大清民律草案》《民国民律草案》已经明确规定专属于被继承人自身的义务被排除在继承的范围外。然而,在这两部都是以继受西方大陆法系国家的遗产继承制度为目的,仍未将中国传统继承制度的基础予以改变。同时,草案中的"二分法"实质上也是在没有脱离中国礼教民情的基础上,将原来的从身份为主、财产为辅的人格继承制度一分为二。[58] 1921年的《中华民国民法》再次明确自继承开始时,继承人无须承受专属于被继承人财产上的义务,该法废弃了原来的宗祧继承,遗产继承不再以宗祧继承为前提。此时的继承纯属遗产的归属问题,与宗祧继承没有任何关系。[59]

在新民主主义革命时期,当时根据地的法规与政策也将继承严格限定在财产继承中。[60] 1949年新中国成立后,现代的继承立法真正实现了遗产继

---

〔54〕 参见程维荣:《中国继承制度史》,中国出版集团、东方出版中心2006年版,第448~449页。

〔55〕 参见[日]滋贺秀三:《中国家族法原理》,张建国、李力译,商务印书馆2013年版,第118页。

〔56〕 参见郝洪斌:《民国时期继承制度的演进(1912~1949)》,中国政法大学出版社2014年版,第28~33页。

〔57〕 参见程维荣:《中国继承制度史》,中国出版集团、东方出版中心2006年版,第371页。

〔58〕 参见郝洪斌:《民国时期继承制度的演进(1912~1949)》,中国政法大学出版社2014年版,第142页。

〔59〕 参见郝洪斌:《民国时期继承制度的演进(1912~1949)》,中国政法大学出版社2014年版,第126~127页。

〔60〕 参见程维荣:《中国继承制度史》,中国出版集团、东方出版中心2006年版,第449页。

承,此时的继承也成为真正的财产继承。

3. 由强制继承转向自愿继承,遗产债务的承担更加尊重责任主体的意愿

在同居共财制度下,父和子之间就只存在混合的财产,儿子甚至没有选择放弃继承的机会。[61] 正如有学者所言,当时的父权体制实质上是臣服于国家的,是国家支持下的一种父权体制。[62] 我国古代的强制继承规则一直持续到近代,《大清民律草案》《民国民律草案》中规定,继承人依然要对非专属于被继承人人身的遗产债务承担无限清偿责任。后来,由于西方文化的影响不断加深,开始尊重继承人的意思自治。《中华民国民法》继承编规定,继承一旦开始,法律上当然发生效力,但并非强制继承人继承。此时宗祧继承被废除,个人本位占据主导地位,继承人限定继承责任与无限继承责任之间根据自己的意愿做出选择。[63] 1949 年新中国成立后,伴随改革开放的新局面,经济体制的变化,中国的社会基础也开始蜕变,民众的个人意愿也日益受到重视与保护。[64] 1985 年《继承法》和 2020 年《民法典》规定的遗产债务清偿制度以尊重被继承人和继承人的意愿为原则,在继承开始后,继承人原则上承担限定继承责任,也可以对遗产债务自愿承担无限清偿责任。

4. 由无限继承为原则转向有限继承为原则,遗产债务清偿责任逐渐减轻

我国古代,在家庭财产制的背景下,个人的独立人格得不到承认,人们的思想深受宗法观念的影响。因此,关于遗产债务,人们普遍认为"父债"应当"子偿"。儿子不但要以其继承的财产,还要以个人固有的财产对父辈留下的债务承担清偿责任。"父债子偿"是当时宗祧继承、人格继承制度下时代的产物,在我国整个古代时期都占有一席之地,这种思想一直持续到晚清。

1910 年的《大清民律草案》虽然将具有身份性的遗产财产与债务排除在继承的客体之外,但"父债子偿"的传统规则却依然被该草案肯定,对非专属于被继承人自身的债务,继承人仍然要承担无限清偿责任。然而,对于继承人的共同清偿责任,各继承人要按照各自的继承份额承担按份责任,而非连带责任。1926 年《民国民律草案》中初步确立了现代继承制度,1930 年《中华民国民法》继承编在以概括继承为原则的同时也确立了限定继承制度。虽

---

[61] 参见[日]滋贺秀三:《中国家族法原理》,张建国、李力译,商务印书馆 2013 年版,第 118 ~ 119 页。

[62] 参见李立如:《法不入家门? 家事法演变的法律社会学分析》,载《中原财经法学》2003 年第 10 期,第 48 页。

[63] 参见程维荣:《中国继承制度史》,中国出版集团、东方出版中心 2006 年版,第 421 页。

[64] 参见王洪:《从身份到契约》,法律出版社 2009 年版,第 4 页。

然与资本主义国家的立法相比,该法所确立的限定继承制度并不逊色,但它是半殖民地半封建社会经济基础的产物,具有历史局限性,其内容仍保留了某些封建残余。而且从当时的现实生活看,半殖民地半封建社会在继承方面盛行的仍然是重男轻女、长房占先、父债子偿等封建习俗,此部法律在实际生活中所起的作用也非常有限。[65]

直到新民主主义革命时期,此时的法规与政策中,随着宗族制度迅速瓦解,限定继承的继承方式得以确立。1949 年新中国成立后,我国继承立法不断发展,随着改革开放的深入,1985 年《继承法》确立了限定继承原则,2020 年《民法典》仍然采用此继承方式。

5. 遗产债务清偿程序由无到有,国家权力逐步介入干预

同居共财制度下,继承人没有自愿选择的权利,并且继承人固有的财产与被继承人的财产没有任何差异。继承人一旦放弃继承,无异于抛弃了所有的财产,包括属于他自己的财产。因此,在当时的背景下,是不可能存在继承申报制度的。[66] 在男尊女卑的社会价值之下,以法律确保夫在家庭中的优势地位,赋予其一家之长的地位,使其得以控制妻子与子女,就维护社会秩序而言,是自然且必要的事。[67] 但此种家庭自治事实上是建立在牺牲女性与儿童权益的基础上换来的。[68]

在近代,1910 年《大清民律草案》、1926 年《民国民律草案》中规定了继承人的债权人或受遗赠人的财产分离请求权、财产分离的程序。1930 年《中华民国民法》规定了继承人承担限定继承的程序和条件,催告遗产债权人申报债权的公示催告程序,全盘接受了大陆法系国家的遗产债务清偿制度。此时,国家对继承领域进行干预的模式在法律上开始发生改变,这体现了时代发展的趋势。到现代社会,1985 年《继承法》规定了继承开始的通知制度,然而,却未设立申报遗产债务清偿中的通知与公告制度。2020 年《民法典》在此基础上进一步发展,设立遗产管理人制度,赋予遗产管理人管理遗产并处理债权债务的职责。这也体现出国家权力对继承制度的干预在增加,以平衡继承人与遗产债权人的利益。正如有学者所言,从近代至现代,民法从财产

---

〔65〕 参见陈苇主编:《婚姻家庭继承法学》,法律出版社 2002 年版,第 412 页。

〔66〕 参见[日]滋贺秀三:《中国家族法原理》,张建国、李力译,商务印书馆 2013 年版,第 118 ~ 119 页。

〔67〕 参见李立如:《法不入家门? 家事法演变的法律社会学分析》,载《中原财经法学》2003 年第 10 期,第 47 页。

〔68〕 参见王洪:《从身份到契约》,法律出版社 2009 年版,第 7 页。

的绝对保护、私法自治和自己责任向对财产所有权、私法自治和社会责任转变。[69]

6. 遗产债务清偿顺序从无到有,弱者利益日益受到保护

古代社会,"父债子偿"成为惯例,当时没有规定遗产债务的清偿顺序。近代时期,因限定继承制度的逐步确立,为保护遗产债权人和部分弱者利益,《大清民律草案》《民国民律草案》《中华民国民法》中规定了部分遗产债务的清偿顺序,明确要求必须为没有劳动能力且没有生活来源的人保留必要的财产份额,注重对家庭中弱者利益的保护。在现代,2020 年《民法典》在沿用 1985 年《继承法》的基础上以有限清偿责任为原则,明确在遗产债务中,应当优先清偿被继承人所欠的税款和债务。此外,即使不足以清偿债务,也必须为既无劳动能力也无生活来源的人保留必要的份额。由此可知,遗产债务清偿制度中,弱者的利益越来越受到重视。

二、域外遗产债务清偿制度历史演进之考察

域外遗产债务清偿制度从古代至现代的发展变化,关于古代时期,笔者主要考察古希腊时期、古罗马时期、古日耳曼时期、中世纪教会法时期的遗产债务清偿制度。关于近现代时期,笔者主要选取法国、德国等具有代表性的国家的立法进行考察。[70]

(一)域外古代法之遗产债务清偿制度

古代域外立法中的遗产债务清偿制度,本文主要考察希腊时期、古罗马时期、古日耳曼时期、中世纪教会法时期。

1. 古希腊时期的遗产债务清偿制度

古希腊各城邦在历史上有过多次著名的立法活动,但都限于城邦,没有出现过统一的法典。此时古希腊的民法制度已经发展到一个较高的水平,其中的继承制度亦是如此。古希腊时期的"家庭"与现代人的家庭观念有所不同,在字面上的解释为"屋子",不仅包括血亲成员,还包括家庭的奴隶与财产。每一个家庭都有一个家父,家父一般是孩子的父亲,负责管理家庭。古

---

〔69〕 参见梁慧星:《从近代民法到现代民法——二十世纪民法回顾》,载《中外法学》1997 年第 2 期,第 22 ~ 26 页。

〔70〕 需要说明的是,因英美法系国家采取间接继承制度,对我国的借鉴意义不大,故笔者没有对英美法系国家的规定予以研究。此外,笔者分析了法国、德国民法典对日本、瑞士等其他国家民法典编纂中此制度的规定所产生的影响。

希腊中的继承制度包括儿子继承、无子继承和其他亲属的继承三种。在儿子继承的情况下,分为两种情况:其一,若仅有一个合法儿子,则由这个儿子继承他所有的财产和债务。若死者是一个家庭的家父,那么他的儿子继承家父的地位。其二,若有多个合法儿子时,他的财产被平等继承,长子并不享有优先继承权。[71] 可见,古希腊时期遗产债务实行的也是"父债子偿"。

2. 古罗马时期的遗产债务清偿制度

法治理念是古希腊政治文化的核心与精髓,古罗马不但继承了希腊的理性法思想,而且深受希腊哲学的影响。随着希腊本土的衰弱,古希腊哲学的中心转移到罗马,并对罗马民法的基本走向产生了深刻影响。[72] 故有学者指出,"西方的法律传统滥觞于罗马法"。[73]

在古罗马法时代,由家长主宰一切,宗族制度盛行,家产属于家庭成员共有。在财产私有制的初期,为保证绵延家祀,继承人继承死者的人格,遗产成为附属。最初"继承"的含义就是继承人在法律上代替被继承人,取得被继承人的地位。[74] 在古罗马时期的身份继承制度下,继承人被作为被继承人人格的延续,其主要是继承被继承人的人格。除专属于被继承人本身的权利义务外,继承人继承被继承人的一切权利义务。只要没有因被继承人死亡而消灭(如罚金之债)的债务,继承人就承担清偿责任。[75] 即在被继承人死亡后,继承人必须全部继承财产,即使遗产债务超过积极财产,其也要以自己的固有财产进行偿还。[76] 可见,古罗马实行的是概括继承制度,当时的身份继承决定了概括继承制度的存在。

就概括继承而言,该制度主要会产生以下三个弊端:其一,将遗产负担转嫁给继承人。[77] 如果被继承人的债务无法通过遗产清偿,继承人则会受到债务的拖累。其二,如果遗产可以清偿债务,但继承人负债累累,却没有任何清偿能力。此时,因继承人的债权人与被继承人的债权人平等受偿导致遗产

---

[71] 参见何勤华、魏琼主编:《西方民法史》,北京大学出版社 2006 年版,第 51、72、74 ~ 75 页。

[72] 参见何勤华、魏琼主编:《西方民法史》,北京大学出版社 2006 年版,第 79 ~ 81 页。

[73] Mary A. Glendon, Michael W. Gordon and Paolo G. Carozza, *Comparative Legal Traditions* (*2nd Edition*), Beijing: Law Press, 2004, p. 16.

[74] 参见周枏:《罗马法提要》,法律出版社 1988 年版,第 106 页。

[75] 参见[德]马克斯·卡泽尔、罗尔夫·克努特尔:《罗马私法》,田士永译,法律出版社 2018 年版,第 745 页。

[76] 参见周枏:《罗马法原论》(下册),商务印书馆 2017 年版,第 488 ~ 489 页。

[77] 参见黄风:《罗马私法导论》,中国政法大学出版社 2003 年版,第 350 ~ 351 页。

债权人的债权不能实现。[78] 其三,对于家外继承人而言,其可以选择接受遗产和拒绝遗产,但是,如果其没有调查遗产的状况,就全部承受被继承人的遗产,对他而言,很难做出选择。[79]

综上所述,古罗马时期的概括继承制度损害了继承人和遗产债权人的利益。乌尔比安曾指出:"一个处于父权之下的人,不能在不情愿的情况下通过继承被强迫承担遗产债务,因为父亲不被强迫承担该遗产债务。"[80] 随着社会经济的发展,身份继承向财产继承演变,从而使得以身份继承为基础的概括继承制度失去了依托。为避免继承人与遗产债权人等利害关系人因概括继承而受到损害,同时与继承制度的变革相适应,大法官遂通过司法实践将概括继承制度废除,并建立了限定清偿责任制度。[81] 后来,古典法学家开始对这种制度进行补救,最古老的措施是将遗产债务在共同继承人之间进行划分,排除遗产债务的连带性。在当时,主要是通过三种制度来弥补这种制度所产生的影响。

其一,享受弃权照顾利益。弃权照顾是由裁判官法创设的照顾性制度,为防止自家继承人代替被继承人的债务人地位,在遗产债务超过积极财产时,此制度赋予自家继承人[82]的权利。[83] 即继承人在被继承人的遗产可能不足以抵偿负债时,有权拒绝的继承人可做出不参加遗产处理的声明。此时被继承人的债权人可以以被继承人的名义将遗产出卖,就遗产的变价实现自己的债权。即使遗产不足以清偿,继承人也没有义务承担清偿责任;偿债有余时,剩余部分仍旧由继承人继承;继承人自己所有的财产,则与被继承人的遗产不发生关系。[84]

其二,分离照顾。分离照顾是为必要继承人设立的一种制度。由于必要

---

[78] 参见[英]巴里·尼古拉斯:《罗马法概论》,黄风译,法律出版社2010年版,第223页。

[79] 参见[英]巴里·尼古拉斯:《罗马法概论》,黄风译,法律出版社2010年版,第224页。

[80] [意]桑德罗·斯奇巴尼选编:《民法大全选译——遗产继承》,费安玲译,中国政法大学出版社1995年版,第138页。

[81] 参见周枏:《罗马法原论》(下册),商务印书馆2017年版,第489页。

[82] 在罗马法中,继承人区分为自家继承人、必要继承人和家外继承人。自家继承人,是指罗马法中第一顺序的继承人,如死者的子女。必要继承人,是指随着解放而被设立为继承人的奴隶,无论其是否愿意,在遗嘱人死后,都将立即被解放并且成为继承人。如果在遗嘱中被设立为继承人的是处于即将死亡者支配权下的直系卑亲属(前述的"自家继承人"),他们则被称为自家必要继承人。家外继承人,则是指由被继承人在无必要情况下设立的继承人。参见黄风:《罗马私法导论》,中国政法大学出版社2003年版,第353页。

[83] 参见黄风:《罗马法》,中国人民大学出版社2009年版,第242页。

[84] 参见周枏:《罗马法原论》(下册),商务印书馆2017年版,第489页。

继承人一般是被继承人在遗嘱中予以解放的奴隶,因而不能像自家继承人那样享受弃权照顾,故为了维护其财产利益,允许他们再被继承后取得的财产同他们必须继承的损益遗产分离开来。[85] 遗产债权人为避免因财产的混合遭受损失,可以请求实行“遗产分离”,享有“财产分别利益”。[86] 自继承人接受继承之日起5年内,遗产债权人可以请求遗产分离。遗产被分离后,将会保留给被继承人的债权人和受遗赠人。在他们就遗产受偿后,继承人的债权人才能就剩余遗产受偿。在实行遗产分离后,遗产债权人就不能再对必要继承人的财产提出要求。[87]

其三,财产清单照顾。财产清单照顾是由优士丁尼法所创设的制度,目的是保障继承人在遗产范围内承担遗产债务。[88] 从知晓被继承人死亡的信息后的30日内,继承人可以在公证人在场的情况下清点遗产,并登记造册。一般情况下,对遗产的清点应在60日内完成。如果继承人的居住地离主要遗产所在地较远,则清点期限可以延长至1年。被继承人的债权人以及受遗赠人也参加对遗产的清点,若无法参加,则必须有3名见证人见证。此外,继承人应在遗产清单上签字,并就遗产清单的合法性作出保证。[89] 通过财产清单利益,继承人便只需根据遗产清单向遗产债权人做出清偿其债务的保障,其便不对超过遗产范围的债务承担清偿责任。公元531年,优帝一世又规定继承人(包括当然继承人)有权就其继承的财产偿还被继承人的债务,但应依法对被继承人的遗产造具清册,称为“财产清册利益”,于是限定继承制度正式确立,并为后世各国继承法所采用。[90] 此外,关于遗产债务清偿顺序,罗马法在不侵害优先权人的限度内,继承人根据遗产债权人所申报债权的次序清偿遗产债务。[91]

罗马法以民法见长,罗马民法被公认为现代民法的历史渊源,各国民法在不同程度上都继承了罗马法,尤其对大陆法系和英美法系民法体系的建立

---

〔85〕 参见黄风:《罗马私法导论》,中国政法大学出版社2003年版,第352页。

〔86〕 即奴隶被主人立为继承人时,虽不能申请不参与继承,但是对于家主资产不足抵偿负债的“有损遗产”,他可以申请以自己的名义把它卖出去,以清偿被继承人的债务。对于不能清偿的部分,不再承担清偿责任。参见周枏:《罗马法原论》(下册),商务印书馆2017年版,第489页。

〔87〕 参见黄风:《罗马法》,中国人民大学出版社2009年版,第243页。

〔88〕 参见黄风:《罗马法》,中国人民大学出版社2009年版,第242页。

〔89〕 参见黄风:《罗马法》,中国人民大学出版社2009年版,第242页。

〔90〕 参见周枏:《罗马法原论》(下册),商务印书馆2017年版,第489~490页。

〔91〕 参见史尚宽:《继承法论》,中国政法大学出版社2000年版,第289页。

和发展产生了深远的影响，为世界民法文化的构建与发展奠定了坚实的基础。[92] 德国著名的法学家耶林说，罗马对世界的征服唯有其法律最为持久。[93]

3. 古日耳曼时期的遗产债务清偿制度

有学者指出，继罗马法之后，日耳曼法是在西欧占有主导地位的第一种法律体系。日耳曼法大部分由习惯法构成，并以民众的现实生活为基础。[94] 与罗马法以个人权利与义务为基础不同，日耳曼法建立在团体主义的基础上，是团体的义务法。因此，日耳曼的家族形态具有团体的单一性，所有家产由家属共有。日耳曼的身份法与继承法，均是以社会团体的精神出发而加以规制，唯有此法律观个人受到团体的束缚。[95] 家长在内统率家属，对外代表全家。如果家属的行为涉讼，被害人或债权人只能对家长起诉。[96] 在财产继承方面，日耳曼法不承认家属以外的遗产继承权。在家父死亡后，已经成年的诸兄弟不分割家产，继续维持共同生活。家长一旦死亡，由年长的兄弟承继管理家产的权利，并负担祭祀祖先的义务，但是家庭仍然属于全体家属共有。此外，日耳曼法禁止家长进行遗赠或者死因赠与。[97]

日耳曼法时期，被继承人之债权债务，是否应由继承人继承，相关资料未有明确记载，学者们的见解也不一致。据纪盖耳氏主张，被继承人纯然之债权债务，除例外情形（如侍役的报酬支付债务）外，并不当然由继承人继承。对于不同性质的债务，继承人所承担的义务是不同的，如继承人不受保证债务或者侵权之债的约束。[98] 关于契约之债，该债务的对价或利益已经消灭的，继承人不继承此类债务。反之，则由继承人继承。对于无偿之债，继承人无须继承。以不动产为给付标的的债务，因继承人有同意权，故继承人并不受束缚。被继承人生前进行的对不动产的处分，在没有交付时，继承人如果不同意则可以拒绝交付。即使已经交付，继承人也享有返还请求权。[99] 在

[92] 参见何勤华、魏琼主编：《西方民法史》，北京大学出版社 2006 年版，第 79 页。

[93] 参见张新奎编著：《法理学初阶》，浙江大学出版社 2017 年版，第 60 页。

[94] 参见李宜琛：《日耳曼法概说》，中国政法大学出版社 2003 年版，第 14 页。

[95] 参见戴东雄：《中世纪意大利法学与德国的继受罗马法》，中国政法大学出版社 2003 年版，第 33 页。

[96] 戴东雄：《中世纪意大利法学与德国的继受罗马法》，中国政法大学出版社 2003 年版，第 28、30 页。

[97] 戴东雄：《中世纪意大利法学与德国的继受罗马法》，中国政法大学出版社 2003 年版，第 31 页。

[98] 罗马法系的保证为债务，因此移转于保证人的继承人。然而，日耳曼法的保证仅为单纯的责任，没有继承性，保证人死亡，债权人也不能要求保证人的继承人履行保证责任。但是，对于侵权行为，如果继承人所继承的被继承人的财产是因侵权行为而取得，那么继承人有义务返还。如果该财产的赎金以及其他损害赔偿在继承前已经确定，继承人还需要承担赔偿义务。

[99] 参见李宜琛：《日耳曼法概说》，中国政法大学出版社 2003 年版，第 125、210 ~ 212 页。

日耳曼法上继承人只在法律规定的范围内继承遗产债务,故其并非人格继承。无论何种情况下,即便其继承不动产,也无须用自身固有的财产清偿债务。所以,继承人对于所继承的债务的清偿责任,只以动产为限。由此可见,日耳曼法上的理念是虽然被继承人的部分债务由继承人继承,但是固有的债务人仍然是被继承人。[100]

至都市法时期,随着经济交易的逐渐发达,继承人继承债务的范围也逐渐扩大。而继承人所继承的债务的清偿责任,也从动产扩展到不动产,从遗产扩展到自身的固有财产。[101] 因此,正如有学者所言,日耳曼法上没有概括继承的概念,只有动产继承与不动产继承的区别。也就是说,继承人对被继承人的债务并不负无限清偿责任,而仅以遗产中的动产予以抵债,即仅负担物的有限责任。至于继承人的固有财产及其因继承所取得的不动产,皆无须供为继承债务之清偿,原因是日耳曼法并不以继承为被继承人人格的继承,而仅为财产上的继承。日耳曼法上的个别继承与物的有限责任之原则,被英国法继受。[102] 日耳曼人最古老的法律称为"民众法",该法是因承袭传统的日常生活习惯日积月累所形成的。因此,日耳曼法并非权威的制定法,而是靠自律形成的习惯法。尽管日耳曼法发展水平较低,但向人们展示了一种全新的法律观念、法律文化,为后世法律提供了不可替代的典范。[103]

4. 中世纪教会法时期的遗产债务清偿制度

教会法是指天主教、东正教、基督新教以及其他教派在不同历史时期所制定和编纂的各种规则和章程,其中以天主教会在不同历史时期的法律,尤其是中世纪法律为主。[104] 教会法采用遗嘱继承和无遗嘱继承两种制度。12世纪以后,一种较为新颖且系统的遗嘱继承体系被教会法和教会法学家发明。同时,他们也构建了一套判断遗嘱是否有效、解释遗嘱、执行遗嘱的规则体系。[105] 当时教会法学家建立的新的遗嘱法以日耳曼基督教徒的死因赠与和古典时期罗马的遗嘱继承法为根据。相比罗马遗嘱法中实体法的改变,教会法学家在遗产管理方面进行的变革更为重要。教会法创造了遗嘱执行人

---

〔100〕 参见李宜琛:《日耳曼法概说》,中国政法大学出版社2003年版,第212~213页。

〔101〕 参见李宜琛:《日耳曼法概说》,中国政法大学出版社2003年版,第213页。

〔102〕 参见陈棋炎、黄宗乐、郭振恭:《民法继承新论》(修订10版),三民书局2016年版,第101页。

〔103〕 参见何勤华主编:《外国法制史》(第5版),法律出版社2011年版,第90~91页。

〔104〕 参见何勤华主编:《外国法制史》(第5版),法律出版社2011年版,第92页。

〔105〕 参见何勤华主编:《外国法制史》(第5版),法律出版社2011年版,第102~103页。

制度，遗嘱执行人负有根据遗嘱的要求处理遗产、清偿遗产债务的职责。[106]当时订立遗嘱被教会视为宗教行为，若被继承人死亡后未留下遗嘱，教会法官便有权处理他的遗产。后来，教会法院又对此制度进行发展，开始任命一名与遗嘱执行人的职能相似的管理人负责分配无遗嘱者的财产。[107]

综上所述，域外古代时期，实行的是家长制，除日耳曼时期继承人对遗产债务承担有限清偿责任外，在古希腊、古罗马时期，继承人都要对遗产债务负无限清偿责任。在中世纪教会法时期，则出现了遗产管理人制度。

（二）域外近代法之遗产债务清偿制度

在西方，《法国民法典》《德国民法典》的影响深远，被很多国家作为蓝本，以制定本国民法典。因此，关于域外近代立法中的遗产债务清偿制度，主要以《法国民法典》《德国民法典》为研究对象，并考察日本、瑞士、荷兰、埃塞俄比亚、加拿大魁北克省对前述两部民法典中遗产债务清偿制度的继受与发展。

1.1804 年《法国民法典》中的遗产债务清偿制度

关于遗产债务范围，《法国民法典》在继承编中分散规定了应由遗产负担的事项，被继承人生前所欠的债务、做成遗产目录和计算的费用、封印的费用、诉讼费用，均由遗产负担。[108]

关于遗产债务清偿程序，该法典规定，继承人选择承担有限清偿责任的，需要向继承开始地的第一审法院予以声明。限定继承的声明应被登记在为受理抛弃继承声明书而准备的登记簿上。[109] 立法要求继承人提出声明的目的是让遗产债权人知悉其承担限定继承责任的事实，以尽快申报债权，此即为当时法国立法的遗产债务申报的公告制度。

关于遗产债务清偿责任，遗产债务清偿责任的类型包括两种：有限清偿责任与无限清偿责任。其中，无限清偿责任又分为自愿的无限清偿责任与强制的无限清偿责任。如果继承人隐匿遗产，或在遗产清单中恶意漏记的，该继承人丧失限定继承利益。[110] 另外，对于共同继承人间的清偿责任，该法典

---

[106] 参见[美]哈罗德·J.伯尔曼：《法律与革命——西方法律传统的形成》（第 1 卷），高鸿钧等译，法律出版社 2018 年版，第 304、307 页。

[107] 参见[美]哈罗德·J.伯尔曼：《法律与革命——西方法律传统的形成》（第 1 卷），高鸿钧等译，法律出版社 2018 年版，第 308 页。

[108] 参见《拿破仑民法典》第 799、810 条，《拿破仑民法典（法国民法典）》，李浩培、吴传颐、孙鸣岗译，商务印书馆 1981 年版。以下关于 1804 年《拿破仑民法典》均出自此书，简称为《拿破仑民法典》。

[109] 参见《拿破仑民法典》第 793 条。

[110] 参见《拿破仑民法典》第 774、801 条。

规定,共同继承人与概括受遗赠人按照继承遗产的比例承担。[111]

关于遗产债务的清偿顺序,《法国民法典》规定,如果债权人提出异议的声明,除非按照审判员规定的程序和方法,否则限定继承人不能清偿遗产债务。反之,限定继承人按照债权人和受遗赠人的要求依顺序清偿债务。[112]动产上的特殊优先权以及动产与不动产优先权的清偿顺序,在无动产时,应首先清偿动产上一般优先权包括的裁判上的费用及其他费用,然后再行使不动产优先权等。[113]

法国在习惯法的继承制度中,依据财产的来源的性质不同而有所区别,遗产继承规则非常复杂。为了简化继承规则,大革命时期的法律确立了"遗产移转的统一性原则",这一原则在1804年《法国民法典》中得到了认可。另外,法国采用"广义财产"的概念,认为继承人延续被继承人的法律人格,即通过继承发生两者人格的混同,而人格的混同也导致两者的财产发生混同。因此,遗产继承是对遗产之上的全部债权债务的继承,确立了"遗产继承的整体性原则"。这也是《法国民法典》第723条规定的"继承人对于遗产债务承担无限责任"的逻辑基础。[114]

2. 1900年《德国民法典》中的遗产债务清偿制度

《德国民法典》选择了《学说汇纂》的体例结构并加以发展,以其严密的逻辑体系、严谨的法律语言、精确的民法概念,影响了很多国家的民法。[115]正如有学者所言,这个19世纪市民社会的典型创作之后,不到半个世纪,世界史的巨变开始为(无论是有责任感之人还是滥用者)市民自由设定目标。[116]

关于遗产债务清偿制度,1900年《德国民法典》的内容是:(1)遗产债务范围。遗产债务不仅包括死者所欠下的债务,也包括对继承人所承担的义

---

〔111〕 参见《拿破仑民法典》第870、871条。

〔112〕 参见《拿破仑民法典》第808条。

〔113〕 参见《拿破仑民法典》第2105条。同时,《拿破仑民法典》第2101条规定了优先权和抵押权优先受偿,此外动产上的一般优先权包括诉讼费用、丧葬费用、受雇人过去一年的报酬和本年到期的报酬,以及供给债务人或其家属的生活资料等物品也要优先受偿。

〔114〕 参见何勤华等:《大陆法系》(上卷),商务印书馆2015年版,第336页。

〔115〕 参见何勤华、魏琼主编:《西方民法史》,北京大学出版社2006年版,第141页。

〔116〕 参见[德]Franz Wieacker:《近代私法史——以德意志的发展为观察重点》,陈爱娥、黄建辉译,台北,五南图书出版公司2004年版,第441页。

务,例如,因任何权利而产生的义务,如特留份、遗赠和遗嘱上的负担。[117] (2)遗产债务清偿程序。在遗产债权人可以被要求以公示催告的程序申报其债权。[118] (3)遗产债务清偿责任。该法典规定,继承开始,被继承人的遗产整体转移给一个或者数个继承人。[119] 同时,继承人申请遗产管理或者遗产破产,才能承担有限清偿责任。[120] 另外,如果继承人故意导致遗产清单中记载的属于遗产的标的物不完备,或者将不存在的遗产债务记录在遗产清单上,或者其拒绝或者以拖延的方式履行答复询问义务,则他的责任就不限于遗产。[121] 由此可知,德国以概括继承为原则,继承人的遗产债务清偿责任分为有限清偿责任与无限清偿责任,无限清偿责任可分为自愿的无限清偿责任与强制的无限清偿责任。共同继承人对遗产债务承担连带清偿责任。[122] (4)遗产债务清偿顺序。关于遗产债务的清偿顺序,1900 年《德国民法典》无明确规定。

3. 近代域外其他国家对《法国民法典》和《德国民法典》的继受与发展

近代时期,日本、瑞士、荷兰、加拿大魁北克省等国家和地区在借鉴《德国民法典》和《法国民法典》的基础上,开始编纂本国的民法典。

(1)日本。1898 年,日本公布亲属、继承两编,同时公布"民法实施法",此即"明治民法",于 1898 年开始实施。在继承编中,沿用了封建时期的制度,将继承分为家督继承和财产继承,家督继承便是固有的户主权利和义务的继承,其继承顺位仍然是坚持男子优于女子,并且以年长者为优先。在继承法中保留了大量封建时代的内容。[123]

(2)瑞士。19 世纪时,瑞士各州以法国的民法典为蓝本开始制定民法典,在家庭法和继承法方面实施当地的习惯。1912 年《瑞士民法典》取代州的法律,规定了官方清算、遗产清单制度以及在遗产破产清算制度,以限制继承人对遗产债务的责任。

(3)荷兰。因法国入侵荷兰,1809 年荷兰颁布了有史以来的第一部民法

---

[117] 参见 1900 年《德国民法典》第 1967 条,see Chung Hui Wang, *The German Civil Code*, China University of Political Science and Law Press, 2019, p. 436。以下 1900 年《德国民法典》均出自此书,有特别说明的除外。

[118] 参见 1900 年《德国民法典》第 1970 条。

[119] 参见 1900 年《德国民法典》第 1922 条。

[120] 参见 1900 年《德国民法典》第 1975 条。

[121] 参见 1900 年《德国民法典》第 2005 条。

[122] 参见 1900 年《德国民法典》第 2058 条。

[123] 参见何勤华主编:《外国法制史》(第 5 版),法律出版社 2011 年版,第 356~357 页。

典,此部法国化的民法典基本是以 1804 年的《法国民法典》为基础。1811 年,荷兰并入法国版图后,此部法典被拿破仑法典本身所取代。[124] 后来,随着荷兰的逐渐独立,1838 年第三部《荷兰民法典》正式颁布,但是,此部民法典仍未脱离《法国民法典》。继承法被规定在第 2 编财产法之中。[125] 1838 年《荷兰民法典》出台不久后,就受到了很多法学家的指责,认为其无法应对社会出现的新情况。[126]

(4)加拿大魁北克省。魁北克是加拿大第一大省,是保留法兰西文化最多的省份。1867 年加拿大建立联邦,为了能够继承法国民法传统,提出要用法典的形式将魁北克传统的民法予以保留。[127] 基于法国的影响,《魁北克民法典》于 1865 年颁布,在 1866 年加拿大联邦成立前夕生效。[128] 此部法典当时被称为《下加拿大民法典》,其在结构、体系、风格、内容上都与《法国民法典》类似。[129] 故此时加拿大魁北克省的遗产债务清偿制度也与法国的规定较为相似。

(三)域外现代法之遗产债务清偿制度

第二次世界大战结束后,大陆法系具有代表性的国家法国、德国等开始对本国的民法典进行修改。其中,法国对民法典继承编的内容进行了较大的修改,而德国却没有对继承编进行实质性修改。此外,日本、瑞士、荷兰、埃塞俄比亚、加拿大魁北克省等也开始对继承编进行修改,确立了现代的遗产债务清偿制度。

1. 现代法国遗产债务清偿制度

19 世纪和 20 世纪法国的政治、经济和社会发生重大变化,为适应社会的发展,法国立法者开始对《法国民法典》的条文进行修改,尤其是在家庭法和继承法方面,逐渐对家父权进行限制。[130] 进入现代后,《法国民法典》修改幅度非常大,尤其是在继承法方面。法律对婚姻家庭与继承法的修改幅度更

---

〔124〕 参见[荷兰]亚瑟·S. 哈特坎普:《荷兰民法典的修订:1947—1992》,汤欣译,谢立新校,载《外国法译评》1998 年第 1 期,第 60 页。

〔125〕 参见[荷兰]亚瑟·S. 哈特坎普:《荷兰民法典的修订:1947—1992》,汤欣译,谢立新校,载《外国法译评》1998 年第 1 期,第 60 ~61 页。

〔126〕 参见高仰光、邓欣:《〈荷兰民法典〉的前世与今生》,载《中国人大》2018 年第 10 期,第 51 ~53 页。

〔127〕 参见刘艺工:《加拿大〈魁北克民法典〉的变迁及启示》,载何勤华主编:《外国法制史研究》(第 19 卷·2016 年),法律出版社 2017 年版,第 3 ~4 页。

〔128〕 参见李彤:《加拿大法律制度的历史发展》,法律出版社 2017 年版,第 113 ~114 页。

〔129〕 参见刘艺工:《加拿大〈魁北克民法典〉的变迁及启示》,载何勤华主编:《外国法制史研究》(第 19 卷·2016 年),法律出版社 2017 年版,第 5 ~6 页。

〔130〕 参见[德]茨威格特、克茨:《比较法总论》(上),潘汉典等译,中国法制出版社 2017 年版,第 178 页。

大,继承法部分几乎全部被修改。[131]

原来《法国民法典》中规定的"全部概括继承人,或者部分概括继承人对遗产的债务负无限责任"被废止。[132] 关于遗产债务清偿制度,进入现代《法国民法典》的主要变化如下。

(1)完善遗产债务申报的公告制度

首先,2006年修改后的立法在原来继承人向法院提出声明的基础上,要求继承人登记并在国内进行公示,以使遗产债权人知晓继承人对遗产债务承担限定责任的事实。此外,修改后的法律明确规定,继承人做出声明意味着选定唯一住所,遗产债权人应向其选定的住所通知其债权证书,报明各自的债权。其次,增加了遗产债权人申报债权的期限以及未在法定期限内申报债权的后果。[133]

(2)完善遗产债务清偿责任制度

首先,关于有限清偿责任,完善了继承人承担限定继承责任的条件,2006修改后的法律以"一目"的篇幅规定了继承人以净资产为限接受继承的限制条件。此外,修改之前要求继承人在继承开始后的3个月内制作遗产清单,修改后法律规定继承人在做出限定继承的声明后2个月内才制作并提交遗产清单。并且,遗产清单也应当采用与做出限定继承声明同样的方式公示。

其次,关于无限清偿责任,修改后的法律细化了无限清偿责任的规定。原来的无限清偿责任规定得较为概括、简单,2006年修改后的立法以专节的形式详细规定了承担无限清偿责任,增加了无限清偿责任的形式、情形、主体以及接受无条件继承的法律效力。[134]

关于遗产债务范围、遗产债务清偿顺序,2006年修改后的民法典没有实质变化。

2. 现代德国遗产债务清偿制度

《德国民法典》自1900年1月1日生效以来,历经多次修改。较之对前四编(总则、债法、物权法和家庭法)的重大改动,第五编"继承法"自颁布以来修订极少,立法者仅在提高配偶继承权、排除婚生子女和非婚生子女区别

---

[131] 参见何勤华主编:《外国法制史》(第5版),法律出版社2011年版,第271~272页。

[132] 《法国民法典》,罗结珍译,北京大学出版社2010年版,第723页。

[133] 参见2010年《法国民法典》第792条,《法国民法典》,罗结珍译,北京大学出版社2010年版,第220~221页。以下关于2010年《法国民法典》的条文均出自此书,有特别说明之处除外。

[134] 参见2010年《法国民法典》第782~786条。

对待和登记生活伴侣的继承权方面进行了改革。随着传统的大家庭逐渐被小家庭取代,原先的前述意识逐步淡化,《德国民法典》所确立的亲属无限继承原则也已经失去了合理基础。虽然继承法具有重大经济和社会意义,但对继承法的现代化改革仍然遥遥无期。这并不是缺乏改革动力,而是人们对改革方案难以形成一致意见。[135] 在德国,现代继承法关于遗产债务清偿制度的规定与1900年的规定并无实质性差异。然而,关于遗产债务清偿顺序,被规定在德国破产法中。

3. 现代域外其他国家的遗产债务清偿制度

(1)日本。《日本民法典》的重大修改主要在第二次世界大战以后,为适应《日本国宪法》的实施,于1947年公布了"伴随日本国宪法施行的民法应急措施法",在此基础上主要对民法典亲属、继承两编进行全面修改,修改后的《日本民法典》从1948年1月1日开始实施。之后,《日本民法典》又进行了多次修改。修改后的民法典废除了家督继承制度,确认继承仅限于财产继承。[136] 家督继承又称为户主继承,每家设一户,各家财产,除以家属个人名义所得者外,均为户主之财产。某家户主缺位(如旧户主死亡、引退、丧失国家、法定离家)时,新户主继承旧户主所有权利义务(专属于户主本身者除外)。此种制度带有强烈的封建性继承制度的色彩。[137] 同时,修改后的继承编规定了继承人承担遗产债务清偿责任的类型,包括有条件的有限清偿责任与无限清偿责任制度(自愿的无限清偿责任与强制的无限清偿责任),规定了遗产债务申报通知与公告制度,明确了遗产债务的清偿顺序。[138] 近年,日本在2019年第43号法律对《日本民法典》继承编进行了修正。[139] 此次《日本民法典》继承编主要的改动为:首先,增加了第八章"配偶的居住权";其次,将原来的第八章"特留份"变为第九章,并对此章进行了修改。而遗产债

---

[135] 参见[德]雷纳·弗兰克、[德]托比亚斯·海尔姆斯:《德国继承法》,王葆莳、林佳业译,中国政法大学出版社2015年版,第2页。

[136] 参见何勤华主编:《外国法制史》(第5版),法律出版社2011年版,第357~358页。

[137] 参见《日本民法典》,王书江译,中国人民公安大学出版社1999年版,译者序,第6页。

[138] 参见《日本民法典》第922~937、941~950条,《日本民法典》,王书江译,中国人民公安大学出版社1999年版。

[139] 参见 https://elaws.e-gov.go.jp/search/elawsSearch/elaws_search/lsg0500/detail/129AC0000000089_20220401_430AC0000000059/0? revIndex=10&lawId=129AC0000000089,最后访问日期:2020年10月15日。

务清偿制度,并未进行实质性改动。[140]

(2)瑞士。进入现代后,《瑞士民法典》中的继承编未有较多的修改,该法典中规定的遗产债务清偿制度仍然继续沿用,即遗产继承仍然是以无限清偿责任与有条件的有限清偿责任并存。[141]

(3)荷兰。进入现代后,因1838年《荷兰民法典》有诸多争议,故1947年在全面修订旧民法典的基础上,开始制定新的民法典。新《荷兰民法典》在1992年生效,其中第四编为继承。《荷兰民法典》在借鉴法国、德国民法典的同时,成功实现了本土化。[142] 关于遗产债务清偿制度,《荷兰民法典》明确规定了遗产债务的范围与清偿顺序,确立了遗产债权人申报债权的通知与公告制度,建立了有条件的有限清偿责任与无限清偿责任制度。[143]

(4)埃塞俄比亚。1960年5月5日,《埃塞俄比亚民法典》颁布,并于同年9月11日生效。[144] 关于遗产债务清偿制度,该部民法典中明确规定了遗产债务的范围与清偿顺序,建立了有条件的有限清偿责任制度,并设立了遗产清算制度。[145]

(5)加拿大魁北克省。20世纪60年代,魁北克对民法制度进行了大规模的改革,吸收借鉴普通法的经验。1955年,魁北克政府着手进行民法典的修订与改革。1990年12月,议会提出了新民法典的整体草案。1991年12月18日,该草案被通过,并于1994年生效。[146] 在1991年民法典生效后至今,继承编不断被修改。当前,《魁北克省民法典》在继承编中规定了遗产清

---

[140] 参见《日本民法典》第八章、第九章,载 https://elaws.e-gov.go.jp/search/elawsSearch/elaws_search/lsg0500/detail/129AC0000000089_20220401_430AC0000000059/0? revIndex=10&lawId=129AC0000000089,最后访问日期:2020年10月15日。

[141] Swiss Civil Code (last amended in 2020), a. 588, 589, 593, 594, 595, 596,参见瑞士司法部网,https://www.admin.ch/opc/en/classified-compilation/19070042/202101010000/210.pdf,最后访问日期:2021年1月9日。

[142] 参见焦富民、盛敏:《论荷兰民法典的开放性、融和性与现代性——兼及对中国制定民法典的启示》,载《法学家》2005年第5期,第143~144页。

[143] The Civil Code of the Netherlands (amended in 2012), Book 4, a. 7, 191, 192, 206, 216, see Hans Warendorf and Richard Thomas and Ian Curry-Sumner, *The Civil Code of the Netherlands* (*Second Edition*), Alphen aan den Rijn: Kluwer Law International, 2013. 以下关于《荷兰民法典》之规定,均出自此书。

[144] 参见徐国栋:《埃塞俄比亚民法典:两股改革热情碰撞的结晶》,载《埃塞俄比亚民法典》,薛军译,厦门大学出版社2013年版,第3页。

[145] 参见《埃塞俄比亚民法典》第826、943、946~950条,《埃塞俄比亚民法典》,薛军译,厦门大学出版社2013年版。以下关于《埃塞俄比亚民法典》的条文均出自此书。

[146] 参见刘艺工:《加拿大〈魁北克民法典〉的变迁及启示》,载何勤华主编:《外国法制史研究》(第19卷·2016年),法律出版社2017年版,第7页。

算制度、有条件的有限清偿责任与无限清偿责任,通过遗产清单的公示让遗产债权人申报债权,并明确了遗产不足以清偿债务时的清偿顺序。[147]

(四)域外遗产债务清偿制度历史演进的特征

1. 由身份继承向财产继承演变

古罗马时期,遗产继承是以身份或地位的承受为核心,其中身份继承为主,财产的继承是为身份继承服务的。[148] 在当时,个人是何物并不被人们所知,家父就是家族的代表,家父的权利即家族的权利。继承实际上是对家父权的继承,因为取得了家父身份才能取得财产的处分权。[149] 到了近代,随着当时法国启蒙运动的影响,自由主义开始盛行,人们开始摆脱封建时代的束缚,各国相继废弃了封建时代的身份继承。近代资本主义国家的经济关系的基础由身份向契约转变,继承法也顺理成章地以当事人的个人人格的独立平等代替了宗法社会、封建社会的身份等级,专行财产继承。[150] 取消身份继承,专行财产继承,摒弃强制继承,实行自愿继承,是域外两大法系具有代表性国家限定继承法的主要特点之一。[151]

2. 遗产债务的清偿责任主体由家长转变为个人

在古罗马时期,"家父权"为绝对权,家父权甚至高于一切,即使国家官吏的权力也无法与之进行对抗,没有任何限制。[152] 罗马家庭是单纯地以权力为纽带联合在一起的人的团体,家长对其他成员可以行使任何权力。[153] 根据罗马法的原则,"家子"的权利被"家父"吸收,一家之财产,属于家族全体,家子取得的财物只能由家父支配,"家父"享有对家庭财产的垄断权。[154] 在当时,族长仅是代表家族的一个集体组织,故族长的死亡无足轻重,原来所有附属并依附于族长的权利与义务,会继续依附在继承人身上。故实际上这

---

[147] Civil Code of Québec (last amended in 2020), a. 625, 795, 811, 812, http://legisquebec.gouv.qc.ca/en/ShowDoc/cs/CCQ-1991,最后访问日期:2020 年 11 月 7 日。本文中所引用的《魁北克省民法典》之规定均出自此版本,有特别说明之处除外。

[148] 参见费安玲:《罗马继承法研究》,中国政法大学出版社 2000 年版,第 27 页。

[149] 参见王艳慧:《西方继承法理念变迁的法哲学分析》,载《云南大学学报(法学版)》2013 年第 6 期,第 22 页。

[150] 参见陈苇主编:《外国继承法比较与中国民法典继承编制定研究》,北京大学出版社 2011 年版,第 35 页。

[151] 参见陈苇、秦志远、陈法:《论现代继承法的发展趋势及其对"中国民法典·继承编"的立法启示》,载陈苇等:《中国继承法理论与实践研究》,中国人民公安大学出版社 2019 年版,第 32 页。

[152] 参见陈朝璧:《罗马法原理》,法律出版社 2006 年版,第 419 页。

[153] 参见梅夏英:《财产权构造的基础分析》,人民法院出版社 2002 年版,第 5 页。

[154] 参见黄风:《罗马法》(第 3 版),中国人民大学出版社 2019 年版,第 70 页。

些权利和义务是家族的权利和义务，家族具有法人特性，即永生不灭。对于债权人而言，他完全可以像对旧的族长一样，要求新的族长进行补偿，因为这种责任是旧的家族的责任，永远不会改变。[155] “家父权”以及由“家父权”衍生的各种权利和义务的集合体被转移给“继承人”。换言之，转移给“继承人”的是整个家族，物质财产只是“家族”的附属品。[156] 正如梅因所言，“所有社会的运动在一点上是一致的。在运动发展的过程中，其特点是家族依附的逐步消灭以及代之而起的个人义务的增长。到近现代时期，原来的家长制逐渐走向灭亡，‘个人’不断地代替了‘家族’，成为民事法律所考虑的单位”。[157] 此时的继承转变为财产继承，而继承的主体也随之由原来的家族转变为个人，遗产债务的清偿责任主体也随之而发生变化。

3. 由概括继承发展为有条件的限定继承

从古希腊时期开始，父亲死亡后所遗留的债权债务，其儿子必须全部继承。至古罗马时期，继承人仍要对被继承人遗留的债务承担无限清偿责任。由于概括继承会导致继承人与被继承人的财产混合，这既可能会损害继承人和遗产债权人的利益，也可能会对继承人的债权人造成损害。为此，罗马法创设了财产清单照顾制度、弃权照顾制度、分离照顾制度，以实现继承人与债权人利益的平衡。[158] 后来，到了近代，随着欧洲各国开始编纂民法典，这些国家深受罗马法的影响，将罗马法的制度结合自身的国情予以改造，在民法典中加以规定。1804 年《法国民法典》、1900 年《德国民法典》都是以概括继承为原则，但是赋予继承人选择的权利，继承人可以为避免自身承担过重的债务而选择限定继承或者放弃继承。同时，法国、德国立法明确规定了有条件的有限清偿责任制度，如法国要求继承人承担有限清偿责任必须要做出声明，并且制作遗产清单提交给法院，德国则以继承人申请遗产管理或者遗产破产为条件。此外，即使是后来的《瑞士民法典》中也都是以概括继承为原则，并对继承人承担限定责任设置了条件。

4. 由强制的无限清偿责任转向自愿与强制并存的无限清偿责任

古希腊时期和古罗马初期，都要求继承人对被继承人的债务承担无限清偿责任。后来，古罗马法开始赋予继承人选择权，继承人可以在限定清偿责

---

[155] 参见[英]梅因：《古代法》，沈景一译，商务印书馆 1959 年版，第 122 页。

[156] 参见[英]梅因：《古代法》，沈景一译，商务印书馆 1959 年版，第 126 页。

[157] [英]梅因：《古代法》，沈景一译，商务印书馆 1959 年版，第 110 页。

[158] 参见黄风：《罗马法》(第 3 版)，中国人民大学出版社 2019 年版，第 196 页。

任、无限清偿责任与放弃继承之间自由选择,以减轻继承人对遗产债务的责任。但是,为避免继承人损害遗产债权人的利益,如果其制作虚假的遗产清单,则要对遗产债务承担强制的无限清偿责任。此立法被后来的法国、德国等国吸收。两国立法规定继承人自愿承担无限清偿责任的同时,对于有制作虚假的遗产清单,或者隐匿、转移财产的不法行为的继承人,其限定利益将会丧失。故以法国、德国为代表的大陆法系国家,遗产债务的无限清偿责任分为两种,即自愿的无限清偿责任与强制的无限清偿责任。

5. 遗产债务清偿程序逐步完善

古罗马法在设立限定责任继承制度的同时确立了程序,即继承人要在法定期限内制作遗产清单。同时,古罗马也确立了财产分离制度,使得继承人固有的财产与其继承的遗产相分离,进而被继承人的债权人就不能再对应归必要继承人所有的财产提出清偿要求。到了近代,法国、德国在继受罗马法的法律制度后,确立了遗产债务申报的通知与公告制度,如法国要求继承人做出限定继承的声明且该声明必须公示,以使遗产债权人申报债权;德国有对遗产债权的公示催告制度,以及遗产破产制度、遗产管理程序等。此外,日本、瑞士、荷兰、埃塞俄比亚、加拿大魁北克省等也有对遗产债权人和受遗赠人的通知公告制度。

6. 遗产债务清偿顺序从无到有

古罗马法时期,开始时概括继承占据了一席之地,继承人对遗产债务承担无限清偿责任,故法律没有必要规定遗产债务的清偿顺序。后来,继承人开始对遗产债务承担有限清偿责任。各国在吸收古罗马法规定的基础上,为保护特定遗产债权人的利益,对于遗产不足以清偿债务的清偿顺序予以明确规定。在限定继承制度成为主要趋势的条件下,规定遗产债务清偿顺序有利于保护遗产债权人的合法权益,保障遗产债权人按照规定受清偿。

综上所述,从域外具有代表性的大陆法系国家的立法看,这些国家的遗产债务清偿程序在近代编纂民法典时继受了罗马法的制度,进入现代后,各国又逐渐对遗产债务清偿程序的相关制度进行修改,遗产债务的清偿程序不断完善。

三、中外遗产债务清偿制度历史演进异同之思考

(一)中外遗产债务清偿制度历史演进之共性

1. 由身份继承向财产继承演变

无论是中国古代还是古罗马时期,当时的继承实行的都是强制的概括继

承,即使被继承人死亡,但是他的法律人格依然存在,并全部转移给他的“继承人”。换言之,当时的继承实则是身份的全部转移,财产只不过是一种附属品。后来,随着思想的解放,经济的不断发展,身份继承开始被摒弃,真正实现了财产的继承。到了近代,财产不再是身份的附属物。随着经济的发展与社会的变革,家庭结构与人们思想观念的不断变化,家长制逐渐解体,继承制度也逐渐由身份继承为主转向完全的财产继承,甚至与被继承人有关的人身权利都被排除在遗产继承的范围之外。财产继承成为一个人自由意志的体现,是自由的外在领域。[159]

2. 由强制继承向自愿继承演进

在古代时期,无论是古代中国还是古罗马时期,当时实行的都是父债子偿。在家长死亡后,对遗产债务承担无限清偿责任是继承人的义务。即便遗产全部都是负债,继承人也不得放弃继承。故在当时的背景下,继承人无论是否自愿,都必须继承,没有任何选择的权利。古罗马大法官意识到强制继承对继承人和遗产债权人而言是不公平的,并且强制继承存在诸多弊端,故创设了弃权照顾制度、财产清单制度、遗产分离制度,开始尊重继承人的意思自治,让继承人自己做出选择。近代时期,法国、德国等国家在制定民法典时,采用了古罗马的制度,尊重继承人的意思自治。中国在近代时期,原来父债子偿的习惯开始受到冲击,《中华民国民法》真正确立了限定继承制度。进入现代,中国和域外国家的继承立法继续赋予继承人自愿选择限定继承或概括继承,甚至放弃继承的权利。对于继承制度,法律完全尊重继承人的意愿。

3. 遗产债务清偿责任主体逐渐由家长转向个人

无论是中国古代还是古罗马时期,继承是身份的全部转移,而财产只不过是一种附属品。在家族的“法定代表人”去世后,被继承人的债权人实则是整个家族的债权人,其仍然可以向新的家族的“法定代表人”请求偿还债务,并且债权请求权也不会有任何减损。换言之,在人类社会早期,父权制度既是起点,也是归宿,所有法律制度都是以父权制度为中心而展开设计的。[160] 随着家族的解消,个人的地位日益凸显,近代法在确立尊重个人意思

[159] 参见刘剑文、杨汉平主编:《私有财产法律保护》,法律出版社2000年版,第102页。

[160] 参见王艳慧:《西方继承法理念变迁的法哲学分析》,载《云南大学学报(法学版)》2013年第6期,第21页。

自治与所有权绝对自由原则的同时,也确立了以财产继承为中心的继承制度。[161] 继承由身份继承向财产继承演进,在各家庭成员之间逐渐实现平等,诸继承人逐渐有权继承被继承人的遗产。因此,遗产债务清偿的主体由原来的家族转向个人。在有多个继承人的情况下,遗产债权人可以向接受继承的多个继承人请求清偿债务。

4. 遗产债务清偿责任由概括继承向限定继承变化

古代的概括继承制度是时代的产物,家庭财产制决定了这一制度的诞生。后来,古罗马大法官意识到这一制度的弊端,为此确立了财产清单照顾制度、弃权照顾制度以及财产分离制度。继承人可以在遗产范围内承担限定清偿责任,但是其必须制作遗产清单。直到近代法国、德国等具有代表性的大陆法系国家的民法典继受古罗马法,分别确定了本国立法中的限定继承制度。新中国成立后,我国彻底消除了原来的旧制度,真正实现了继承人对遗产债务的限定清偿责任。由此观之,无论是我国立法还是域外立法,遗产债务清偿责任都是从开始的概括继承制度向限定继承制度演变。

(二)中外遗产债务清偿制度历史演进之差异

1. 遗产债务清偿责任条件之区别

关于中外遗产债务清偿制度,其演进之差异之一便是对有限清偿责任制度的演进。从古代到现代的演进,虽然中国与大陆法系国家都采用了直接继承制度,然而,对于限定继承与无限继承,则有所差异。首先,对古罗马制度的继承内容不同。中国与大陆法系具有代表性国家的遗产债务清偿责任类型不同。在历史演进中,中国现在的继承立法中,1985 年《继承法》规定了无条件的限定继承制度与自愿的无限清偿责任制度。2020 年颁布的《民法典》继续沿用此规定。大陆法系国家不但吸收了以制作遗产清单为中心的限定继承制度,同时也继受了古罗马继承人隐匿遗产、不按规定制作遗产清单所承担的强制无限清偿责任。其次,限定继承制度的演进不同。中国的继承制度是当然的限定继承制度,法国、德国、日本、瑞士等大陆法系具有代表性的国家立法确立了以概括继承(包括自愿和强制的无限清偿责任)为原则的继承制度和有条件的限定继承制度。继承人承担限定继承责任,必须履行法律规定的程序,否则就推定其对遗产债务承担无限清偿责任。

---

[161] 参见林秀雄:《继承法讲义》,台北,元照出版有限公司 2005 年版,第 1 页。

2. 遗产债务清偿程序的细密与粗疏之差异

遗产债务清偿程序在整个遗产债务清偿制度中至关重要，在我国，古代盛行的是“父债子偿”的传统，父亲去世后，债权人可以要求儿子以其全部财产承担清偿责任。后来，随着西学东渐，近代时期的《大清民律草案》《民国民律草案》《中华民国民法》效仿西方国家，规定了遗产债务的清偿程序，但是，只有《中华民国民法》真正实施。1985 年《继承法》出台后，并没有明确有关遗产债务的清偿程序。原因是当时改革开放不久，民众拥有的财产数量相对较少，因此，无须确立复杂的遗产债务清偿程序。在西方大陆法系国家，近代颁布民法典后，法国、德国立法中都规定了遗产债务清偿程序，如法国以净资产为限接受继承制作遗产清单的程序，德国的公示催告程序、遗产管理程序和遗产支付不能程序等，并一直延续到现代。在我国，进入现代后，由于近年经济的不断发展，民众拥有的财产日益增多，债权债务关系也日益复杂，2020 年颁布的《民法典》确立了遗产管理人制度，明确处理被继承人的债权债务是遗产管理人的职责之一。

3. 遗产债务清偿顺序之不同

中国与域外遗产债务清偿顺序的差异主要体现在两个方面：首先，古代时期遗产债务清偿顺序之不同。中国古代时期因实行父债子还，没有规定遗产债务的清偿顺序。而域外古罗马法时虽实行概括继承制度，但是其确立了按照遗产债权人申报债权的先后清偿遗产债务的立法模式，此种立法后来被法国继受。其次，近代以来遗产债务清偿顺序价值理念的差异。中国自近代以来，在遗产不足以清偿债务时侧重保障弱者利益，而域外立法中并未予以明确，而是依然按照债权申报的顺序进行清偿。

四、结语

我国《民法典》中的遗产债务清偿制度有所进步，但仍然存在尚需完善之处。通过对遗产债务清偿制度的历史演进进行探究，可以得知，无论古代还是近现代，由于政治、经济、文化等不同因素的影响，中国与域外的遗产债务清偿制度都存在一定的差异。当前，关于遗产债务清偿制度，《民法典》并未规定强制的无限清偿责任，未建立系统的遗产债务清偿程序，也没有明确遗产债务的清偿顺序。在未来完善遗产债务清偿制度时，我们可以结合中国的实际国情，借鉴中外立法历史演进中的有益经验。

民法学与政治学交叉

“二次革命”与“政治的自主性”

——傅勒析马克思的法国大革命观

朱学平*

摘　要:法国20世纪著名历史学家傅勒不满于以索布尔、马佐里克等人为代表的主流学派对法国大革命的粗俗处理,专门搜集了马克思本人关于法国大革命的论述,并从二次革命与政治的自主性两个角度出发,分三个阶段对马克思的大革命观进行了较为深入全面的剖析。傅勒经过分析,得出了以下基本看法:一方面,在二次革命与政治的自主性两个问题上,他认为马克思与其20世纪法国弟子们具有一定的一致性,都认为法国革命构成了无产阶级革命的母体,并且在论述法国市民社会与政治国家的关系上都犯有“简单”、“教条主义”和“独断”等方面的错误;另一方面,则又认为马克思与其后学在对国家与市民社会关系的处理、对法国专制制度的看法尤其是对革命本质的理解上,存在重要的甚至是本质性的区别。傅勒的分析表明我们今天仍需不断“回到马克思”的重要性和必要性。

关键词:马克思　傅勒　法国大革命　二次革命　政治的自主性

20世纪法国著名历史学家傅勒在《思考法国大革命》一书中曾经多次援引马克思本人的论述,严厉批判以他斥之为“粗俗的马克思主义者”的索布尔、马佐里克等人为代表的当时法国主流大革命史学派,说他们犯了简单化、

---

* 朱学平,西南政法大学行政法学院教授,研究方向为法哲学、政治哲学。

教条化以及形而上学化等的错误,并且试图从托克维尔、古参等人的立场和观点出发,对主流学派的观点进行修正。[1] 他与索布尔等人的重要分歧在于:(1)反对他们将马克思的观点与雅各宾主义等同起来的观点,认为雅各宾专政并不构成法国革命的本质,也不是马克思所理解的法国革命的本质,并由此反对法国革命构成20世纪俄国革命的典范或者为后者奠基的意义。简言之,法国革命并不构成其后社会革命(或"二次革命")的原型或"母体"。[2] (2)反对主流学派的目的论史观,从"资产阶级革命""阶级斗争"等既定框架出发对法国大革命进行简单机械的教条化处理,而忽视对18世纪法国社会发展本身的研究。[3] 相反,他认为马克思本人对法国的历史发展有深入了解,对旧制度和大革命的理解比较接近于托克维尔,一方面认为18世纪的法国是中央集权的君主制国家逐渐出现、旧制度逐渐瓦解的过程,大革命是这一过程的完成;[4] 另一方面认为旧制度国家相对于贵族和资产阶级具有独立性。[5] 傅勒在最早撰写"革命的教理"一文时阅读了马克思和恩格斯的相关著作,并且表达了想要对他们有关法国革命的论述"做一番总结并予以系统的分析"的愿望。[6] 10多年后,傅勒出版了《马克思与法国大革命》一书。此书第二部分汇集了马克思从1842年到1871年30年间关于法国大革命的所有重要论述,其第一部分即"导言"部分由傅勒本人亲自撰写,对马克思与法国大革命的关系进行深入分析,从而部分实现了他的夙愿。

在"导言"部分,傅勒按时间顺序,将马克思对法国大革命的论述分为三个时段(1843~1844年、1845~1850年、1851~1871年),逐一进行分析评述。傅勒指出,这三个阶段分别是作为费尔巴哈派的马克思、作为唯物主义者的马克思和写作《资本论》的马克思。第一个马克思按照宗教异化的模式处理现代资产阶级国家,第二个马克思从唯物史观的角度出发,将国家理解为资产阶级统治的工具,第三个马克思由于法国革命的不断重新爆发而时常中断对英国资本主义的研究,重新思考法国革命的问题。[7] 从前述他对主流马克思主义者的批判可以预知,傅勒在分析时必然特别重视马克思本人对于法

---

[1] 傅勒在他1971年发表的"革命的教理"一文中对法国主流大革命史学的进行了全面清算,见[法]弗朗索瓦·傅勒:《思考法国大革命》,孟明译,三联书店2005年版,第121~192页。

[2] [法]弗朗索瓦·傅勒:《思考法国大革命》,孟明译,三联书店2005年版,第134~172页。

[3] 参见[法]弗朗索瓦·傅勒:《思考法国大革命》,孟明译,三联书店2005年版,第127~128、132页。

[4] [法]弗朗索瓦·傅勒:《思考法国大革命》,孟明译,三联书店2005年版,第148页。

[5] [法]弗朗索瓦·傅勒:《思考法国大革命》,孟明译,三联书店2005年版,第152~153页。

[6] [法]弗朗索瓦·傅勒:《思考法国大革命》,孟明译,三联书店2005年版,第131页。

[7] [法]弗朗索瓦·傅勒:《马克思与法国大革命》,朱学平译,华东师范大学出版社2015年版,第105页。

国革命与社会革命关系的理解,同时也高度关注政治的自主性问题,这个问题既涉及马克思对于社会与政治、理论与实践之间的关系的处理,也涉及傅勒本人的基本立场。下文按照傅勒的分析次序,逐一展示他对马克思的法国大革命史观的分析。

一

"导言"第一部分("青年马克思与法国大革命")以马克思 1843～1844 年有关法国革命的论述为考察对象。这一时期是马克思的大革命史观的形成时期,其基本观点主要在《黑格尔法哲学批判》《〈黑格尔法哲学批判〉导言》《论犹太人问题》《神圣家族》等早期文本中表达出来。如前所述,傅勒的关注点有二:第一,马克思提出不同于政治革命(法国革命为政治革命的典范)的社会革命的根据何在?第二,作为"市民社会优先于国家"的理论的提出者,马克思如何看待法国革命过程中出现的各种不同的政治形式?前者涉及非常重要的"二次革命"问题,后者涉及傅勒高度关注的革命时期诸政体的理解问题。

对于马克思首倡的"社会革命"观念,傅勒一方面将其追溯到德国的落后上,认为马克思之所以提出这种新的革命,原因之一是,他希望借助这样一种超越并且完成法国解放的革命,以达到对德国落后状况的克服;他还进一步指出,马克思在德国的状况中看到了实现这种革命的两个条件:一是德国人在哲学上的优越性:德国人是一个哲学的民族;二是由于德国落后,因此其资产阶级无法扮演社会总代表的角色,领导并实现政治解放,相反,随着德国无产阶级的出现,其能够担负起实现社会革命(人的解放)的重任。[8] 此外,傅勒还进一步指出了马克思提出社会革命的理论上的原因。马克思通过批判黑格尔法哲学认识到了现代社会的本质,即社会相对于国家的优先性,并由此认识到,通过政治的方式无法达到社会问题的解决目的。因此,人的社会性的全面恢复就必须要在社会而非政治层面进行。由此,"与黑格尔相反,马克思就维护了革命观念的卓越的历史尊严。实际上,由于各种国家形式——例如,从君主制国家到代议制国家的过渡——均从属于社会生活的实际状况,因此也正好是在市民社会层面起作用的革命也就成为了历史的助产

[8] 参见[法]弗朗索凡・傅勒:《马克思与法国大革命》,朱学平译,华东师范大学出版社 2015 年版,第 6～8 页。

婆……因此法国革命就必须让位于一场'现实的'革命,即一场通过将政治纳入社会之中而消灭政治的革命"。[9] 最后,傅勒指出,马克思还在法国革命史的研究中发现了法国革命为一种新世界(共产主义)思想来源的观点,这使得他将社会革命的思想进一步扩展到了法国。换言之,傅勒在马克思本人处发现了法国革命包含了"二次革命"的基本思想:"马克思首次提出下列观念——这种观念第一次出现在他的著作中,但却流行于当时的法国历史文献中,即法国革命产生了超出自身成就的思想,也就是说,法国革命是共产主义亦即'一种新世界秩序'思想的来源。"[10]这也就意味着,不是马克思20世纪的法国粗俗弟子,而是其本人就具有了法国革命作为革命"母体"的思想(实际上,正如傅勒指出的那样,这种观念也并非马克思的创造,而是来自法国从1789年的社会小组到1795年的巴贝夫的另一传统[11])。这里值得注意的是马克思对雅各宾派的态度。马克思是否像索布尔等人那样崇敬雅各宾专政?傅勒援引马克思的论述指出,在这个问题上,马克思追随贡斯当,认为雅各宾的恐怖主义是一种时代错乱,是混淆了古代社会与现代社会的结果。因此马克思并不赞成雅各宾派的革命的恐怖主义。

正是在这里我们碰到了傅勒所关心的第二个问题,即政治的自主性问题:青年马克思在市民社会优先于国家的理解下,到底如何理解政治国家(或政体形式)?更加具体地说,在法国社会与经济基础未发生根本变化的情况下,如何理解大革命期间出现的众多政体?傅勒指出,马克思在市民社会与国家分离的基础上,将二者的关系颠倒过来的同时,又步费尔巴哈宗教批判的后尘,将政治国家理解为市民社会的异化与"幻想",由此出发对法国革命中出现的各种政体进行解释:他可能追随贡斯当,将雅各宾专政解释为时代错乱;将拿破仑帝国解释为行政形式的恐怖政治的复活等。[12] 由此,傅勒认为,马克思在这一时期至少是在"异化"及"幻想"的形式下承认了政治相对于社会的一定程度的自主性。他沿袭自己的一贯看法,指出:"革命的历史仍旧不同于市民社会史,而且它本身便是这段时期所特有的本质内容。对青年马克思来说,法国革命是现代国家的产生。虽然市民社会的变化过去是、现

---

[9] [法]弗朗索凡·傅勒:《马克思与法国大革命》,朱学平译,华东师范大学出版社2015年版,第18页。

[10] [法]弗朗索凡·傅勒:《马克思与法国大革命》,朱学平译,华东师范大学出版社2015年版,第25页。

[11] 参见[法]弗朗索凡·傅勒:《马克思与法国大革命》,朱学平译,华东师范大学出版社2015年版,第25页。

[12] 参见[法]弗朗索凡·傅勒:《马克思与法国大革命》,朱学平译,华东师范大学出版社2015年版,第26~27页。

在依旧是欧洲历史的基本特征,但对法国革命的研究则揭示出了这种变化的另一方面,这一面既依赖又独立于第一个方面:民主公民权的诞生及其幻想。"[13]与此相似,他这样总结这一时期对马克思的基本看法:"在1843～1844年的马克思看来,法国革命史在国家与市民社会的辩证法中行进。社会的发展是法国革命的源头,革命本身源自下列对立:一方面资产阶级被排斥于政治之外,另一方面资产阶级享有经济与社会权力。马克思……在这一点上也接近于他非常熟悉的法国革命史家。但革命本身一旦发动,就不受其起源的约束。它的特征是政治脱离其所产生的条件而导致的暂时膨胀:这种倾向表现在它宣称它代表了人的普遍解放,表现在对包含诉诸恐怖在内的政治意志主义的信仰,还表现在运用借自古代的时代错乱的意识形态——它们构成了政治膨胀的诸特征,并以三种不同的形式揭示了资产阶级社会与革命国家之间的同一种分离。在这段时期之后,随着罗伯斯庇尔的倒台,数年间,资产阶级恢复了它的利益的自由运转以及它的平淡统治,直到5月18日,资产阶级才又重新失去了这一切,并让位于一种新的革命恐怖形式,即行政的和征服一切的恐怖。"[14]

可见,在傅勒看来,这一时期的马克思是考虑到了大革命的政治因素的,但同时他也明确指出,由于马克思仅仅简单地将革命归结于市民社会及其阶级因素,因而实际上并未在政治的维度上仔细考虑过国家与市民社会之间的关系:"革命的起源或原因存在于市民社会之中:青年马克思从未详细地思考过这个问题,而是满足于某种他一直认为理所当然的东西,即资产阶级社会的发展乃是1789年政治变化的根源这种认识。他的思想已然具有这种观念,即政治决定于社会(或者说,决定于社会经济),马克思终其一生……都在为这种观念的矛盾进行辩护。但是即使法国革命是由市民社会的变化引起的,下面这一点也仍然是正确的,即革命的整个过程发生在另一层面上,仿佛完全脱离了它的起源。"[15]显然,在傅勒看来,对于他所关切的问题,即革命时期的政治变化(或政治的自主性)问题,马克思并未能够做出解释,只是简单将其归结为社会经济和阶级因素。在傅勒看来,这种化简的做法并不能

---

[13] [法]弗朗索瓦·傅勒:《马克思与法国大革命》,朱学平译,华东师范大学出版社2015年版,第29页。

[14] [法]弗朗索瓦·傅勒:《马克思与法国大革命》,朱学平译,华东师范大学出版社2015年版,第29～30页。

[15] [法]弗朗索瓦·傅勒:《马克思与法国大革命》,朱学平译,华东师范大学出版社2015年版,第31～32页。

令人满意。在他看来,大革命期间的各种政治形式乃是“作为现实历史的一个现实过程而起作用”,因而是“一股发挥作用的历史力量”,马克思由于过于强调居于其下的市民社会的现实性而看不到这种政治形式同样也具有现实性:“青年马克思赋予市民社会的现实以特权,认为它优先于它的各种政治形式,这使他很快就偏离了现代国家的系统研究。”[16]

因此,对傅勒来说,1843~1844 年的马克思尽管触及了法国革命的政治形式问题,但却因其过分执着于市民社会的优先性而忽视了对这些政治形式的理解。相反,对傅勒来说,这正是理解法国大革命的关键所在。因此,他明确写道:“如果法国革命证明了 1789~1799 年间或者……1789~1830 年间现代民主国家的产生,那么问题依然存在:为什么现代民主国家的诞生伴随着如此纷繁的政治形式。因为如果我们接受马克思归之于革命的真正意义,那么真正说来,法国革命史就是体现了新型国家的一系列政体:君主立宪制,雅各宾恐怖政体,议会共和制,波拿巴专政。这些不同政体如何表现为这同一原则或这同一集体幻想的繁盛,而且它们为何在数十年内如此迅速地此起彼伏,这些都是马克思从未系统处理过的问题,尽管如此,他提出这些问题的方式似乎要求对它们进行系统处理。”[17]

由此,在傅勒看来,青年马克思提出了革命的种种政治形式问题,但并未予以解决:“构成整个革命史之纬的国家与社会间关系的时期序列仍然完全没有得到解释。”他认为,出现这种情况的根本原因在于,马克思过于局限于市民社会决定国家这一观念,“青年马克思囿于政治从属于市民社会的观念,除了一种幻想的形式之外,他不能想象任何其他形式之下的政治自主”,因此他就提出了这个(在傅勒看来是)“作为法国革命的核心奥秘”的问题:“由资产阶级建立的国家问题,它部分地为资产阶级服务,却又完全独立于资产阶级。”[18]傅勒的质疑表现出了以基佐、托克维尔和傅勒等人为代表的法国政治思想家们与马克思之间的重大差异:尽管这些法国思想家们与马克思一样强调政治的社会基础,但是并不认为政治可以直接化约为社会(与阶级),相反,他们同样强调政治的现实性、独立性与自主性,由此特别关心对现代政治的理解和解释。我们看到,傅勒正是这一点上不断质疑马克思的大革命史观。

---

〔16〕 [法]弗朗索瓦·傅勒:《马克思与法国大革命》,朱学平译,华东师范大学出版社 2015 年版,第 35 页。

〔17〕 [法]弗朗索瓦·傅勒:《马克思与法国大革命》,朱学平译,华东师范大学出版社 2015 年版,第 35 页。

〔18〕 [法]弗朗索瓦·傅勒:《马克思与法国大革命》,朱学平译,华东师范大学出版社 2015 年版,第 37 页。

概言之，傅勒通过对马克思这一时期法国革命观的考察，得出了两个观点：第一，法国革命作为革命“母体”的观念来自马克思本人，而非后来的马克思主义者；第二，青年马克思以“异化”或者“幻想”的形式承认了政治国家相对于市民社会的独立性地位，但他满足于市民社会对国家的优先性，并未对二者的关系做出深入、系统的研究和说明，而仅仅停留于简单的断言。

二

在“导言”第二部分（“1848 年的马克思直面 1789 年法国革命”），傅勒对马克思从《德意志意识形态》到 1850 年间系列论著中关于法国革命的论述进行批判性分析。他的主要关注点仍然在政治自主性与二次革命两个问题上。

傅勒指出，马克思在抛弃黑格尔和费尔巴哈的理论后，开始形成自己的唯物论，并在基佐等法国复辟时期历史学家的影响下，将阶级分析的立场和方法作为唯物史观的核心，由此出发对意识形态和政治国家进行分析，从而造成了马克思法国革命观的一大转变。由于马克思与基佐等人一样，将大革命理解为“资产阶级对贵族的胜利”，[19] 这样一来，有别于之前的《神圣家族》，“在《德意志意识形态》提供的分析方法中，再也没有了市民社会产生的想象的自我表现（如雅各宾派的和拿破仑的国家）的地位了。……这种地位（即国家相对于市民社会的暂时的自主地位——引者）终结了，资产阶级主宰了它自己的历史。市民社会优先于国家的观念以资产阶级的阶级利益决定观念和表象的形式出现，这种观念为历史的文化产品的无限多样性仅仅留下了极其狭小的空间。马克思后来的著作非常清楚地说明了这一点”。[20] 在另一处，傅勒同样指出，“《德意志意识形态》的唯物主义不再允许资产阶级的市民社会与资产阶级的政治革命之间有任何作用。不论从 1789 年到 1793 年之间如此迅速地前后相续的插曲如何变化多端，它们当中的每一个插曲都不仅必须归结到它们的共同起源，而且还归结为一个单一的目的：资产阶级社会的生产，即使对立于资产阶级也是如此。法国革命的多种形式的戏剧发现了操纵其法条的机械神”。[21] 这里我们开始看到傅勒将《思考法国大革命》中对“粗俗的马克思主义者”的批判运用到马克思本人身上。在他看来，在马克思这里，“阶级”和“阶级利益”等成了以不变应万变的法宝，马

---

〔19〕［法］弗朗索瓦·傅勒：《马克思与法国大革命》，朱学平译，华东师范大学出版社 2015 年版，第 42 页。
〔20〕［法］弗朗索瓦·傅勒：《马克思与法国大革命》，朱学平译，华东师范大学出版社 2015 年版，第 43 页。
〔21〕［法］弗朗索瓦·傅勒：《马克思与法国大革命》，朱学平译，华东师范大学出版社 2015 年版，第 58 页。

克思用它来解释一切,尤其是傅勒高度关注的思想(社会意识形态)和法国革命中复杂多变的政治形式。傅勒在马克思的这种解释中同样发现了索布尔等人所具有“机械”、“独断”甚至“僵硬”的性质。

对于哲学和思想观念的起源,马克思在资产阶级革命的背景下,对不同国家的情况做出不同的解释:将康德哲学解释为德国资产阶级软弱的产物,将英国霍布斯、洛克等人的哲学和法国的启蒙哲学与资产阶级的强大与胜利联系起来。在傅勒看来,马克思对康德哲学的解释——将康德的“善良意志”归结为德国资产阶级的“软弱”——是“超级简单”的,“只有他的微不足道的学生才会这样”,[22] 同时,傅勒在马克思关于英法思想与资产阶级之间的关系进行分析中指出,这样的解释是难以令人满意的:

> 《德意志意识形态》的这一页是罕见的一页,马克思试图在这里具体说明历史唯物论,之前他已经阐述过它的原理。我们已经看到,结果并不完全令人信服。在其对英法思想史的快速扫描中,马克思并不比其20世纪的那些不大重要的学生高明多少。这表明,这种方法是有缺陷的。除了如此模糊地给这么多伟大的作者贴上标签之外,他也通过他所言的“实际状况”——亦即经济基础和社会基础——非常独断地运用决定的概念。比如说,爱尔维修何以比洛克更加“普遍主义”?假定他确实如此,那么这一特点又如何用英国和法国的资本主义的各自的发展状况来加以解释?马克思只是断言,而非证明。此外,真正说来,他对经济史的分析也只是专断的:反过来,当马克思解释爱尔维修和霍尔巴赫时,狂热的协商和投资构成了18世纪的特征,而当他描述重农主义思想的局限性时,则认为“封建的”经济就构成了18世纪法国的特征。马克思主义作为历史理论的机械运用,肇始于马克思。[23]

这里,傅勒不再像在《思考法国大革命》中那样,将马克思与20世纪“粗俗的马克思主义者”严格区别开来,而是基本上等同视之。我们于此可以清楚地看到他对马克思的看法的一定转变。现在,在他看来,后来的“粗俗的马

---

[22] [法]弗朗索凡·傅勒:《马克思与法国大革命》,朱学平译,华东师范大学出版社2015年版,第42页。
[23] [法]弗朗索凡·傅勒:《马克思与法国大革命》,朱学平译,华东师范大学出版社2015年版,第44页。

克思主义者”并非完全歪曲了马克思的本意，相反，马克思本人的思想中也包含了一定的“机械”“独断”的因素。

在傅勒看来，这种情况同样出现在马克思对法国大革命中出现的众多政治形式的解释中。正如思想方面一样，政治形式也同样为经济与社会发展（以及与之相伴的资产阶级取代贵族）的历史必然性所决定，这样一来，傅勒所关心的革命中的众多政体的理解问题也就成为无解的了：“结果是，《论犹太人问题》或《神圣家族》允许他提出（若非解决）的问题——如果作为国家之支柱的市民社会保持不变的话，那么如何说明法国革命中表现出来的国家形式的极端多样性？——此后就以这样一种使其完全无法解决的方式表达出来。它变成了这样一个理解问题：为何一个规定为资产阶级政府的计划、一个铭刻于社会演化之中的计划会表现为这样一个混乱的、形态纷呈的过程？如果法国革命不过是已经成为社会主人的资产阶级对国家的征服（1789年即已完成这种征服），那么对1789年之后的事件的解释就要么是不可能的，要么是任意的。”[24]显然，傅勒在这里向马克思本人提出了法国大革命的各种政治形式的理解问题，这是他之前在《思考法国大革命》中向法国主流的大革命史学家们提出的同一问题，并且通过援引古参等人的观点予以解释。这里，他明言马克思的理论要么不能对此提出解释，要么做出“任意的”解释。

不仅如此，当马克思将政治还原为社会并且最终还原为阶级时，在傅勒眼中这个至关重要的大革命的统一性问题就被马克思给消解掉了：“革命的历史编撰学的这个已经成为经典的问题，即不论其表现形式如何前后矛盾，都要将这个事件的本质把握为一个总体这一问题——不复存在，因为1789年、1793年以及热月政变都是同一部资产阶级解放史诗的一部分。”[25]这样一来，在马克思这里，雅各宾派的恐怖统治便成了“法国革命的巨大谜团”。[26] 傅勒发现，当马克思试图对其做出解释时，却在阶级现实的分析的基础上，提出了不能与《神圣家族》中的分析相容的两种相互矛盾的分析：（1）恐怖统治是实现资产阶级利益和自由主义的工具；（2）1793年的恐怖统治逃离了资产阶级，体现了“群众”的利益，使革命超越了自由主义。[27]不仅如此，傅勒还进一步指出，马克思在《德意志意识形态》中还包含了对1793年

---

[24] ［法］弗朗索凡·傅勒：《马克思与法国大革命》，朱学平译，华东师范大学出版社2015年版，第45页。
[25] ［法］弗朗索凡·傅勒：《马克思与法国大革命》，朱学平译，华东师范大学出版社2015年版，第46页。
[26] ［法］弗朗索凡·傅勒：《马克思与法国大革命》，朱学平译，华东师范大学出版社2015年版，第46页。
[27] 参见［法］弗朗索凡·傅勒：《马克思与法国大革命》，朱学平译，华东师范大学出版社2015年版，第47页。

恐怖统治的第三种看法:无产阶级"临时"推翻资产阶级政治统治,而其目的则是服务于被推翻的资产阶级统治。[28] 在傅勒看来,马克思观点上的这些矛盾乃是其理论本身的缺陷所致:"马克思为其历史哲学所迫,不得不将其政治形式化约为它们的阶级内容,从而赋予罗伯斯庇尔专政(以及其叹为观止的形式,恐怖统治)一种人民的、反资产阶级的,以及(他走得如此之远,以至于论及)无产阶级的现实性。但由于同一律令,他又不得不将整个法国革命界定为自由的资产阶级的来临,因此也就必须将'无产阶级的'插曲从属于其对立面的实现之下。结果,必有两个问题悬而未答:第一,这种插曲的本质,以及产生这种插曲的历史处境的本质;第二,恐怖并不是其所服务的社会的产物,因此须对这种政治政体之谜进行说明。这些矛盾是马克思因为否定政治史的自主性而必然付出的代价。"[29]

显然,个中关键在于马克思之前提出的政治革命与社会革命的关系问题,也就是"一次革命"与"二次革命"的问题。从 1845 年起,随着马克思的观点的根本转变,也就必然对这个问题做出新的解释。这里,傅勒关注的核心是革命的历史必然性问题,它既包含了法国大革命的历史必然性问题,也包含了社会革命的历史必然性问题。在马克思这里,历史必然性概念牵涉历史变化的客观因素和主观因素两个方面,客观因素为生产力的发展与成熟,主观因素为行动者的意志与能力。从唯物论出发,在这两个因素中,显然客观因素要更加根本。"在因果的展开中,马克思的理论显然将优先性给予了发展的客观因素。这是《德意志意识形态》中一再阐明的观点,因为它标志着同时也激发了与唯心主义的决定性决裂。"[30] 由此,无论是法国革命,还是社会革命,都应当是社会生产力发展的产物。

就法国革命而言,由于傅勒并不赞成这种从社会与阶级角度出发所做的必然性解释,而将大革命视为一场全新的历史行为方式,故而他试图揭示并批判这种必然性概念中所包含的矛盾:"由于法国革命依赖于生产力的发展与市民社会的成熟,它就展示出了与它自身的概念的含义相矛盾的两个特征。一方面,它与其说是人们的政治活动的结果,还不如说是人们默许必然之事的结果。另一方面,它是一种对于先前已经产生之物的认可;它完全由其原因所界定,并且包含在它的起源中……革命表面上是与过去决裂,实际

---

〔28〕 参见[法]弗朗索凡·傅勒:《马克思与法国大革命》,朱学平译,华东师范大学出版社 2015 年版,第 49 页。
〔29〕 [法]弗朗索凡·傅勒:《马克思与法国大革命》,朱学平译,华东师范大学出版社 2015 年版,第 49 页。
〔30〕 [法]弗朗索凡·傅勒:《马克思与法国大革命》,朱学平译,华东师范大学出版社 2015 年版,第 60 页。

上是过去的完成。”[31]更加明确地说,在他看来,马克思的法国革命的历史必然性观念一方面完全取消了作为革命的政治活动本身的意义,另一方面无法解释1789年与1793年的“连续”与“断裂”问题,“如果1789年是旧制度的加冕,那么大革命又是什么呢?”,这是复辟时期法国历史编撰学的一个“经典悖论”。[32] 傅勒认为,马克思与法国自由主义者一样,问题出自他们共同的决定论立场。在傅勒看来,正是这种立场使他无法对1789年与1793年做出统一的解释。这是在必然性问题上傅勒对马克思提出的第一个批判。

他的第二个批判是对目的论史观的批判。他指出,马克思(与后来的马克思主义史学家一样)对革命之前法国社会和阶级的发展,实际上并未进行深入的考察和研究,“他在1845年到1850年间所写的关于现代法国历史的所有著述的引人注目之处就是,1789年之前的法国经济与社会的经验事实实际上完全付之阙如”。[33] 这样一来,马克思就只是假设,而非证明他的观点。不仅如此,由于马克思从法国历史学家们那里继承了1789年代表了资产阶级胜利的目的论史观,由此他实际上就不是从市民社会的成熟去论证革命,而是反过来,从1789年革命的爆发“推演出18世纪法国资产阶级的经济和社会的成熟性”。[34] 这样,马克思就不是从前提推出结论,而是相反,从结论(目的)出发,推出其所需要的前提。就此而言,傅勒指出,马克思在解释法国革命时,实际上并没有完全坚持其基本历史观点,他没有从如实考察法国经济和社会发展出发(实际上马克思对此一直都没有进行过仔细考察)对法国革命进行解释,而是与资产阶级史学家们一道预设和默认了法国资产阶级的成熟。

傅勒的这种分析(如果属实的话)指出了马克思这一时期法国革命观的一个吊诡现象:从理论上讲,马克思需要从法国革命前的社会历史的发展出发论证革命的内在必然性,然而马克思却并未从事这种理论研究,相反,他从法国革命爆发的事实出发直接推论出法国资本主义和资产阶级的成熟。也就是说,马克思直接从他的历史哲学出发推出了这一结论,他从未质疑过这种结论的可靠性。就此而言,其历史哲学本身在法国革命这里也就并未得到证实。

---

[31] [法]弗朗索凡·傅勒:《马克思与法国大革命》,朱学平译,华东师范大学出版社2015年版,第59页。
[32] [法]弗朗索凡·傅勒:《马克思与法国大革命》,朱学平译,华东师范大学出版社2015年版,第59页。
[33] [法]弗朗索凡·傅勒:《马克思与法国大革命》,朱学平译,华东师范大学出版社2015年版,第62页。
[34] [法]弗朗索凡·傅勒:《马克思与法国大革命》,朱学平译,华东师范大学出版社2015年版,第61页。

不仅如此,傅勒还进一步暗示指出,在马克思这里,真正起决定性作用的并不是其所强调的社会生产与阶级的成熟,而是革命本身才是真正决定和创造历史的东西。傅勒明言,“马克思的革命概念……既是一个中心概念又是一个暧昧概念”,“在他的思考中,法国革命是现代历史变化的首要的——而且必然的——表达:马克思一直都隶属于对法国榜样着迷的欧洲政治文化。他的所有斗争活动都指向一场德国革命。马克思有时想像德国革命超越了其法国先例,有时认为它又只是德国历史的与时俱进;但在这两种情况下,问题都在于激发或者参与一场堪与1789年革命相提并论的伟大事件,它将标志着两个时代的决定性决裂。这种观点的证据在于,在1848年德国革命期间,马克思一直对法国的榜样耿耿于怀,同时对照着法国的先例计算着德国的失败。其思想和行动的这个方面使革命成为了历史行动的优先形式,人与世界和解的一种新形式”。[35]

这一段论述涉及马克思所言的社会革命的历史必然性问题。如果严格依照马克思对历史必然性的理解,那么社会革命就应该是社会生产力发展的自然结果,革命仅具有相对次要的辅助作用。然而马克思似乎并不完全如此理解革命与历史必然性之间的关系。傅勒在马克思对1848年德国革命的分析中看到了马克思本人在这个问题上面的不一致,指出:“马克思革命概念的模糊性在于这个事实,即它时而包含、时而又排除历史必然性的概念。在一场革命发生后,比如18世纪末的法国,马克思将其解释为完全——不论其结果、形式,还是过程——由资产阶级社会必然到来所产生。当革命没有发生时(如1848年的德国),他就简单地把失败归咎于行动者的无能、德国资产阶级的软弱性……在第一种情形下,马克思把革命归结为其社会内容的表达,而在第二种情况下,他只将革命视为通往肯定资产阶级社会的几种可能而非必然的道路之一。在第一种情况下,他使政治处于从属的地位。在第二种情况下,他解放了政治,至少是相对地解放了政治。”[36]

换言之,在解释法国革命和社会革命时,马克思并未坚持同一个历史必然性概念。对法国革命的爆发,马克思强调的是社会生产发展的必然性;对社会革命,他更是强调革命本身所具有的巨大的——甚至是决定性的——能

---

〔35〕[法]弗朗索凡·傅勒:《马克思与法国大革命》,朱学平译,华东师范大学出版社2015年版,第58~59页。

〔36〕[法]弗朗索凡·傅勒:《马克思与法国大革命》,朱学平译,华东师范大学出版社2015年版,第60~61页。

动作用。这样一来,法国革命对于他的意义,就并不在于革命爆发前社会生产领域的发展与成熟,而在于革命本身所爆发出来的足以为未来的社会革命效仿和借鉴的巨大能量。傅勒直接指明了这一点,“1845～1850 年的马克思,在法国历史中仅仅看到了革命”,其意图在于,“一方面将法国大革命融入……唯物主义历史理论之中,另一方面,他力图造就一场德国革命”。[37]后一方面意味着马克思将“革命”从其具体的社会语境中抽象出来,使之具有普遍性意义。在这种情况下,法国革命就不仅仅是“一次革命”,而且其中也蕴含了“二次革命”的可能性,甚至必然性。由此,傅勒也就再次表明,法国革命作为“革命母体”的思想,在马克思这里是一贯的。

显然,这种观念在一定程度上偏离了马克思对历史必然性的根本理解。在评论马克思 1850 年对基佐新出版的英国革命史著作的评论时指出,马克思反对基佐将英国革命与法国对立起来的观点,而是试图在社会革命(无产阶级革命)的视角下重新将二者统一起来:“马克思对基佐的批判遵循一种以未来革命的名义创造出来的目的论的逻辑,《共产党宣言》则宣布了这场革命即将来临。这一批判提供了一个一直存在于其思想和著作中的二分的范例:它要研究的是资本主义经济史和社会史,但是法国革命却为他提供了革命性决裂的政治模式。唯有明天的无产阶级革命才会允许这两种历史和解并且理解为一部历史。”[38]从“目的论的逻辑”这一用语来看,在他看来,马克思思考社会革命时,在“革命”与“社会经济发展”之间,更加强调的是“无产阶级革命”自身的合目的性,而非由社会经济发展而来的历史必然性。

简言之,傅勒再次从“二次革命”和“政治(及意识形态)的自主性”两个方面出发,对马克思 1845～1850 年的相关论著进行了分析。就“政治(及意识形态)的自主性”而言,傅勒指出,一方面,随着马克思唯物史观的形成,前一时期尚且存在的作为“市民社会的表现”的国家领域现在失去了自主性,导致法国大革命的统一被消解,并且导致解释的“机械”“独断”等;另一方面,在涉及社会革命时,马克思又高度肯定法国革命表现出来的革命本身的能动作用,甚至认为(社会)革命可以无须相应的物质基础,从而实际上肯定了革命(或政治)相对于社会经济的独立性甚至对于后者的决定性作用。由此,在傅勒所关注的理论与实践、社会(经济)与革命(政治)的关系问题上,

[37] [法]弗朗索凡·傅勒:《马克思与法国大革命》,朱学平译,华东师范大学出版社 2015 年版,第 64 页。

[38] [法]弗朗索凡·傅勒:《马克思与法国大革命》,朱学平译,华东师范大学出版社 2015 年版,第 69～70 页。

马克思在这一时期表现出了一种二律背反:理论上,马克思强调社会经济发展对于政治国家与政治革命(以及意识形态)的决定作用;实践上,它强调(社会)革命对于社会经济的决定作用。马克思如何解决这种理论与实践、经济与政治之间的张力,成为下一阶段的中心主题。

三

"导言"第三部分论述的是马克思 1851 ~ 1871 年关于法国革命的著述中的思想。马克思这一时期转向《资本论》的写作,法国革命和法国历史的问题沦为次要问题。尽管如此,由于法国革命继续不断爆发,马克思依然予以高度关注,并且撰写了《1848 年至 1850 年法兰西阶级斗争》《路易·波拿巴的雾月十八日》《法兰西内战》等经典论著。在这些著作中,傅勒关注的问题依然未变。他一开始就指出,马克思此时对不断重新出现的法国革命的理解与基佐、托克维尔等人根本不同。后者思考法国革命的终结,马克思思考的则是如何发动一场新的社会革命。[39] 换言之,马克思这时将无产阶级革命的观念直接纳入法国大革命本身的思考和解释之中。为此,他就必须要克服理论与实践之间的张力,既要从理论上说明法国革命既为社会发展的产物,同时也要说明到 19 世纪中叶以后,法国革命的性质已经由资产阶级革命演变为无产阶级革命。

傅勒指出,马克思一方面赞同基佐的观点,认为法国资产阶级革命已于 1830 年终结;另一方面他又不同于基佐,而是认为"1848 年革命孕育了一场无产阶级革命"。[40] 由此他也就与基佐、托克维尔等资产阶级学者不同,在 1848 年以后的法国革命中看到了两场不同的革命,即"未来的无产阶级革命"和"过去的资产阶级革命",[41] 而非如基佐等人所认为的那样,为同一场资产阶级革命的不断重复。尽管如此,法国革命的反复爆发也向马克思提出了一些需要做出回答的问题。如果对基佐来说,革命的不断重复构成了 19 世纪法国政治之谜的话,那么对马克思来说,问题在于如何从其唯物史观出发解释中法国社会和阶级基础并未发生根本变化的情况下,为何会出现如此众多的政体形式(以及由此导致的政治的自主性)?用傅勒的话来说,就是

---

[39] 参见[法]弗朗索凡·傅勒:《马克思与法国大革命》,朱学平译,华东师范大学出版社 2015 年版,第 78 页。

[40] [法]弗朗索凡·傅勒:《马克思与法国大革命》,朱学平译,华东师范大学出版社 2015 年版,第 82 ~ 83 页。

[41] [法]弗朗索凡·傅勒:《马克思与法国大革命》,朱学平译,华东师范大学出版社 2015 年版,第 79 页。

“一个资产阶级,多部短命宪法:如何理解这种特殊的法国状况?”[42]

马克思的回答是创造性地运用人们后来非常熟悉的他从基佐那里接受过来的阶级分析方法,将不同的政体形式还原为不同的阶级基础(甚至同一阶级的不同部分)。“由于有好几个政体,因此也就必定有好几个资产阶级,或者至少有资产阶级的好几个部分。从 1848 年起,这个观念就构成了理解马克思的法国分析的根本。”[43]复辟时期是大地产者的统治,七月王朝是金融贵族和工业资产阶级的统治,第二共和国的统治基础是各个阶级间的妥协,1848 年 6 月革命后是资产阶级共和派当政等。对马克思的这种解释,傅勒的看法是:“在将政治还原为社会这一主题的无穷变换中,我们再次发现了永远渴望揭穿民主幻想的马克思。实际上,与以前的时期相比,将一个资产阶级分成不同的、然而并不矛盾的利益派别的思想,使马克思的‘法国’分析更加精致,但它仍然免不了这种解释的典型弱点:他正是从其旨在解释的政治冲突的观察中推演出来的。此外,需要时,马克思还有些独断地操纵这种思想。例如,尽管他经常将工业资产阶级排除在七月政体之外,但他偶尔也使它成为支持这种政体的一部分。他对奠定了它称之为‘资产阶级共和主义’……的基础的利益的分析也决不是清晰的。这可能是因为与纯粹的社会术语相比,这一部分资产阶级更容易用政治或意识形态的术语来进行界定。我们也可以用同样的方式批判他将无产阶级的概念用到六月的起义者身上:巴黎街垒运动的底层阶级与现代工人阶级无甚关系”。[44]

在这一段话中,傅勒实际上同样看到 20 世纪法国粗俗的马克思主义者身上存在的一些问题照样出现在马克思本人身上。这些问题包括:第一,循环论证,即马克思从政治冲突中推出不同的阶级派别,然后在用后者解释政治冲突。这一点从马克思对 1848 年“资产阶级共和主义”的分析中看得最明显,他并没有清楚指明这一政体形式的阶级基础到底是什么,这暗示出他很可能是从某一政体出发去推断作为其阶级基础的。第二,前后不一与独断。如马克思一方面将工业资产阶级排除在七月王朝的社会基础之外,但有时也包含于其中。第三,概念混淆。傅勒明确指出,马克思将巴黎六月革命的起义者直接视为“无产阶级”是有问题的。

---

[42] [法]弗朗索凡·傅勒:《马克思与法国大革命》,朱学平译,华东师范大学出版社 2015 年版,第 83 页。
[43] [法]弗朗索凡·傅勒:《马克思与法国大革命》,朱学平译,华东师范大学出版社 2015 年版,第 83 页。
[44] [法]弗朗索凡·傅勒:《马克思与法国大革命》,朱学平译,华东师范大学出版社 2015 年版,第 85 ~ 86 页。

傅勒的分析暗示出,马克思在分析法国1848年革命时,实际上首先并不是从该时期法国的社会经济基础的分析出发指明社会经济关系的改变如何导致了法国革命与政体形式的变化,而是相反,从法国革命的阶级斗争出发推导出不同政体下面的阶级基础到底是什么。实际上,由于社会经济基础在短期内不可能发生急剧的变化,因此也就很难由此出发论证像法国1848年革命这样的国家形式的剧烈变化。就此而言,马克思的分析与其说是一种社会分析,不如说是一种政治分析。换言之,在傅勒看来,马克思并未对从社会经济出发对法国政体形式的变化做出合理的解释。

接下来,傅勒在对马克思这个时期另外两个重要文本即《路易·波拿巴的雾月十八日》和《法兰西内战》的分析中明确指出,这两个文本的观点与前述基于阶级利益的解释相矛盾。马克思在这两个文本中接受了复辟时期法国历史学家们的流行观念,承认政治国家之于市民社会的相对独立性,对第二帝国做出了不同的解释。

他通过分析指出,马克思认为"第二帝国的拿破仑国家既独立于资产阶级的社会支持,又是农民怀旧情绪和官僚制发展的共同产物"。[45] 然后他进一步指出,就官僚制的发展而言,马克思以接近托克维尔的方式承认法国革命为君主制的继续,并且进一步承认了现代国家的独立性,从而回到并深化了青年时代的国家与社会分离的观点。由此,"现代国家并不是统治阶级手中的一个单纯的工具,而是像它的前身君主制国家一样,拥有其自身的、与社会分离的自主性"。[46] 与此同时,马克思依然坚持其"社会优先于国家"的基本观点。傅勒指出,这样一来,便产生了一个"资产阶级统而不治"的悖论:

> 资产阶级将市民社会变成了一个仅由劳动进行界定的孤立的个人组成的市场,当它对市民社会进行统治的时候,由于个人之间的这种平等,它就不能确立起其行使政治权力的资格……服务于资产阶级的非资产阶级国家——第二帝国为此提供了一个经典范例——植根于这种双重现实。[47]

马克思在《法兰西内战》中重复了这种观点,认为第二帝国构成了资产

---

[45] [法]弗朗索瓦·傅勒:《马克思与法国大革命》,朱学平译,华东师范大学出版社2015年版,第88页。
[46] [法]弗朗索瓦·傅勒:《马克思与法国大革命》,朱学平译,华东师范大学出版社2015年版,第91页。
[47] [法]弗朗索瓦·傅勒:《马克思与法国大革命》,朱学平译,华东师范大学出版社2015年版,第92页。

阶级统治的最后形式。在这种形式下,资产阶级已经丧失了统治国家的能力,而工人阶级却又尚未获得这种能力。[48] 这意味着,马克思关于第二帝国的基本观点是,一方面,在帝国形式下,现代国家已经完全独立于市民社会;另一方面,帝国仍然代表了资产阶级统治的“最后的、堕落的、唯一可能的形式”。[49] 傅勒前此已经指出,前一方面与马克思之前有关市民社会与国家关系的基本观点不一致,现在他进一步指出,后一方面来自马克思的目的论观念,“由于公社已经发生,并且成了清楚资产阶级国家的必要部分,因此公社推翻的国家就必定是这一系列国家中的最后形式”,[50] 由此马克思便赋予巴黎公社“完成—摧毁始于 1789 年、终于本次革命的资产阶级国家的历史的使命,因为它宣告了由生产者社会重新占有国家的开始,对无产阶级来说,这是社会解放的一种新的政治形式。因此,也就有了交付给第二帝国的作用:第二帝国代表了从 1789 年开始的法国革命全过程的最后形式,是历史理性所策划的资产阶级国家的最后表现”。[51]

作为自由派信徒的傅勒自然不会赞同马克思对第二帝国的这种解释,认为马克思在这里成了“革命幻想的牺牲品”,并指出这种幻想的机制在于,“为了拯救其学说的字面含义,而使其学说的精神产生矛盾,同时从政治史推出经济和社会的演化”。[52] 从上下文来看,傅勒前一句话的意思是马克思为了坚持其社会革命信念,而忽略了第二帝国时期经济与社会发展的现实:“马克思为了忠实于他的历史进化观,不得不牺牲第二帝国经济和社会历史的明显事实,使它们屈从于一个包含在他的政治诊断中的假设。”[53] 换言之,在他看来,马克思再次陷入了理论与实践之间的矛盾。从理论(唯物论)上讲,马克思应该考察第二帝国时期的经济与社会发展,并由此出发考察它们与作为政治国家的第二帝国之间的关系。但马克思并没有这样做,而是从他预设的社会革命出发,对第二帝国的本质做出判定。实践(革命)的需要超过了理论考察的需要。傅勒认为,从这里可以发现后来那些教条主义者的根源。“一个教条主义思想家的这些幻想,就其不容辩驳的性质而言,类似于强调马

---

[48] 参见[法]弗朗索凡・傅勒:《马克思与法国大革命》,朱学平译,华东师范大学出版社 2015 年版,第 94 页。

[49] [法]弗朗索凡・傅勒:《马克思与法国大革命》,朱学平译,华东师范大学出版社 2015 年版,第 96 页。

[50] [法]弗朗索凡・傅勒:《马克思与法国大革命》,朱学平译,华东师范大学出版社 2015 年版,第 96 页。

[51] [法]弗朗索凡・傅勒:《马克思与法国大革命》,朱学平译,华东师范大学出版社 2015 年版,第 97 页。

[52] [法]弗朗索凡・傅勒:《马克思与法国大革命》,朱学平译,华东师范大学出版社 2015 年版,第 97 页。

[53] [法]弗朗索凡・傅勒:《马克思与法国大革命》,朱学平译,华东师范大学出版社 2015 年版,第 98 页。

克思主义的后来历史的许多其他幻想。"[54]同时,他也强调指出,马克思与后来的粗俗马克思主义者的区别在于其思想的丰富性,他"从不浮光掠影"。[55]

由此,与人们通常的理解相反,马克思并不是从经济和社会推出政治的变化,恰恰相反,他"从政治史推出经济和社会的演化"。由此可以推出傅勒未曾明言的一个结论:马克思的唯物史观根本而言是一种政治史观、革命史观。不是从经济和社会的实际发展出发去考察政治和国家的发展,而是从政治和革命的需要出发推断甚至剪裁经济和社会的发展。这是其实现理论和实践的统一的本质之所在。这样一来,社会革命即与唯物史观结合起来。这种结合实际上是一种基于政治实践(更恰当地说是革命实践)需要的结合,而非基于经济与社会考察的结合。这就是傅勒所言的,马克思"为了拯救其学说的字面含义,而使其学说的精神产生矛盾"。

由此可见,马克思最终在"无产阶级革命"(而非社会经济发展或生产力发展)的基础上实现了傅勒所关注的"二次革命"与"政治自主性"的内在结合。通过对马克思法国革命观中的这两个方面的考察,傅勒一方面证实了在马克思这里法国革命一直都是社会革命的母体的基本观念,另一方面也指出了,马克思与后来的马克思主义者们一样并未从理论上证实现代政治国家对于社会的依赖关系,因而也就未能从唯物主义理论出发对他所关心的市民社会与政治国家的关系做出令人信服的说明(实际上,对于坚持政治独立于社会的傅勒来说,这种说明是不可能的),而马克思从阶级斗争理论出发所做的说明则是目的论的,服从于无产阶级革命的需要。就此而言,可以认为,尽管傅勒没有明言,但可以推知,在他看来,在马克思这里,唯物主义理论和无产阶级革命理论两者并未实现内在的统一;相反,二者的统一是建立在无产阶级革命的实践需要之上的。马克思及其后人的解释都是由此出发做出的一种目的论的解释,正因如此,便产生了傅勒所批判的诸如"简单化""武断""僵硬"之类的问题。

结　语

法国大革命对马克思思想的巨大影响毋庸置疑。但这种影响的具体内容是什么?它到底大到何种程度?对于我们今天正确理解和科学发展马克

[54] [法]弗朗索凡·傅勒:《马克思与法国大革命》,朱学平译,华东师范大学出版社 2015 年版,第 98 页。
[55] [法]弗朗索凡·傅勒:《马克思与法国大革命》,朱学平译,华东师范大学出版社 2015 年版,第 98 页。

思主义具有什么样的意义？这些问题都有待深入探讨。就此而言，傅勒的《马克思与法国大革命》一书迈出了重要的一步。傅勒在这本书中不仅将马克思关于法国大革命的分散言论集中起来，使我们对此有一个全面的系统的把握，而且还从他自己的立场出发做出了颇为深入的分析。

通过前文的论述可知，一方面，在傅勒高度关注的法国革命作为革命母体以及政治的自主性这两个问题上，他发现马克思与其20世纪法国的马克思主义者们具有相当的一致性，都认为法国革命构成了无产阶级革命的母体，并且在论述法国市民社会与政治国家的关系上都犯有"简单"、"教条主义"和"独断"等毛病，缺乏对这种关系的深入、实际的探讨。就此而言，马克思与20世纪法国的马克思主义之间的差别并没有其所认为的那么大。另一方面，傅勒依然坚持了马克思与20世纪法国马克思主义者之间的重要区别。这种区别表现为以下三点：第一，在国家对市民社会的依赖问题上，马克思与其后学之间依然存在丰富思考与简单化处理的重要区别。傅勒指出，马克思的后学将马克思的"国家的依赖性、次要性"的观念进行简单化处理，将其变成了"一个时时有效、处处有效的普遍教条"，而马克思本人则并非如此，而是"一直不停地察觉到这一观念的各种困难，并且通过法国的实例不停地争论这一观念的解释价值"。[56] 第二，对法国专制制度的看法不同。马克思追随复辟时期历史学家的观点，认为法国专制制度是一种独立于社会的自主权力（从而在一定程度上承认了政治的自主性）；20世纪的马克思主义者则将其解释为一个贵族制国家。第三，对法国革命的理解不同。尽管傅勒在最后的考察中开始比较明确地意识到马克思的历史理论与革命实践之间的张力，但他依然认为马克思强调的是前一方面，即法国革命作为社会（资本主义）发展的产物，而20世纪的历史学家们则将重点放在雅各宾派上面，强调"专政和恐怖的必要性"，坚持"革命行动能够并且必然改变社会的信念"。[57] 换言之，傅勒认为，尽管马克思认为法国革命构成社会革命的母体，但是也不会认为后者脱胎于对革命实践的过分强调（尤其是不能认为马克思的革命观念脱胎于雅各宾专政的恐怖主义），因而也就不能由此出发理解马克思所言的无产阶级革命的根本本质。

傅勒作为自由派，自然有他自己的立场与观点。尽管如此，他对马克思

[56] ［法］弗朗索瓦·傅勒：《马克思与法国大革命》，朱学平译，华东师范大学出版社2015年版，第110页。
[57] ［法］弗朗索瓦·傅勒：《马克思与法国大革命》，朱学平译，华东师范大学出版社2015年版，第111、112页。

大革命观的分析,尤其是对马克思与20世纪的马克思主义者之间异同的揭示提醒我们,要正确理解和发展马克思主义,绝不能对马克思的丰富思考进行简单、机械和教条化处理,而要不断回到马克思的文本和思想本身,把握其内在精神,由此出发对现实生活中的种种问题做出正确的回答。

财产自由与社会正义：“附义务财产权”宪法原则哲学阐明的尝试

[德]沃尔夫冈·凯尔斯汀　著*　黄钰洲　译**

德国《基本法》第14条前两款提出了众多法哲学问题。财产权占据何种法学理论地位？财产权是一种由于其丰富多样的积极效果才延续至今的社会发明，还是一种与前国家状态下的法规范没有丝毫联系的纯粹实证法创造，抑或一种基础性的前国家状态下的基本权利，与神圣的自由与平等权并列，并且和它们一样，可以追溯至人权的渊源，然而，如果财产权具有先天的规范内容，无论是从自然权利、理性权利还是从人权的角度来定义，都须要求一种承认超实证法律原则的宪法一贯地承担保障，那么接着问题就来了，这种基本权利不可予夺的形态必须遵循哪些标准。财产的这种法权特征仍然要听凭政治机会主义？还是说由一些规范性基本原则来指导立法者？这些基本原则或许可以扎根于人权的基础之上。然后制定一套形式的框架就足够了，它保障需要不断协商的各种根本的基本权利诉求共存。然而，或许存在更广泛的规范性原则，它们在位阶上高于财产权，并使得立法者承担实体性的塑造义务，这一义务超出了自由、平等与财产权三种规定之间的平衡，并且要求关注实体性的共同福利要求或者恪守社会或者分配正义信条。第一种情况至少可以保证财产权能够保持其基本权利尊严及其自由功能的形象，并且不会被此起彼伏的民主浪潮侵害。与之相反，第二种情况下则隐藏了一种危险，在实体正义原则的专制之下，基本权利秩序会被瓦解，并且自由功能性的财产会被转化为一种可以任意处置的正义政治性资源。

* 沃尔夫冈·凯尔斯汀，基尔大学哲学系荣休教授。

** 黄钰洲，弗赖堡大学法学博士，中国社会科学院大学法学院讲师，中国社会科学院法学研究所助力研究员。

财产权被附加了一种义务,也就是说,它的流动性应当受到社会约束的限制,我们可以在个体道德或者在政治伦理意义上理解这一点。在第一种情况下,我们必定会在《基本法》第14条第2款中看到一种对个人的呼吁,而由此可以有两种解读。如果我们依循一种弱的、消极的解读,那么财产权人就负有不以对共同福利有害、社会无法容忍的方式使用其合法财产的义务。如果我们给予这一条款以一种强的、积极的解读,那么所有人就被附加了这样一种义务,即财产权人的财产使用要具有社会成果,提高普遍的社会效用。在第一种情况下,财产的使用受到避免损害原则的外在限制,与之相反,在第二种情况下,财产权使得所有人担负了社会促进的义务。公益性因此就在一种私人处分权能的正当化条件中占据了一席之地。合法的自利特权则会下降。那么,履行社会义务的财产权人将是一种大方的(*megaloprepes*)、慷慨解囊的民主与福利国家的接班人,亚里士多德在《尼各马可伦理学》中描述这种人:他可以为一场战争装备三层舰或者筹办一场盛大的庆典,他可以为了实现某种卓越、伟大的事迹而慷慨地投入自己私人的金钱,这些事迹对于普遍性有利,可以装点公共空间以及取悦诸神。[1]

与之相反,如果从政治伦理角度诠释财产的社会约束原则,那么《基本法》第14条第2款所针对的就不是个别的财产权人,而立法者在前一条就已经被赋予了决定财产的内容和界限的任务。如此,决定财产权内容的界限才将建立在一种社会公正的、遵循社会正义原则的财产秩序规范性原则之上。

财产权的社会义务宪法规定背后的法哲学问题基于三种不同的规范理论领域的紧张互动之上。一是法权先天的及人权的领域。财产是一种人权吗?或者说得不是那么直截了当而谨慎一些:这一命题能否这样论证,即私人财产制度预先对经验的立法者进行规定,因之也就不受其处置?二是财产权的法律形态领域。为了具有法律上的效力,每一种人权都要求一种法律特征,因此需要国家的制度确认。财产权在此也不例外。这种立法塑造的程序可以让财产权获得法权上的生命,但也可以让其死亡。当先天的法权财产权要求法律上的规定时,由于其不确定性,它就丝毫无法反抗立法者的定义权。先天的法权财产权可能会变成由立法的偶然性以实证的方式填充的概念外壳。它的不确定性剥夺了其所有的批判功能。三是社会正义的领域。这里

---

〔1〕 *Aristotels*, Nikomachische Ethik, 1132a30.(中译本见[古希腊]亚里士多德:《尼各马可伦理学》,廖申白译,商务印书馆2003年版,第139页。——译者注)

蕴含了一些原则，这些原则试图给予宪法上所规定的福利国家以一种规范上的理论背景。在这样做的时候，哲学通常是这样进行的：为了将人权的合法化成果扩展到福利国家的活动中，哲学试图以一种新的方式来诠释我们道德文化信念中的人权原则。这些对人权预设的正义理论的重新解释绝对不是无害的，它们把国家变成了一台平均主义的分配正义机器，认为国家应当通过适当的再分配计划来补偿现存财产关系的不平等影响。

下文中，在康德自由论证勾勒的框架内，我将在概念上更精确地把握这三个规范理论领域的关系及其互动〔2〕。由此，一种自由功能的财产权与福利国家轮廓将会变得清晰可见，其与自由主义对财产权的神化以及对福利国家过度平等主义保持着严格的等距离。

一、财产论证与对共产主义〔3〕的反驳

"法权上的'我的'是这样的东西，我与它如此结合在一起，以至于他人未经我的许可而使用它就会伤害我。"（《康德著作全集》第六卷，第245页〔4〕）康德的私人法权以这一定义开始，如果某种东西是我的，那么我就拥有对其使用的排他性权利，这种权利排除了其余的世界对它的使用。这种排他性权能的当然前提就是占有，因为"一个人想声称一个物品是自己的，就必须处在对一个对象的占有中"（《康德著作全集》第六卷，第247页）。因此我处在对一个对象的占有中，那么这个对象就"与我联系在一起，由某人外在引起的它的变化对我而言同样是我的变化"（《康德著作全集》第二十三卷，第212页）。这种财产谓语与占有关系的联结，似乎并不许可我可以把某种外在的、某种与我在时空上相分离的东西直观和主张为我的。因为外在的东西之所以为外在的东西，就意味着它并未被我占有。但是，由于对它未经许可的使用会对我的法权造成伤害，因此我必须占有它。康德首先总结到："所以，把某种外在的东西作为自己的来拥有是自相矛盾的"，除非占有概念能够具有两重含义，即"感性占有"与"理知占有"以及"前者被理解为对同一个对

---

〔2〕 理性法权的财产理论的详细阐述可参见：凯尔斯汀（Wofgang Kersting）：《良序自由：康德的法哲学和国家哲学》（*Wohlgeordnete Freiheit. Immanuel Kants Rechts-und Staatsphilosophie*），柏林1984；扩充口袋书版，1993，美茵河畔法兰克福；第三版，魏乐尔维斯特2004；凯尔斯汀：《康德论法权》（*Kant über Recht*），帕德霍恩，2004。

〔3〕 凯尔斯汀和康德所讨论的共产主义并不是我们所熟悉的共产主义，而是指一种占有的经验论立场。——译者注

〔4〕 康德著作将依据学院版著作全集进行引用：罗马数字代表卷数，阿拉伯数字代表页数。（中文译本见[德]康德：《道德形而上学》，李秋零、张荣译，中国人民大学出版社2007年版，第252页。——译者注）

象的有形的占有,后者可以被理解为对它的纯然法权的占有。”(《康德著作全集》第六卷,第 245 页)

围绕着占有概念所产生的先验唯心论分裂,康德挑明了一场财产理论争论,这一争论通过对共产主义的反驳引向了对私人财产权的理性法权论证。占有的经验性处境意味着:不存在任何的理知占有关系,因此法权上我的谓语之合法使用被限制在持有(Inhabung)、经验的或者有形的占有情况之内。占有经验论者是一种激进的共产主义法哲学理论的体现,这些占有经验论者宣称一切没有与某人有形地联系在一起的对象,也就是所有的外在对象,都是不受限制并随时都是可以取得的。对于经验论者来说,外在性始终意味着无主性。因此,对于经验论者而言,其法权上的自由只可能以对行为自由的直接损害的方式遭到侵害。

康德对共产主义的反驳主要基于两方面的论证。第一个论证强调与生俱来的自由权对财产的需要,表明了内在的我出于自身的缘故,必须要求一种外在的我的与你的的可能。这一论据完全遵循了《纯粹理性批判》第二版中反驳唯心论与反驳实在论论证的模式。认识论上外在世界证明的核心在于,“就连我们内部那种笛卡尔不加怀疑的经验也只有以外部经验为前提才是可能的”(《纯粹理性批判》第二版,第 275 页)。相应地这也适用于,在一种自由任意与被需要的外在物打交道的占有经验性规则中“只留下了主体的权能,排他性地利用他自身与生俱来的规定性……但是因为在主体与一个外在物相对立的关系中,内在的规定也依赖于外在的物,并且没有外在的物的话,内在的规定也无法实存,所以法权就会阻止每个人拥有内在的规定性,没有内在规定性的话,他也就不能按照自由的原则运用他自身,也就是说外在对象的自由使用之依赖有形占有同时扬弃了基于其自身的与生俱来的权利,或者说,任意剥夺了自身与生俱来的自相矛盾的权利。”(《康德著作全集》第二十三卷,第 309 ~ 310 页)

康德在此阐明了一种极强的论证。正如独断的唯心论必然会说,它唯一接受的内在经验之实在根据在独立于意识的物中,所以占有经验论自己也会受到这样的教训,唯一为经验论所承认的内在的、与生俱来的、法权上包含了有形占有的我的,是依赖于被否认了的、独立于持有的外在的我的和你的。自由是不可分割的。如果作为使用自由的自由在法权上未能得到保障,那么作为行动自由的自由也会走向毁灭。自由要求对生存空间的支配,也就是对外在物品的排他性支配权。自由的完全制度化只有在得到保障的财产秩序框架中才能实现。假如它在法权上是不可能的,即超出感性占有,扩展到排除一切他人对任意对象的使用的权能,那么,按照法权概念,这会导致摧毁个人自由的矛盾结果。

但是这种论证或许太过强硬了。要是我们接受这种论证,那么我们必须把由康德所阐明的财产权作为一般必然的权利加以理解。仅仅建立起一种私有财产权秩序,对于这种论证来说恐怕还不够,因为一种私有财产权秩序的存在并没有排除无财产权人的存在。但如果每个人都拥有一种与生俱来的自由权,那么就不应该有无财产权人。因为源始的自由权在财产权中拥有了外部的依靠、持存的保障以及发展的可能性,就可以得出,每个人基于其人性所应当具有的法权自由与独立也必须拥有一项财产权,更进一步地,至少必须拥有足以保障个人法权自由的外部稳定的财产。把财产权原则确立在与生俱来的人权中很明显具有分配政治的含义,并且导致授权建立起一种分配正义国家体系。这种高昂的代价可能是康德在之后用另一个论据替换了这一论据的一个理由。因为,非常明显,基于财产平等而制定对分配施以强制的法律失掉了自由的益处,而这种自由的益处是与私人财产权原则的确立联系在一起的。强制性的财产平等会摧毁财产自由。正因为有了财产权才得以可能的自主独立性便会丧失掉,如果自主独立性的运动屈从于平等主义的修正。因此,为了财产可以在自担风险的生活方式中为自由作出贡献,财产必须一直受制于偶然性。只有在一个偶然的、对风险持开放态度的社会空间当中,自主的行动才能繁荣发展起来。

所以,我们需要一种可以把私人财产原则的法权必然性从关于财产的人权中独立出来的论据,把私人财产权的必然性确立在人权预设之中,而同时又不会被迫对普遍的财产平等作出让步。这样一种论据可以在康德的“法权论的形而上学初始根据”的第二节中找到。它同样揭示了一种将法权上的我的谓语使用空间限制在持有情形之内的财产理论的违法性。“法权论的形而上学初始根据”第二节以这一命题开始,即自由任意作为设定目的、追求意图以及对物具有强制力的能力,对作为可用物之总体的世界占据着一种支配性的关系:“世上的一切都服从于自由任意。”(《康德著作全集》第二十三卷,第303页)人是世界的主宰,世界任其随意支配。物并不是自身无主的,在法权上并不是独立的。物受制于任意的力量,因而这种任意对其对象的支配权之行使是符合普遍的法权法则的——因为物并没有任何权利,所以,必须拒绝那种侵蚀不受限制的支配权的法权规定,特别是,那种把对物的支配权限制在有形占有的那种法权规定。因此,这就是论据的第二个方面,关于自由的、行动自由的以及自由使用的任意,这种作为人类理性本质的任意仅仅服从于法权理性的形式法则。在行为的法权判断中,如果不考虑行为在内容上的规定性,也就不会在一种对物的任意使用的法权判断中以经验规定性为准。如果人类在物的使用上依据自然条件的标准相互限制,就与法权的概念相矛盾。但是,把占有经验论绝对化的共产主义者就是这么干的。共产主义者把事实作为法权条件,然后通过法权概念的经验化摧毁了法权概念。“如果外在的我的和你的不再可能,那么自由就会使自身脱离有形占有,也就是时空中的物,结果,法权概念本身先天地就依赖于经验条件,因而自身就是经验的,而这是与法权概念相矛盾的。”(《康德著作全集》第二十三卷,第336页)法权概念自身要求,法权人格必须能够对外在的任意对象具有一种权利。

近代理性外在于自然的立场,展现在这种康德对私有财产论证的自由理论核心思想之中。传统自然法——和这种自然法一道的还有洛克——仍然把人对自然的支配权以及从这种支配权中引申出来的法权规定限制在人自我保存的必要条件以及创世的目的上,因而也就是限制在把人视为自然性本质的标准上,而随着理性法取代自然法,涉及的则是不受限制的自然之彼岸性自由理论立场。在物的使用背后并不存在任何受人类学规定的保存利益,甚至不是一种社会性中介的利用利益,而是说仅仅有基于决定性的自由理论视角必然的自我目的性的对物的支配权。康德财产权理论的自然概念不能勾起任何对创世纪之地、神之赐福于人类的回忆。在康德财产权理论的语境中,在创世的物象化中,在世界被还原为一种任意对象的总和、可用之物中,都可以找到把近代的科学和哲学与一个物化了的、科学幻灭的世界对立起来的去目的化过程之实践对应物。

我们必须注意到,康德私有财产原则的法权必然性论证上的言简意赅而又旗帜鲜明的激进性。当然,共产主义者的占有经验处境把法权上受到保护的使用自由限制在使用方式上,这种法权上受到保护的使用自由仅仅在对对象的有形占有框架之内才是可以行使的。此种限于持有以及在持有的时间范围内得以实现的使用方式,仅仅适用于直接的以及即刻的初级需要的满足。任何超出基本自我保存目的以及着眼于未来而进行计划的使用意图,在占有经验论的框架内必定流于幻想。但是,并不是由共产主义准则的法律效力所引起的社会野蛮化的后果,即一种原则上对文明发展所产生的阻碍,使得康德认为占有经验论是无法接受的;相应地,按照占有的观念性原则,并不是对自然进行支配与开发的财产法权组织的文明化效率，要求将法权的我的谓语运用在外在对象上。至少在理论原则的构建阶段，康德的理性法权并不关注实际思考。拒绝占有经验论的共产主义的理由仅仅在于其与法权和自由相违背，在于它无法与行动纯粹的、任意自由以及在使用中仅仅为形式法律所限制的法权理性相协调。

二、理性法权的财产论证与源始契约

普芬道夫在其1672年的《自然法》中写道："我们无法理解，如果并未获得他人的确证的同意，如果没有缔结契约，一种单纯的身体行为，一种强取和强占，如何能够发展出法权上的影响并限制他人的权利和处分权。"[5]洛克的源始取得理论与这一通过单方的行动建立起对世财产权之不可能性的命题相矛盾，因而也就摒弃了其契约论上的后果。在康德法哲学的先天论框架内（康德的先天论小心翼翼地把负责效力问题的概念——规范领域与关于负责应用与表述问题的领域区分开），普芬道夫的命题也就是理所应当的了。尽管如此，康德并没有接受对源始取得理论法权固有的理论困难加以应对的契约论解决方案：契约的义务论意志论并不要求达到无条件的实践必然性之形而上学高度，而康德理性立法的哲学则以这种形而上学层次为准。如果这种立法的理性之前提是，为了使可用物能够成为某某人的他的，每个人都被附以去做所要求之事的义务，那么财产的意志合意理论就是不可能的。

但康德的源始取得概念也需要合意的环节，因为单方面的任意行为并不能产生任何附义务效果。如果对一个对象的自主占有只有在获得所有相关人的同意的条件下才能获得法权效力，那么就不再是一种源始取得，因为依照定义，源始取得是通过单方面的、自主的行动，即通过自主的行动而改变所有人的规范处境的一种法权上的源始取得。康德走出这种处境的**出路就是建构一种颇有矛盾嫌疑的财产的非意志论的合意理论**，其体系要点就在于：首先，从观念性的共同占有人的普遍意志方面，将一块土地的经验性初始取得在法哲学上阐释为获取行为（*Zueignungsakt*），使得一切一般源始取得物成为可能；其次，论证一种义务，即以建立一种公共的法律规定与司法制度为目的，把所有受到这种获取行为影响的相关人团结起来。因而，在康德的财产权哲学中，源始共同占有、一切先天的在共同占有中联合起来的意志以及公

---

[5] *S. Pufendorf*, De jure naturae et gentium libri octo, Amsterdam 1672, Ⅳ, IV5.

共法权的公设的诸实践理性理念就取代了普芬道夫的契约论。

联合起来的意志的构建,先天地占有一种必然的效力理论假设的地位。如果一种外在的我的在客观上可能的时候,如果一种对空地的占有、一种源始的占据是可能的时候,而另一方面一种物的法权占有的自主取得是不可能的,那么就需要一种把这两方结合起来的论据,这一论据能够把理性公设的占有权能与普遍的法律相调和,使得源始取得的法权与取得法权的合意原则相协调。这个论据是一种进行分配的全体任意的效力理论假定,这种取得使得一种与外在自由的普遍法律相协调的取得行动的解释成为可能,通过它将这种行动还原为一种经验上的符号行为,仅仅通过归摄到规范原则来得出其法权上的意义,其组织对于法权构建来说是根本的从有形持有占有到纯粹法权占有的过渡。因为只有联合起来的意志才会准许这一过渡,康德可以说,联合起来的意志"仅仅规定每个人他的"(《康德著作全集》第二十八卷,第236页)。先占(prima occupatio)只有在全面"同意"(Verwilligung)(《康德著作全集》第二十八卷,第223页、第286页)的意义上作为被设想的"由公意所进行的分配"才是一种法权取得。占有(Aneignung)在效力理论上显示为取得(Zueignung)。所有占有者对一切可能作为财产的对象的先天必然的意志联合恰恰是规范前提,这种规范前提必须被补充到占有意志的占有欲宣示的经验行动上,为了授予那种"此对象是我的"的主张以及与之相联系的那种将所有其他人从其使用中排除出去的狂妄以法律效力。它在效力理论上规定了经验的占有行动,并且把这种占有行动还原为对象识别的功能以及内容规定。没有这种法权理性名称所给予的综合—普遍任意,在一种外在的我的的基础方面,占有行动在法权上就如同一个自然事件一样没有任何意义。

这种对一块闲置土地的初始占取(Erstbemächtigung)在法哲学上阐释为获取行为,从普遍意志的方面,会由共同占有的理念完善。源始实证土地的共有(Bodengemeinschaft)理性概念的体系要点是对一种源始无主地的观念的否定。**源始取得的对象并不是不属于任何人之物,而是一种属于所有人之物**。初始占有者遇到的是一块处于所有人的占有的土地,而且处于所有人合法的占有,因此在法权方面根本不是一个对象,而是在其中作为一种源始占有而联合起来的共同占有者的共同体。通过共同占有的理念,初始征服在法权上作为源始取得与一种物权关系的时间起点可以得到解释。通过联合起来的任意,通过观念的共同占有,它是将一种经验对象归摄到形式的共同占有的分配法则。因此,在一种源始的一个物可被取得的法权的意义上,财产权的基础是源始的、先天的致力于占有观念论原则的共同占有者对占有者的私人使用授权。

三、洛克劳动财产权纲要

洛克劳动财产权概念的基本原则在于:当某个人在一个自然物品上投入了劳动并且在此过程中改变了该自然物品的自然形态,那么这个人就对这个对象取得了财产权并且能够合法地排除所有其他人对它的使用。通过劳动,人格(die Person)与自然“混同”(vermischt),添加上了这种我的东西(Eignes),然后改变了源始共同占有的一部分,以致这部分不再属于“他人的共同法权”(第26节)。洛克并没有给予经验的劳动行动本身以财产构建的功能。对他不能加诸任何自然主义者谬论的指责。然后规范上的结论是清晰的,当劳动行动被整合到一种规范背景之中,洛克便把这种背景看作依靠自身人格的财产。凭借着投入对象中的劳动,人格的法权性质将会被转移到对象上。对象借此被整合入人类法权被保护的源始自身领域之内并且部分得成为人格。这种通过劳动法权人格的性质向对象过渡的表象,这种主体化模式,就是洛克财产权论证的核心思想。以下三个命题联系在一起:

——人是其人格性以及行动的所有权人。

——通过对一个对象的加工,人格性与对象混同在一起。

——借此劳动着的人的财产被扩展到依据与其人格性混同之物的法权占有。

人格性与对象相混同的说法引起了一种范畴错误的怀疑。洛克混同的说法必须尽可能严格处理。一方面,劳动行为(Arbeitsakt)不应当失去一种类似从主体性向加工物体转移的特性;另一方面,初始加工的财产权上的排除后果似乎又不是无法论证的。混同理论保障了在进行加工的对象之中初始加工人的在场,以及与之相连的法权排除效果,这种法权排除效果也涉及不能从财产权上加以排除的第二位加工人,如果财产权被确立在一种普遍的劳动描述之中,这种劳动描述列举各种特征,例证各个劳动行动。

洛克的财产理论并没有回答**外在的**我的可能问题;其体系的至高点在于把外在的我的重构为内在的我的组成部分的尝试。洛克的劳动财产权概念寻求凭借普遍性无须任何中介从内在的我的过渡到财产,而这在自然法学家中或隐含或明确以地契约为基础,在康德那里在观念共同占有者的理性理念的形态下,基于一般的经验的征服行动才造就一个具有法权意义的取得。凭借着把合意思想从财产权理论中剔除出去,在洛克那里共同占有概念也失去了其法权意涵。由共同占有所引起的诸多困难只会被看作分配经济的问题。共同地球居民(Miterdbewohner)不再是身处一个由共同占有的法权现象所中介起来的法权共同体之中的法权伙伴,而不过是需求者(Bedürftige),通过财产权其基本的生存权不会受到伤害。

康德的法权先天论导致由于洛克而变得非常突出的劳动去神秘化。归根结底,某人以何种方式取得对一个外在任意对象的占有以及要求将之作为财产,完全是无关紧要的。所有权人无须在道德上具有资格,取得他的权利并不需要什么有用性的证明。单纯的占有就足够了。并不是道德上的堕落限制一个人取得合法的财产,而是看这个人是否有能力对财产进行捍卫。但这并不是康德财产权构想与洛克更为成功的构想之间的根本性区别。在自然状态物品消极共有(communio)的背景下,洛克的劳动概念构成了一个无辜(unschuldig)开端。没有任何人的法权会因他所提出的财产主张而受到伤害。与之相反,在积极的自然状态土地共有(commnio fundi)背景下,康德的占有相对而言却是一个罪恶的开端。它是合法的,但是由它所构建起来的占有法权仍未完成。它还仅仅是规范准许过程中的第一步,这一规范准许过程从一开始就服从先天占有以及先天的义务。"并与所有其他人联合起来,服从公共法律的外在强制,因而进入这样一种状态,在其中每个人都在法律上被规定了他应当得到的东西,并通过充足的权力(不是他自己的权力,而是外部的权力)去分享它,也就是说,他首先应当进入公民状态"。只有如此,他才卸下了法律的罪责,而他由于无视源始占有的合法性而承担了这种罪责。

四、国家作为自我组织的财产权

可能会有这样的危险,由于罪责的消除趋向罪责的契机可能会完全消失。因为自然状态中的财产权效力理论特征并不包含任何可以约束其法律精确化的实质标准。理性法权在财产权上延伸出的效力理论天空极其高远,法律规定所要保障的、规范的财产权与政治上可不受限制处分的财产权之间的界限都有可能变得模糊不清。

洛克的劳动财产也是在自然状态条件下的一种相对稳定的法律现象,这种法律现象通过严格的规范性规定限制了立法者的法律规定。当然,洛克劳动理论在政治意义上、在自然状态中已经在法权上毫无疑义地保障了财产关系,以便借此将国家限制在财产的外在保障功能上。康德的法权先天财产论证却并未拥有这种稳定性,因此自由法权的财产仍然占据着非常微弱的规范反抗能力。它依赖于国家立法的规定能力,但自身并不包含任何立法者有义务接受其领导的内容标准。

然而,将先天财产的规定需求作为对财产义务的借口来加以利用也是错误的。康德的理性法权并没有为日耳曼式的法权观点提供任何支持。通过立法联合起来的意志对法权必然的私人财产进行塑造,与对财产的社会约束没有任何关系。先天的与自由功能性的财产构想的法律特征是,其唯一目的是赋予财产以法律上的安定性,并借此取得确立在财产之中的支配和处分自由。

在康德式自由主义的框架内,法律上的内容规定以及借此对财产进行限制并不对财产构成威胁。因为立法者就是由所有权人所构成的共同体本身。由所有权人所建立起来的国家就是自我组织起来的财产。在其中扮演主角的就是自立之人,能够自我担负责任的行动者,每个人都是他们自己的主人。他们如果拥有“一些财产”(《康德著作全集》第八卷,第295页),就无须将自己及其劳动力置诸危险之中,而可以通过出卖生产的物品或者通过专门习得的技能的出租维持生活。他们就是自己的主人。只有这些自立之人才是公民与共同的立法者,才可以纳入政治事变之中;而另一种人,即无产者,只拥有一种被动的公民权,就像康德所说,不过是其真正说来并不归属的共同的需要保护之辈。政治上,他们始终寄人篱下。财产上的物质自由效应表明自身独立于他人的任意。依赖者是那些进入雇佣关系的人。而只有那些除了自己之外没有东西可卖的人,才会进入雇佣关系。但是在一种雇佣契约的框架内,出卖自我尽管并没有导致对基本自由权利的剥夺,但它确实导致对公民权的剥夺,即参与塑造公民国家的平等权利,而这首先意味着:市场与财产秩序。因为立法者的规制能力在私人占有关系中只会延伸到冲突领域,当然,在合意选择权利废除之后,这种对外在自由持续条件的定位并没有失去其自由的优先尊严。就像随着财产概念扩展到收入与能力一样,要求保护财产的财产与自由之间的紧密联系也没有消失,因为康德的自由法权财产结构在体系上并不受制于物质基质、地表占有。财产概念所具有的自立性、通过对物的支配所表现的独立性维度,并不受制于特定的财产形式。财产权是客观化的自由,是被支配的空间,无论它是财产理论思考的范式(土地或者地表),还是货币,财产的形式即使在土地分配之后,都仍然从根本上为每个人所享用。

我们不能被康德效力理论构想的卢梭主义欺骗。通过立法联合起来的意志使得私人财产具有一种法权特征的必然性,但绝不意味着财产要服从于共和主义的共同体习俗。铭刻在理性法权上的共同生活共同体的生活伦理理念是彻彻底底自由的。它的目的是在市场条件下、在所有权人国家的法律界限范围内,实现自我负责的生活方式以及自利性的财产使用。对康德来说,这种所有权人国家是地上的正义、制度化的分配正义,因为它使得“每个人都在法律上被规定了他应当得到的东西,并通过充足的权力(不是他自己的权力,而是一种外部的权力)去分享它”。那些期望获得比法治国和市场社会更多正义的人,不能求诸法权与政治,他们必须逃遁到宗教之中,并期望超越有死者的制裁与享乐体系的报偿。

五、社会义务与分配正义

自其开端,现代政治哲学始终是一种财产的政治哲学,并将正义作为财产的功能与工具加以看待,而现在,现代政治哲学首先是一种正义的哲学,一种把财产视作正义的功能与工具的哲学。平等主义是一种缺乏历史哲学支撑的社会主义,它通过强调道德与技术统治政治取代了历史必然性的社会主义。这种社会主义并没有废除财产,但是要求对财产秩序不平等的影响进行持续的正义伦理性纠正。加诸财产的社会义务使它完全无法抵御由征税和缴税资助的福利国家正义改革,而这些改革的任务是扩展平等。

接下来我将简要地勾勒平等主义的基本理念[6]。人是有限的,而这意味着,人生活的成功依赖于诸多前提条件。这些前提条件不仅仅限于我们文化与政治生活关系的种种条件,而且还包括人在自身中所拥有的各种特质;这些特质部分是由基因构成的,部分受到社会出身与教育的影响。显然,个人的市场、社会与生活成功根本上是由其所拥有的资源的品质所决定的。但是个人品质是相当不同的。有人在自然的彩票上中了大奖,在自然能力的分配上具有充足的天才、能力与执行力,而与之相反,另一些人却远没那么走运,终其一生都得靠那么一点点贫乏的能力操劳度日。不单单在自然命运上,人与人之间的起跑线也是不平等的;社会命运对人也不公平。有些人的家庭能够给予其最佳的出发点;紧随备受呵护的童年的就是成功的事业。而另一些人终其一生在社会上遍体鳞伤,碌碌无为。但是我们不能说,好像那

---

〔6〕 在《社会正义理论》(Wolfgang Kersrting, Theorien der sozialen Gerechtigkeit, Sttutgart 2000)中我已经就平等主义进行了详细的阐述和批判。

些在基因或者社会处于劣势者就应当处于劣势,同样也不能说,那些在基因或者社会处于优势者就应该处于优势。毋宁说,我们不得不说,这两者都不应该是这样的。我们必须说,自然与社会条件的分配是由盲目的命运与任意的道德掌管的。

如果劳动与生活事业的前提条件是不应得的,通过将基因—社会基础资源投入市场上所取得的回报也是不应得的。因此,现存的财产与占有秩序的一切合法性都必须被取消。一个努力争取对合作所得进行公平分配的社会,决不能屈从于自然的专制。它决不应让自己听凭自然的发展,让自然禀赋的任意和出身的偶然性延伸到社会领域,并在社会经济上加以强化,而必须在正义的伦理方面彻底改革财产和所有权秩序。

罗尔斯的差别规则[7]大约就是这样一种正义规则。它要求对社会与经济的不平等进行矫正,以有利于每个人的利益。当那些境遇最糟糕的人比在平等分配的情况下境遇要好的时候,这种普遍利益的标准就被认为得到了实现。罗尔斯把差别原则的意义解释为:同意将社会成员的天分与能力视作共同财产,看作对集体的资源占有,然后对其所获收益进行公平分配。我们也可以把它称作对社会整体收益构成性贡献的匿名化(Anonymisierung)。因为,在正义理论上,基于个体特质的偶然性的个人贡献绝不会对个人收益的高度产生相关的影响。个体有权期望的东西不与其个人绩效相关,而是由分配正义的法则来确立。在这种构建中,财产丧失了其自由法权的自立性。它的保护功能也随之丧失。它的法权本性消失在主导的义务本性之后。人们恰恰可以论及平等主义的财产内在理论。它在正义伦理的保护层下哀叹。只有公共效用的证明(Gemeinnuetzigkeitsnachweise)才能使其保持生命力。社会变成了信托集团,如同一个价值仓库(Wertdepot)管理业绩和收益,并关注着有利的政治回报利用条件。而社会经济的不平等只有在它创造了对绩效的激励,从而优化了这些利用条件的基础上才是可以辩护的。与之相反,任何非生产性的不平等都必须通过恰当的再分配程序予以消除。

平等主义分配正义的构想不仅摧毁了财产,还摧毁了以财产为基础的人类学。平等主义者们希望,业绩能够得到回报——这表现了他们的自由主义遗产。他们也希望在正义理论上中和一切给定的不平等,这些不平等体现于主体不同的自然、社会起点甚至生活事业的进程。因此他们必须接受这样一

---

[7] *Wolfgang Kersting*, John Rawls, Hamburg 2002, 3. Aufl. 2004.

种虚幻的观念,把一个自我负责的抽象的人格性之核从其自然与社会的条件中剥离出来。一切短暂的东西,在强烈的意义上,可能也以另一种形式出现在我们周围和我们之中,都将置于政治—平等的管理之下,作为税收征收或者补偿照顾的对象。但是我们反对的乃是,我们的能力与技能并不归属于我们,并且把它看作一种剥夺的形式,如果它只是被看作由我们所信托管理的共同体资源,其所获收益完全归正义国家分配处置。所有那些在正义的政治平等化中被取消了的、被分配正义理论视为自然的和社会偶然的、任意的东西,构成了我们,塑造了我们的性格、我们的人格性、我们的身份,所有这些就是我们。我不能因为我是我,而不是其他更成功、拥有更好的自然和社会起点条件的人,就要求获得国家转移支付。

平等正义理论在政治上和哲学上同样是灾难性的,根本不适合给财产的社会义务这一模糊的公式以一种坚实的概念基础。社会义务公式的平等主义解释的弱点在根本上与此有关,即这种构想试图从平等对待的法治国家义务中得出一种物质上平等配给保障的福利国家义务。当我们试图赋予财产的社会义务以一种意义时,这种意义同时也给予福利国家构想以一种规范上的言外之意,那么我们就必须完全放弃物质平等的观念。因而,我们必须恰恰回到那些规范性的初始变量上,这些变量被过度平等的福利国家边缘化,并被剥夺了其规范性的内在价值。然后,我们必须为福利国家提出一个更进一步的自由概念以及一种更进一步的财产概念。

在我们的文化领域,政治意识历史发展的特点是对制度生活前提重要性越来越深刻的理解。在个体性的现代性中,对个体生活规划之宪法框架条件的要求稳步提高:从安全国家经过法治国家和宪制国家到福利国家。这种扩展背后是这样一种洞见,即自我决定和自我负责的生活规划,自由权利的行使受到物质前提条件的约束。不仅仅专制可以废止自由法权;在经济窘困的情况下,自由法权也丧失了价值。由于经济窘境,人类权利的核心部分将从我们的伦理—政治自我理解的语法中剥离出去。丰富的资源占有显然占据了自由可能条件的重要地位,是法权、人格尊严以及公民生存的前提条件。

法权的非物质中心利益与充分占有资源的物质中心利益之间实现联系不仅有效,而且我们可以从否定地位的角度来看待法权,将其视为一种防御性的权利,并且参考规范性的指导概念,嵌入人权秩序的规范—个人主义概念中,在人类学上证明财产的合理性,即一个人对自己的生活负责并能够自我决定。鉴于自由法权在操作上依赖于对物品的充分物质占有,基于人权的公正秩序也必须对赤贫采取预防措施,并确保在无论如何造成无工作能力的情况下至少提供基本的替代性收入。法治国家的人权义务,显然本身就引起了对福利国家自由法权义务。因为人权所保障的自由总是取决于两个前提条件:不仅是永久的、可靠的暴力之缺席,而且同样是充分的资财之占有。而由于这两个前提条件的满足在因果上是相互独立的,人权自由主义的制度化、正义也必须确保这两个前提条件分别满足。因此,国家秩序也必须通过再分配来提供资源,以便为赤贫者和没有能力自给自足的人提供参与社会生活的必要资源。

我的第二个论证使用了人们称为**健全人类知性的标准亚里士多德主义**,其核心部分就是人与社会之间辩证相互依赖的命题。它强调人的社会本性以及其发展对稳定的、繁荣的社会关系的依赖。它提醒我们的是那种老生常谈:人只有在共同体中才能得到完善,人的自我实现只有在其他相互决定的行动网络中才是可能的。

社会合作有许多面相:除了增加商品的经济合作,还有建立身份的伦理的或者说完善化合作。在许多方面,我们所有人都是社会合作的受益者。如果没有有利于发展繁荣的合作氛围,我们将根本无法发展蕴藏在我们之中的天赋与能力。因此,颠倒罗尔斯的共同财产权思想,逆向解读它是有意义的。社会并不是所有天分、能力与技巧的观念共同占有者,而是说成员们为了其私人的目的利用社会。在这里也是如此,恰恰是拥有卓越天赋的人从社会中受益,因为只有一个复杂的、差异化的、具有高度发达的科学、技艺与技术—经济部门的社会,包含必要的完美主义激励和挑战,才能为杰出的人才提供合适的发展环境。在这方面,人才库思想框架内对经济成功人士征收的改善税相当于在社会发展援助思想框架内的社会人才发展和人才培训的用户税。使用费的构想包括这样的考虑:在经济上和职业政治上成功地利用自然能力、才能和天赋,以及对有利的社会起点条件的积极投资回报,取决于一个运作良好、有足够差异和政治上稳定的,并得到普遍承认支持的社会经济合作体系。正如经济发展为资本提供了良好的开发机会,发达的社会合作体系为个人的能力、才智和天赋提供了良好的发展条件,为此必须支付使用费。

这种论证导致一种清醒的、并不悲观的社会义务公式解释。财产权在所有其他法律义务之外还有一种特定的、恰恰是针对财产权的特定义务层面,这种观念必须遭到拒绝。财产权之所以是附社会义务的,并不是因为有一种普遍的最优之物,其要求超过一切竞争的个人权利与利益。财产之所以是附社会义务的,并不是因为它必须用来资助花费甚巨的补偿性分配正义平等项目。而且这也是财产不附社会义务的原因所在,由于所有人类环境的偶然性,没有人获得他所占有和赚取的东西,因此必须为公正的分配提供资金。一方面,这些解读将社会义务与规范性预设联系在一起,这些预设必须被拒绝,因为它们与规范性个人主义的基本思想不相容。另一方面,如果我们希望对财产的社会义务公式的解读与这些规范性个人主义的基本观念相一致,那么,立足于公民的政治团结的自由福利国家的构想就是明显的选择,它通过适度的、以需求为导向的福利,防止将没有能力自给自足的同胞排除在社会之外。

总之,在对《基本法》财产权条款前两款所作的评注中,我试图在一种普遍的康德—自由理论概念框架内表明:第一,财产是一种法权上必然的、在自由权中确立的,需要国家负有保障义务的制度;第二,为了获得法律上的形象以及能够获得自由法权上的效力,财产需要法律上的规定;第三,财产的社会约束是交付给立法者的任务,要求立法者在确定财产的内容和界限时,既要遵循体系的一致性原则,也要遵循基本的福利国家原则;第四,福利国家原则是可以接受的,因为它符合我们的政治道德自我理解系统的规范基本个人主义,完全是自由政治团结的原则,这种团结摒弃了任何平等标准,只对威胁自由的赤贫状况作出回应。我在第五步、也就是最后一步中尝试表明,与之相联系的重新分配也可以基于自由与财产的视角得到辩护。

民法法理

法律与道德*

[美]埃姆斯** 著 姚 远*** 译

原始法只考虑个人的言语和行为,而不探究他的内心。中世纪最杰出的法律人之一、首席大法官布莱恩(Brian)说过:"不应审问人的想法,因为恶魔本身不知道人的想法。"[1]

结果,早期法是形式性的(formal)和非道德的(unmoral)。[2]判例汇编覆盖时间段内的英格兰普通法,适合被冠以这两个形容词吗?要回答这个问题,我们首先来思考某人行为对他人造成损害时的责任规则。大约600年前,有人在国王法庭以殴击为由提起侵害之诉。陪审团查明:原告确实被施暴,但那是因为他袭击被告,而被告还手纯属自卫,并且诉讼也是出于恶意提起的。但判决结果却是,根据陪审团的裁定,原告可因损害而获得赔偿,并且被告锒铛入狱。被告毕竟做出殴击行为,因此他必须赔偿。法律不允许被告把自卫用作自己行为的辩护理由。袭击行为使原告可能遭受反诉,但并不阻却原告自身起诉。

我们刚刚考察的这个案例,是就侵权行为提起的索赔之诉。但是,假设被告在自卫时不是单纯地伤害了袭击者,而是(没有使用任何不必要的暴力)致其死亡。早期英格兰法会不会完全忽略因自卫致人死亡这一行为的道

---

* 本文出自作者在辛辛那提法学院七十五周年纪念日所作的演讲,经过辛辛那提大学档案部授权重刊于此。译自 James Barr Ames, *Law and Morals*, in Harvard Law Review, Vol. 22, No. 2, 1908, p. 97 - 113。本译文是国家社科基金重大项目"新时代中国改革创新试验的法治问题研究"(18ZDA134)的阶段性成果。感谢四海法学编译馆学员黄怡君和金婷婷提供初稿。

** 埃姆斯(1846 ~ 1910),哈佛法学院前院长(1895 ~ 1910 年在任),判例教学法的普及者。

*** 姚远,南京师范大学法学院暨中国法治现代化研究院副教授,四海法学编译馆馆长。

[1] Y. B. 7 Ed. Ⅳ, f. 2, pl. 2.

[2] unmoral 是指既不合乎道德(moral)也不违反道德(immoral),亦即与道德无关。它与 nonmoral 是近义词。——译者注

德属性,以至于认定它是犯罪?严格地说,会的。爱德华三世时期一位官方判例汇编者[3]和柯克大法官[4]都认为,在1267年之前,"有人在这类案件中被判处绞刑,就好像他当时的行为带有犯重罪的意图(feloniously)"。此人的说法显然是错误的。但这种致人死亡的行为那时也不是受法律保护的杀人行为。被指控的一方无权要求陪审团的赦免。他被押回监狱,必须依赖国王出于仁慈的特赦。此外,尽管获得赦免,他还是因为犯罪而被没收财物。但是共同体的道德感大概无法忍受如下观念,即一个无可指责的自卫者竟然是罪犯,或者他竟要赔偿那应受指责的攻击者。到了1400年,自卫已经成为殴击之诉的阻却因素。对自卫过程中致人死亡行为的赦免已经司空见惯,最终,法律允许审判团在这类案件中作出无罪裁定,没收被告财物的做法也日益消亡。

让我们通过另一类案件检验这种责任规则。在双方都没有过错的情况下,亦即在纯属意外事件的情况下,一个人可能对他人造成伤害。这种案件中的行为人的负面事由,显然重于自卫致人伤害者的负面事由。因此我们就能够理解《格罗塞斯特法》(Statute of Gloucester, 6 Ed. I, c. 9, 1278)的这一条文:"在自卫时或者由于意外事故致人死亡者,应当被判承受不利后果,但是法官应当告知国王,而国王如果愿意的话可予以赦免。"[5]行为人更加(*a fortiori*)应当赔偿意外事件的受害者。相关的刑事责任消失得比较早,正如自卫致人死亡案件所显示的那样。但是,关于清白行为人意外致害的民事责任准则,却经久不衰。1681年,一位知名法官斩钉截铁地宣布:"在所有民事行为中,法律主要考虑的是受害方遭受的损失和伤害,而不是行为人的意图。如果一个人在靶场射击并且意外伤到他人,那么诉讼就可以得到支持。……如果有人攻击我,而我举起我的手杖自卫,举杖时打伤到另一个人,那么被打伤者的诉讼请求可以得到支持,而我当时做的也是合法的事。理由是因为受损害者应当获得赔偿。但在刑事案件中则是另一回事,因为在这类案件中'无犯意则无犯罪'(*Actus non facit reum, nisi mens sit rea*)。"[6]正如波洛克(Sir Frederick Pollock)关于侵权法的论著所指出的那样,[7]布莱克斯通

---

[3] Y. B. 21 Ed. Ⅲ, f. 17, pl. 22.

[4] Coke, Second Inst., 148.

[5] See also Y. B. 2 Hen. Ⅳ, f. 18, pl. 6, per Thirning, C. J.

[6] Lambert v. Bessey, T. Ray. 421.

[7] 8 ed., 142.

(Blackstone)、厄斯金(Erskine)、大法官格罗斯先生(Mr. Justice Grose)后来表述了相似的观点,而且直到1868年这样晚近的时候,克兰沃斯大法官(Lord Cranworth)还持类似看法。厄斯金的论述鞭辟入里:"如果一个人在睡梦中起床,走进一家瓷器店并打碎了他周围的所有东西,那么他睡着的状态就是对于侵害行为公诉书(*indictment*)的充分答辩(answer),但如果人家就他打碎的全部物件提起诉讼(*action*),那么他必须对此承担责任(answer)。"可是,时而有法官做出如下告知,即在没有过失的情况下,无意间对他人造成的伤害不需要行为人承担责任。最终,在1891年,有件案子打到了女王法庭,[8]要求该法庭决定旧日的严格责任规则是否仍然有效,抑或是否必须让位于以道德可责性为基础的责任规则。被告是一名狩猎者,他向一只野鸡射击。但是子弹擦过橡树枝,射入原告的眼睛并致该眼失明。陪审团裁定被告的行为没有过失,法庭判决被告不承担责任。40年前在马萨诸塞州也出现过相同的结果,[9]这一先例迄今得到其他州的采用。

因此,今天我们可以说,旧的法律已被彻底改变。早期法仅仅追问:"被告有没有做出伤害原告的那个物理行为?"而今日的法律,除了在基于公共政策的特定情况之外,还会进一步问道:"那行为是可以谴责的吗?"合理行为的伦理性标准,已经取代了自担风险之行为的非道德性标准。甚至眼下现代伦理准则也不可适用于其逻辑范围内的全部情况。按照现代伦理准则,无法理解自己行为的本质与后果的精神病人,不应当对他施加于他人的伤害负责。数世纪之前,精神病人的杀人行为就不再导致他丧失财物,也不再需要国王的赦免。但是,英格兰从未判决精神病人不必对受其行为伤害者进行赔偿。在英格兰的判决中确实没有反例;但是存在一些不利于精神病人的法谚(*dicta*),而且对这些法谚的不加思量的尊重,已在美国和大英殖民地导致一些令人遗憾的判决。这些判决须被视为如下古代规则的残留,即如果两个无辜者中必有一人承担损失,就应由行为人承担损失。鉴于侵权法领域的几乎所有英格兰著述家(以及众多美国著述家)都认为,精神病人既然不应受指责,就不应判决其承担责任,那么我们有理由期待,英格兰法院和美国法院虽然尚未采纳相反的准则,早晚要对精神病人适用"无过错即无责任"这一伦理原则。欧陆法在这方面具有教益。早期的法国法和德国法规定,精

---

[8] Stanley v. Powell, [1891] 1 Q. B. 86.

[9] Brown v. Kendall, 6 Cush. (Mass.) 292.

神病人应该对他给他人造成的损害负责(一如英格兰的情况)。如今在法国,精神病人完全免责。新的德国法典中有条效果相似的一般规定,但是,该法典在这方面类似于瑞士和葡萄牙的法律,将那条规定作为免责规则的限制条件。如果赔偿金无法从精神病人的看护者那里取得,那么如果考虑到双方当事人的经济状况,法院也许会责令精神病人给付根据案情认定的公平赔偿金,这样一来,精神病人也绝不至于被剥夺自己的生计手段,或用来履行抚养/赡养义务的金钱。强迫富裕的精神病人——他在其他案件中通常免于承担责任——赔偿贫穷的受害者,这种做法多半会有最佳实践效果。

我们已经看到,在关于犯罪和侵权的法律中,被告行为的伦理属性(而非不考虑行为人动机或过错的单纯物理行为)如何已经成为责任的尺度。在书面言语或口头言语的法律意义方面,契约法史展现出相似的变迁。按照早期法,无正式言语即无责任,无论判决结果可能有多么背离正义。另外,如果出具了正式的言语,那么出具者就受到该言语的约束。这种非道德准则在英格兰法中的经久不衰,令人十分诧异。直到1606年这样晚近的时候,有位原告在起诉时宣称,身为金匠的被告卖给他一块石头,并且断言这是块牛黄石,而实际并非如此。法院没有判决支持原告,理由是:"单纯断言(affirmation)这是一块牛黄石,却没有保证(warranting)此事属实,这种情况不构成诉讼理由。"[10]购买者合理地假定他斥资上百英镑买下的是一件昂贵的宝贝,但是,就因为金匠没有用"我保证"(I warrant)或"我担责"(I undertake)等神奇言语,购买者即必须自担损失。当然如今的情况是,按照一定的描述来销售动产,就意味着(implies)相应的保证或担责。但是,一方当事人的行为意味着承诺,这种观念对于中世纪法律人来说是完全陌生的。正因如此,那时的购买者要承担一种风险,即出售者并不是所售财产的所有者,除非销售者明确保证过他的所有权。就商品而言,单纯以所有者身份销售的行为在今天就是所有权的保证,但是关于不动产的规则陈陈相因,古代法依然残留在土地转让的案件中:如果没有契据上的所有权担保条款,受让人就无法得到救济。无法由当事人的行为暗示承诺,这一点解释了首席大法官布莱恩的以下议论:"如果我给裁缝一匹布料,让他做一件外衣,如果事先没有敲定我要支付

〔10〕 Chandler v. Lopus, Dy., 75a, n. 23; Cro. Jac. 4.

的价格,那么裁缝就不应对我提起诉讼。”[11]与之相似,在伊丽莎白当政时期,某位有头有脸的绅士和他的仆人、马匹一起在客栈留宿。但是当时没有商定食宿的价格。绅士拒绝付钱,客栈主人无法获得法律上的救济。[12] 无论消费者抑或旅客,都没有付款的明确承诺。在这种情况下,法律无计可施。在双方都明白应当付款的情况下,一个人居然不用为自己已经获得的服务支付报酬,这一情况冲击了共同体的道德感。因此,法官最终认识到并且宣布:这种雇佣、下单或是住宿的行为,恰恰意味着会负责做出合理补偿。

法律在伦理层面的发展,可同个人在伦理层面的发展相类比。正如早期法是形式性的和非道德的,因此孩子或少年惯于牺牲公平而计较于技术层面。我立刻想到我儿子(时年大概 12 岁)的往事。有一天我问他下午的安排,他告诉我,他打算和他的朋友约翰去打网球。到了晚上,当被问及下午和约翰玩得是否开心时,他说:“哦,我没有和他一起玩。我当时觉得我更愿意和威利玩。”“可约翰难道不是在盼着你吗?”“嗯,我想确实如此。”“你让人家盼着你,又让人家失落,这样合适吗?”“哦,可我又没向他承诺我要去呀。”想到首席大法官布莱恩的话,我原谅了儿子。

如下规则说明了书面言语在早期法上的重要性:凡主张盖印承诺的利益者,必须在法庭上呈交(produce)那份盖印承诺。在时人看来,盖印承诺不是契约的证据,它就是契约本身。因此,文契一旦灭失或毁损,在逻辑上就意味着受承诺人制约承诺人的所有权利尽皆丧失。当时的法律是这么规定的:“以盖印契约为由提起诉讼的,若盖印契约灭失则全盘败诉。”这句话出自《法律年鉴》所记载的一位法官。[13] 就因为债务文书(obligation)灭失这一纯粹的意外事件,便牺牲债权人利益而允许债务人获利,这种规则的不正义性显而易见。但是,此类伦理考量当时在普通法法院上是无关因素。伦理的考量的确最终在衡平法院取得支配地位,那也是直到 17 世纪才出现的情况。[14] 一个世纪之后,普通法法官反对埃尔登大法官(Lord Eldon)的判决,凭借司法性立法,允许债权人根据已灭失之盖印契约的间接证据获得补救。

普通法在盖印契约问题上的形式性和非道德性态度,在处理基于债权人行为的答辩时格外明显。我们已经知道,根据普通法,提交不出盖印契约的

---

〔11〕 Y. B. 12 Edw. Ⅳ, f. 9, pl. 22.

〔12〕 Young v. Ashburnham, 3 Leon. 161.

〔13〕 Y. B. 24 Ed. Ⅲ, f. 24, pl. 1.

〔14〕 See 9 Harv. L. Rev. 50, n. 1.

债权人对抵赖的债务人无能为力,那么同样的道理,根据普通法,债务人一旦在形式上完成文契的签章生效手续,他就无力对抗持有这份盖印契约的债务人,无论债务人寻求强制债权人履约的行为多么令人谴责。在 1835 年英格兰发生的一起保证金诉讼中,被告人辩称这笔保证金是被别人用花言巧语骗走的,但法院不认可这样的答辩,阿宾杰大法官(Lord Abinger)说:"你也许可在衡平法上获得救济,但是在普通法法院,只要证明当事人非常清楚他在办理签章生效手续的那份文契的本质,我始终认为前述答辩是无效的。"[15]

与之相似,在盖印契约之诉中,"对价未被履行"不构成普通法上的抗辩理由。[16] "盖印契约是因非法目的或不道德(immoral)目的而出具的"同样不构成普通法上的抗辩理由,除非文契中注明了那个目的。[17] 普通法法官在处理正式契约之时多么彻底地忽视伦理因素,可由如下判决内容的大量实例得到证明:已按约足额支付的缔约人,若没有拿到转让文书(release),或者未能保障该文契不遭灭失或撤销,那么只要债权人足够卑鄙以至于提起诉讼,缔约人就必须重新付款。[18] 在普通法看来,在所有这些案件中,被告已将盖印契约交给原告,并且也认为这就是自己的意图;既然原告仍持有这份盖印契约,那么就让他拿走属于自己财产的成果吧。但是,在所有这类案件中,衡平法迟早会提供救济。衡平法认可他根据盖印契约获得的普通法上的财产权,但因为他卑鄙地获取或保留这份盖印契约,衡平法以牢狱之苦相威慑,责令他放弃行使自己的普通法权利。最终,英格兰和美国几乎所有州的立法,都允许被告在普通法上答辩时效仿衡平法的辩护理由,诉诸那些将使被告有资格获得永久的、无条件的衡平法禁制令的事实。但是,须知联邦立法尚无此类规定,因此,在联邦法院,被告仍不能以欺诈作为普通法上盖印契约之诉的当庭答辩理由,被告唯一的救济就是通过衡平法起诉状获得阻止该诉讼的禁制令。[19]

迄今所考虑的说明早期普通法之非道德特征的事例,表明法律在最坏的情况下可能助纣为虐,允许不值得称许的(甚或应受谴责的)原告把法院制作为从无辜被告手中敛财的工具。

---

〔15〕 Mason v. Ditchbourne, 1 M. & Rob. 460.

〔16〕 See 9 Harv. L. Rev. 52.

〔17〕 Ibid.

〔18〕 Ibid. 54.

〔19〕 Ibid. 51.

让我们把视线从普通法上因执着而生的弊端,转向普通法上因遗漏而生的某些弊端,并考察时人如何解决法律上的这些缺陷。

对于人身安全或个人自由权利方面的侵犯,以及对于动产权利方面的侵犯,早期普通法大概会给予相当充分的救济。但是,对于声誉方面的损害或者对于一般福祉或资金状况方面的损害,普通法的补救微乎其微。例如,假设有人四处造谣,说某个零售商短斤少两、欺瞒顾客,或者某个雇员偷了雇主的东西,结果造成零售商没了生意,或者雇员遭到解雇。1500 年之前的普通法,没有任何反制诽谤者的补救措施。[20] 如果买方由于卖方的花言巧语,以大价钱买下一件不值钱的动产,在很多世纪中他都无法对欺诈者提起损害赔偿之诉。[21] 直到接近 17 世纪末的时候,如果有人因为一纸故意杀人罪或其他犯罪的公诉书而受到审判,并且被宣布无罪释放,那么这个清白的人就可以因其罹遭的耻辱和损害而获得赔偿,尽管显而易见的是,被告恶意挑唆刑事诉讼在先,并且明知原告不谙世事。[22] 在亨利七世当政之前,不能对违反非盖印承诺的行为提起诉讼,尽管该承诺有其对价。[23] 法律迟早被改变,法院迟早要在所有这些案件中允许提起损害赔偿之诉。但是,这些变革并不源自为满足民众当时的改革呼声而通过的一系列法令。相反,这些革新都归因于接近 13 世纪末颁布的一部法令的数行条款,那里是这样规定的:"今后无论何时,若有人寻求衡平法院签发令状,并且在涉及相同权利、要求相似救济的相似案件里,无法出示令状的先例,那么衡平法院的文员应当同意创制新的先例,以免国王陛下的法院将来对起诉人不公。"[24] 爱德华一世的这部仁爱的法令,作为我们全部类案侵权之诉的源头,一直是弥补普通法瑕疵的伟大改革动能。正是有了这部法令,才有了我们关于诽谤、恶意指控、欺诈的全套法律,以及关于简约之诉的全套法律,后者出现在实践中,是为了补救盖印契约之外的全部现代契约。在《威斯敏斯特法》的大量适用情形中,这些针对诽谤、欺诈、恶意指控、毁约的类案诉讼,与妨害之诉一道,为普通法的仁爱扩张作出了相对重要的贡献。纵然有了这些伟大的革新,在普通法为一人通过卑鄙行为损害他人时所提供的救济安排中,仍存在不少严重缺陷。直到霍

---

〔20〕 Y. B. 17 Ed. Ⅳ, f. 3, pl. 2; Y. B. 27 Hen. Ⅷ, f. 14, pl. 4.

〔21〕 See 2 Harv. L. Rev. 9.

〔22〕 Savile v. Roberts, 1 Ld. Ray. 374.

〔23〕 2 Harv. L. Rev. 13.

〔24〕 St. Westminster 2, 13 Ed. Ⅰ, c. 24.

尔特大法官(Lord Holt)时期,雇员在其雇佣范围内行事时,若以未经授权的不端行为侵犯某人,此人是不能从雇主那里得到赔偿的。[25] 到 18 世纪后半叶,才开始有人示意针对如下情况提供法律救济,即陌生人未经授权而印行某位作家的未刊稿。[26] 在 1745 年之前,如果妻子因受他人不法蛊惑而离开丈夫,那么丈夫是无法向那个婚姻关系破坏者索赔的。[27] 直到辛辛那提法学院成立 20 年之后,指控他人以荒唐或自私方式诱使原告的缔约人违约的诉讼,才得到法律支持。[28] 到了 1874 年这样晚近的时候,英格兰法院才首次判定,胡乱诋毁零售商所售商品者,必须赔偿由此造成的损失。[29] 最终由法院在以上案件中引入的救济,无不采取《爱德华一世法令》所批准的类案诉讼的形式。

这部已有 600 多年历史的法令,是否仍为改进英美普通法的有生力量?对此只能做出唯一的回答。在一定的司法辖区内,只要有人指出实例,说普通法法院未就一人以卑鄙行为损害另一人的情况提供救济,并且救济一旦持续缺位就会扰乱共同体的道德感,那么以上法令就是我们取之不竭的正义源泉。

然而,要是普通法救济制度得不到衡平法救济制度的补充,那么以上法令纵然倾尽所能,我们整套法律作为主持正义的工具仍将漏洞百出。布莱克斯通曾经声称,普通法法官通过类案诉讼中关于《威斯敏斯特法》的自由解释,或可代行衡平法院的工作。这种观点不过暴露出他不理解普通法(law)和衡平法(equity)的根本区别,即普通法是对物的(*in rem*),而衡平法是对人的(*in personam*)。普通法判决和衡平法裁定的区别,涉及整套事务的来龙去脉。普通法主要考虑原告的权利,并且判决原告获得相应的土地、债款或是损害赔偿金,因为这些是属于他的。衡平法强调被告的义务,并且裁定被告去做某事或者不得做某事,因为他有作为或不作为的义务。正因为衡平法侧重于被告的义务,衡平法远比普通法更富伦理性。两者在这方面的区分,甚至出现在并存管辖权(concurrent jurisdiction)的情况下。甲某没有违约或侵权,或者即使违约或侵权也竭力恢复原状,而乙某违约或侵权,并且除了就其

---

〔25〕 Boson v. Sanford, 2 Salk. 440.
〔26〕 Webb v. Rose, 3 Sw. 674; 1 Ames Cases in Eq. Jur., 659.
〔27〕 Winsmore v. Greenbank, Willes, 577.
〔28〕 Lumley v. Gye, 2 E. & B. 216.
〔29〕 Western Co. v. Lawes Co., L. R., 9 Ex. 218.

不法行为承担赔偿之外，什么都不愿做——甲某的道德标准显然高于乙某的道德标准。一旦普通法上的金钱赔偿不济事，衡平法要强制推行的正是此种更高的道德标准，其可选方式包括：通过禁制令，责成被告不得侵权或违约，以及（若是侵权或违约已经发生）通过命令性禁制令或所谓的强制履行裁定，迫使被告就其不法行为做出特定赔偿。

在衡平法救济不仅优于普通法救济而且还是唯一救济时，衡平法补救措施的伦理性当然最为显著。

衡平法专属管辖权主要归入两个条目："要求恢复原状的［衡平法］起诉状"和"要求强制履行的［衡平法］起诉状"。要求恢复原状的［衡平法］起诉状，旨在强迫被告交出从原告那里非法获取的财产，或者虽是合法取得但（鉴于取得之后的某种不端行为）系不当保留的财产。要求恢复原状的［衡平法］起诉状源远流长。在十四五世纪，存在要求归还财产的［衡平法］起诉状，因为涉案财产是由于欺诈或误解而取得的，或者被告没有拿出约定的等价物却保留该财产。[30] 稍后，我们发现有要求阻止盖印契约之履行并交出盖印契约文书的［衡平法］起诉状，那些盖印契约文书或是以欺诈亦即违法方式获取的，或是由于误解而获取的，或是由于契约义务履行完毕之后仍予保留的，或是在未能提供对价的情况下仍予保留的。[31] 在17世纪之初，埃尔斯米尔大法官（Lord Ellesmere）在与柯克大法官的著名争论中，确认人们有权阻止经由欺诈获取的普通法判决的执行。[32] 还是在17世纪，衡平法不顾抵押人未依约履行之事实，也不顾双方当事人的明确合意，强迫受押人在抵押负债和利息获得清偿时交还抵押物所有权，[33]并且为防止类似的履约损失，衡平法强迫罚款保证书的持有人放弃罚款保证书而不要求罚款。[34] 在18世纪，在没有证据表明存在任何欺诈性虚假陈述的情况下，衡平法便以源自双方当事人关系的不正当影响为由——例如委托人向律师转让财产、被监护人向监护人转让财产、子女向父母转让等情况——作出回复转让的裁定。在19世纪，因无辜的虚假陈述而取得财产的受让人，不得不［依照衡平法］将财产归还让与人。[35] 这些情况下的补救包括取消初始交易和恢复现状，这

---

〔30〕 21 Harv. L. Rev. 262.

〔31〕 9 Ibid. 51,52, 54 – 55.

〔32〕 Wilson, Life of James I, 94, 95; 2 Campbell, Lives of Lord Chancellors, 241.

〔33〕 1 Spence, Eq. Jur., 602 – 603.

〔34〕 Ibid. 629.

〔35〕 Redgrave v. Hurd, 20 Ch. D. 1.

自然是双方当事人始料未及的结果。换句话说,衡平法认为被告之持有财产是基于维护原告利益的推定信托(constructive trust)。

另外,指控明示受信托人的[衡平法]起诉状,构成了衡平法经由强制履行而行使专属管辖权的主要产物。在1400年之后不久,衡平法开始强制履行用益和信托。[36]

通过裁定要求推定受信托人恢复原状,或者通过裁定强制明示受信托人履约,衡平法的这类补救措施立足于一项高度道德化的原则,即不得通过不法地取得或保留某一产权,以牺牲他人为代价而不当得利。

在目前为止考察的案件中,不当得利原则的实施,不利于财产初始受让人,而且缘于受让人在他和让与人之间关系中的不端行为。但以下原则久已牢固确立:谁若从他人那里取得财产,并且明知此人的财产持有受制于某一信托关系或者其他衡平权益,或者谁若在不知情的条件下从他人那里取得这种财产,且未提供相应对价,谁就可能被迫履行相关信托或衡平义务。诚然,衡平法上的请求权人,与知情的买主或不知情的受赠人之间没有直接关系。但是,如果一个人可在知情条件下取得财产(或在不知情条件下保留财产)并且罔顾既有的信托关系或其他衡平权益,那么他就会牺牲信托受益人或其他衡平法请求权人的利益,而以显失公平的方式获益。不当得利原则的这些适用情形,很好地说明了衡平法管辖权的高度道德性。罗马法对它们感到陌生,现代欧陆法也只是对它们报以不完全的认可。

在以罗马法为法律基础的国家中,存在另一项适用范围有限的衡平准则,即任何人不得因违背衡平义务而获利,即使他愿意充分赔偿他所侵犯的衡平权利主体。例如,有一块价值5000美元的土地,它的受信托人违反信托,为了拿到对价,在未将信托关系告知买主的情况下将其出售,换得50股公司股票。这些股票升值为10000美元,而土地贬值到3000美元。那名有过错的受信托人可能被迫将股份交给信托受益人,尽管后者得到的金额比没有违反信托的情况下多出7000美元。如果股票贬值而土地升值,那么信托受益人将有权得到土地所增加的价值。行为不端的受信托人所赢得的皆归于其受益人,所损失的则皆归于他本人,这真是一项健全的原则。

以下衡平法规则所推行的道德标准,大大超出普通商人的道德标准:禁止受托人在其履行受托人责任的过程中,以任何方式同他的受益人利益相竞

〔36〕 21 Harv. L. Rev. 265.

争,而且,仅当有确凿证据表明受托人诚实,表明完全披露受托人关于受托事务的所知情况,表明完全告知有关受托人的全部衡平法规定的时候,才允许受托人和其受益人之间进行交易。前文的论述足以证明:我们法律的伦理属性虽在很大程度上归功于类案诉讼,但是,要证成我们的信念——英美法系无论多么美中不足,毕竟在追求完善的道路上领先于其他国家的法律体系——我们就必须依托衡平法院的诸原则,它们作用于被告的良心,并借助于恢复原状和强制履行的裁定,强迫被告去做基于正义和正当而应为的事情。

在考虑进一步改进法律的可能性时,我们必须自始认识到,法院要强制实施道德法庭所要求履行的义务,总会受到一定的限制。

根据公共政策,一方面,实际存在而且总会存在许多这样的事例,即受损害者可从行为在道德上无可厚非的其他人那里得到赔偿;另一方面,也实际存在而且总会存在许多这样的事例,即受损害者甚至无法从行为极端卑劣的人那里取得赔偿。

因指控那些没有法律过错的人而招致败诉的事例,很可以说明问题。挑选雇员时哪怕再谨小慎微的雇主,也要对雇员在其雇佣范围内行事时造成的损害承担责任,尽管雇员出于过失甚或出于故意而没有理睬雇主的指示。雇员的业务是为了雇主的利益而开展的,并且,让雇主(而非外人)承担雇员不端行为的风险,被认为是比较合宜的。饲养凶猛野生动物者自担风险,而饲养家畜且明知其危险性者,也要自担风险。在没有证据表明饲养者知道犬类凶恶的情况下,事实上,依照若干州的立法,饲养者须就犬类致害做出 3 倍赔偿,还有一个州的立法则规定 10 倍赔偿。牧羊人必须受到鼓励,即便一些无辜的人不得不为养犬这一奢侈行为付出高昂代价。一伙夜盗者光顾了马萨诸塞州的一家银行,将银行印制但未及发行的大量银行票据带走并投入流通领域。这家银行不得不兑付这些票据。银行必须自担风险地守卫自己印制的票据,以免殃及广大公众。

相较于不正当行为的无辜受害者得不到任何补偿的情形,上述情形下的结果远没有那样令人于心难安。例如,某人死后被发现留下一份遗嘱,遗嘱说将所有财产交给他的弟弟。在存放遗嘱的那个匣子里,有一封遗嘱里没有提到过的信,信是写给弟弟的,信里说让弟弟为了他们妹妹的利益而托管那笔财产。弟弟坚持把财产据为己有。法院无力帮助被骗的妹妹。鉴于伪证罪和伪造文书罪的危险,“必须完全根据经过适当见证的文件来查明立遗嘱人的意图”这一规则,是实现广大立遗嘱人真实意志的最佳保障。以未成年作为辩护理由,《防止欺诈法》、《有效时限法令》或者“允诺没有相应对价”等,这些每每只是不光彩的辩护理由,但真要废除它们,多半会增加而不是减少不公正。一位英格兰法官曾经当庭发话:“你是一只残酷贪婪的哈比怪兽(harpy),啃噬穷人命脉。”此乃戏言,只是为了责难某个人而说的。那人不能起诉法官。人们坚信,为保护公共利益,任何法官不因其当庭言论而被追究民事责任。

法律是功利的。法律的存在是为了实现共同体的合理需要。某个人的利益若与法律的这一主要目标背道而驰,就必须被牺牲。正是出于这一理由,在我们刚才考察的案件以及你们今后将会遇到的案件里,无辜者罹遭损害而作恶者逍遥法外。

但是,除非是根据开明公共政策的考虑而免责,否则我实在看不出以下情况还有什么别的理由:以其行为故意损害他人者,竟然既不用返还受损害者,也不用向他给予金钱赔偿。

这一原则是否已成为我们法律的组成部分?让我们考虑一些具体案情。一名男子为继承女儿的不动产而将她杀害。按照当时的法令,他将作为她的继承人得到相应的土地。他可以保有这块土地吗?看来十分清楚的是,衡平法将迫使他交出这份财产。由于不可能向死者返还,这名男子应被视为代表其女儿利益的那些人(亦即她的继承人)的推定受信托人,而在判定谁是继承人时,凶手是不予考虑的。但是,有几个州允许凶手保有他的罪行成果。[37]

有位清丽文雅的年轻女士,在未表示同意的情况下被人拍照,她的肖像在全境之内被复制和广为传播,作为带有标语“家庭之花”的广告标签的一部分,印在数千桶面粉上。在这件案子里,法院内部在她应否获得救济的问题上同样出现分歧。既然“收信人未经写信人同意而发表书信的行为属于侵权”这一点乃是板上钉钉的事情,那么阻止更严重的隐私侵犯行为(此处即把淑女肖像用作广告媒介)应该没什么疑义。再假设,土地所有者钻了一口井,不是为了自己取水,而单单是为了使邻居的水源枯竭,或者他在自家土地上架设奇高的围栏,那围栏靠近地界,不是为了自己的便利,而纯粹为了遮住

〔37〕 36 Am. L. Reg. and Rev. 225; Wellner v. Eckstein, 117 N. W. 830 (Minn., 1908. 两名法官有异议). 纽约的规则恰好相反。

邻居的窗户或者阻碍邻居的视线。这名土地所有者要就自己的恶意行为招致的损害,向他的邻居承担责任吗?在美国的13个州里,他必须对恶意耗干邻居水源的行为做出赔偿。在另外2个州里,法院作出了相反的判决。在4个州里,恶意架设围栏的人要对邻居支付损害赔偿金。在其他6个州中,他不承担任何法律责任。6个州通过了专门法令,允许就架设此类围栏的行为提起诉讼。德国、法国和其他欧陆国家,在前述两种情况下都允许起诉土地所有者。

我建议的原则将在这些所有情况下允许实施救济,而且,各地法院对该原则的采纳,也得到衡平法规则及《爱德华一世法令》规则的充分证成。新的德国法典非常清楚地表述了这条原则:"以违反善良风俗的方式故意对他人施加损害的行为,属于非法行为。"

再谈谈另一个问题,即是否应当颁布法令,要求国家对遭受不当定罪量刑的无辜人士做出赔偿?诚然,国家在实施公诉的时候,不过是在尽它的本分。但既然公诉是为了共同体的利益,那么要求共同体(而不是其中的无辜成员)为它的错误付出代价,又有何不妥呢?根据最近的立法,德国已经为无辜的受损害者提供此类赔偿。

这些案件中但凡建议受损害者应当获得赔偿的,损害都是由有待成为被告者的故意作为引起的。但我们仍须考虑,对于若非他人故意不作为而本来不会发生的损害,法律是否还要过问,即给予补偿或者处以刑罚。以下情形不在我的考虑范围内,即由于当事人之间存在某种关系(如父亲和孩子、护士和病人、雇主和雇员等),他们彼此负有法律上公认的作为义务。我所假定的情况是,当事人之间唯一的关系就是他们都是人。当我从一座桥上走过时,某男子落水。他不会游泳,大声呼救。我体格壮硕,而且是游泳健将,或者,如果你乐意的话,(不妨假设)桥上有一根绳子,我可以很容易地把一头扔给他并把他拉上岸。可是我既没有跳下去施救,也没有把绳子扔给他,而是眼睁睁地看着他淹死。再假设,我看到铁轨上有个孩子,他年纪太小,意识不到疾驰而来的火车有多么危险。我可以很容易地救起孩子,但就是袖手旁观,而那孩子虽然幸免一死,却失去了双腿。我有犯罪之过吗?我必须向那名溺死者的妻儿以及那个负伤的孩子做出赔偿吗?麦考利(Macaulay)在评论《印度刑法典》时,提出这样一种案情,即一位外科医生拒绝从加尔各答远赴密鲁特实施手术,尽管我们绝对可以肯定他是印度唯一可以实施那项手术的人,而且病人若不做手术就会死亡。

我们还可以再假设,迫在眉睫的死亡危险是由拒不阻止死亡发生者的行为造成的,但那行为本身是无罪的。例如,某人的眼睛被谨慎猎鸡者一掠而过的子弹误伤,并因此晕厥,脸部向下栽进身边的浅水池里。

在前面三则事例中,拒绝施救者的做法无论多么遭人唾弃,那险境绝不是他造成的,他没有增加危险,他没有从身处险境之人那里拿走任何东西,他只是没有帮扶陌生人而已。按照今日法律的规定,这些情况不引起任何法律责任,既不引起民事责任也不引起刑事责任。法律不勉强人与人之间的积极仁爱。要不要做好心的撒玛利亚人,全凭一个人的良知。

但法律应该保持这种状态吗?当然,任何要求心存仁爱的法定义务都只能是例外。此类立法的实际困难在于划定界限。但我们在法律上必须不断地面对这种困难。不愿向溺水者扔绳子的人,或是不愿向铁轨上的无助孩子施救的人,要是能够受到惩罚并被责令向溺死者的遗孀和受伤的孩子做出赔偿,大家都会更加满意。(与此同时)我们认为,惩罚那名不愿大老远去做手术的外科医生是不合适的。这些事例暗示了一条或许可行的规则。如果施救并无多大困难,甚或轻而易举,但当事人没有救他人于濒死之际或使其免受重伤,并且因其无动于衷而紧接着出现死亡或重伤的事实,则该当事人将受到刑事处罚,并向伤者本人或溺死者的妻儿做出赔偿。因被猎人误伤而晕厥溺水的情况,不同于猎人虽然行为无罪但却导致他人身处危境的那些情况。在这里,要去指控猎人的律师,胜诉概率同样渺茫。但在我看来,他倒是可以根据普通法对猎人提出强有力的指控。正如我们所见,按照早期法,猎人只要击中他人就得承担责任。在现代,各地法院已经承认,"当事人并无疏忽"构成一种肯定性答辩。如果被告在造成危险之后没有采取合理手段阻止悲剧发生,那些法院难道不可以否决那样的答辩吗?纵然如此,我们也很难理解,法令——且不说法院吧——为何竟然没有宣布这样一条规则。

改革的精神显然尚未大功告成,尽管它在过去600年里,使我们的法律体系更加符合道德原则。有必要认清英格兰在既往时代的巨大伦理进步,哪怕只是为了鼓励未来的改进工作。在未来的这项工作中,法学教授大有可为。教授们有时间开展系统全面的研究,有时间了解其他国家的判决和立法,而法官和执业律师却没有充分的闲暇。我们要让我们的法律体系成为主持正义的最优工具,就务必借助于这种系统研究,以及关于其他国家法律运行状况的知识。学生培养必须始终作为法学院的首要目标,但理应与之相辅相成的是,法学教授要在法律改良方面真抓实干。

尊严的两种观念:论法律能动性的衰落*

[加拿大]阿斯比约恩·迈尔克维克
[加拿大]比亚内·迈尔克维克　著**
闫　晗　译　石佳友　审校***

摘　要:本文考察了我们在对尊严的现代法律理解中可以观察到的根本性转变。一个人为了自己的利益应该受到尊重,这是我们现代社会的基石,体现在我们的法律和宪法中。然而,尊严的概念有着根本不同的解释。更准确地说,本文考察了两种尊严理论——即与伊曼努尔·康德(Immanuel Kant)相关的"尊严能动性理论"(agency theory of dignity)和艾伦·格沃思(Alan Gewirth)最近倡导的"尊严福祉理论"(well-being theory of dignity)。我们认为,现代从前者向后者的转变是有问题的,首先,这是我们法律体系中能动性衰落的表现;其次,因为尊严福祉理论往往弄巧成拙。因此,本文认为我们应该回到尊严能动性理论。通过对康德理论的反律法主义的解读,我们认为理性的人应该成为他们自己的立法者,因此立法活动的范围应该受到尊严问题的限制。

关键词:法律能动性　尊严　康德

一、给人的生命定价,并且讨价还价

在《金钱买不到的东西》一书中,迈克·桑德尔给出了许多令人信服的

---

* 本文原文标题为"Two Concepts of Dignity: On the Decay of Agency in Law",刊载于 Angus J. L. Menuge & Barry W. Bussey (eds.): *The Inherence of Human Dignity: Foundations of Human Dignity* (Vol. 1, Anthem Press, 2021);翻译已获得作者及出版社授权。

** 阿斯比约恩·迈尔克维克(Åsbjørn Melkevik),加拿大蒙特利尔大学伦理研究中心研究员;比亚内·迈尔克维克(Bjarne Melkevik),拉瓦尔大学法学院教授。

*** 闫晗,中国人民大学法学院硕士生;石佳友,中国人民大学法学院教授。

例子,展示了如今几乎所有东西都能出售。[1] 如果你想的话,你可以花50万美元购买移民到美国的权利,花6250美元购买印度代孕母亲的代孕服务,或者花8美元购买独自驾车的拼车道。一个人不仅可以买到几乎任何东西,而且还可以通过一些不寻常的方式赚钱。例如,一个人作为药物安全试验的“小白鼠”可以赚7500美元。因为有说客不愿意排队的情况,所以为国会山的付费排队公司工作可以每小时赚15~25美元。或者为陌生人购买人寿保险,如果一个人在押注别人的不幸时运气好,那么他就有可能发财。

这样的环境赋予了罗马独裁者阿庇乌斯·克劳狄乌斯·凯库斯(Appius Claudius Caecus)说过的“*faber est suae quisque fortunae*”全新的含义,即“每个人都是自己命运的工匠”。事实上,一个人可以通过出租自己额头上的空间来展示商业广告或者通过在一些“真人秀”中展示自己,来为自己创造财富。但这当然不是任何罗马精英阶层所想象的积累财富的合适方式。尤其是当我们不仅对一些不寻常的活动进行定价时,而且对人的生命也进行定价时,这种现象是有问题的。有人可能会说这样做太过分了,这不符合康德对人的尊严的理解。

伊曼努尔·康德确实告诉我们,“任何事物都有价格或尊严。任何有价格的东西都可以被其他等价物所代替;另一方面,任何高于一切价格的东西都有尊严,因为它不允许有同等价值的东西”。[2] 一个人应该为自己的利益而受到尊重,这是我们现代社会的基石,庄严载入我们的法律和宪法。我们可以在《世界人权宣言》中找到这样的尊严概念。尽管我们可以区分对人类尊严的不同解释,但康德的核心思想是,人具有一些本质上的“无价”属性,比如自由,这些属性与责任相关,其中最重要的是对自己的责任。[3]

因此,至少在传统上,尊严的概念一直是启蒙运动时代思想的延伸,即人们拥有固有的、不可剥夺的权利。然而,这个结论与当今市场社会中人们的运作方式相矛盾。正如迈克尔·詹森(Michael Jensen)和威廉·梅克林(William Meckling)所指出的,“我们都有一个价格”,也就是说,“不管你喜不喜欢,个人都愿意为了足够多的其他想要的东西,牺牲一点点我们在乎的

---

[1] Michael Sandel, *What Money Can't Buy*, Farrar, Straus and Giroux, 2012, p.3-5.

[2] Immanuel Kant, *Grounding for the Metaphysic of Morals*, trans. by James W. Elligton, Indianapolis: Hackett Publishing Company, 1993, p.40.

[3] Oliver Sensen, *Kant on Human Dignity Reconsidered*, Kant-Studien, Vol.106:1, p.125 (2016).

东西,甚至是名誉或道德;这些东西不一定是金钱或者物质形态的商品"。[4] 因此,我们面临一个悖论。那就是,尽管我们的现代宪法中庄严载入了康德的人类尊严观念,但它似乎受到了我们现代生活方式的威胁。**在市场社会中**,我们可能会认为人们能给本应是无价的东西定价——例如,人的能动性、道德、身体或心理上的完整性。

本文探讨了这一悖论,说明了为什么它不像人们想象的那样有问题。真正的问题并不在这,而在别处。我们更应该关注的是,所谓的尊严的提升是如何导致法律中的能动性的某种衰退的。更准确地说,我们将考察两种尊严理论——我们可以追溯到康德的"尊严能动性理论"(agency theory of dignity)和格沃思最近倡导的"尊严福祉理论"(well-being theory of dignity)。我们认为,从前者向后者的现代转变是有问题的,首先,这是我们法律体系中能动性衰落的表现;其次,因为尊严的福祉理论往往弄巧成拙,它损害了最贫困者的福祉,降低了社会的总体福利。在试图协调市场社会与人类尊严的过程中,我们制造了一个以前不存在的问题。也就是说,我们脱离了尊严的理论核心,即能动性,创造了尊严作为福利的假象,如强加一些限制自由的劳动立法。

因此,我们主张两个不同的论点——首先,我们应该回到尊严能动性理论;其次,我们应该尽可能地限制尊严概念在我们的法律体系中的影响。也就是说,尊严应该主要是一个哲学概念,而不是一个法律概念。鉴于法律哲学家想利用这一概念,它应该指向对于公法范围的限制从而有利于私法。不幸的是,过去几十年中情况正好与之相反,公法影响力在日益扩大。我们首先将在第二部分研究一些有问题的案例,这些案例展示了市场如何经常违背尊严的价值。之后,我们将在第三部分区分四种尊严理论。这将允许我们在第四部分为尊严能动性理论进行论证,并看到它如何与反律法主义相联系,反律法主义使人们成为自己的立法者。最后在第五部分,我们认为尊严在我们的法律体系中的作用应该大大减少。

二、谢谢你吸烟——我们如何给人的生命定价

让我们从烟草行业的一些案例开始。最近的一项审查结合了世界卫生

---

[4] Michael Jensen & William Meckling, *The Nature of Man*, Journal of Applied Corporate Finance, Vol. 7: 2, p. 10(1994).

组织、联合国毒品和犯罪问题办公室以及卫生计量和评价研究所的数据,评估了酒精、烟草和非法药物对人类福祉的影响。[5] 根据世界卫生组织的规定,福利是通过计算伤残调整生命年(DALYs)的损失来衡量的——其中一个伤残调整生命年可以被认为是“健康生命”损失的一年。尽管非法药物对人的生命造成了高昂的代价,但烟草和酒精仍然高居榜首。2015 年,烟草花费了全世界 1.709 亿伤残调整生命年,酒精花费了 8500 万伤残调整生命年以及非法药物花费了 2780 万伤残调整生命年。

衡量福利的标准是根据健康生活的损失程度来衡量的,而不需要给任何特定的人或情形进行货币价值的评估。当然,这不是我们通常的做法。我们通常将不同的货币价值归因于不同条件或社会背景的人。尽管这可能会让我们对道德平等的现代承诺感到不安,但有些个体的价值更高。一个常见的例子是保险公司可以给乘车或乘飞机旅行的人设定的价值——后者设定的价值要高得多。这一节说明,由于我们在法律体系中致力于维护尊严,然而,这并不像人们想象的那样有问题。

考虑菲利普·莫里斯公司(Philip Morris CR a. s.)委托亚瑟·利特尔(Arthur D. Little)在捷克共和国进行的研究(见表 1)。[6] 在 2001 年泄露之后,它仍然是“死亡抚恤金”争论中最典型的案例之一。该研究认为,对于每个吸烟者来说,国家节省了资金。

表 1 菲利普·莫里斯研究中吸烟的公共财政平衡

积极影响		消极效果
直接	间接	
消费税 增值税 企业所得税 关税 5.22 亿美元	节省医疗成本 养老金储蓄 老年人住房储蓄 3100 万美元	增加的医疗保健费用 损失所得税 旷工相关费用 烟雾引发的火灾费用 4.03 亿美元

更准确地说,吸烟每年使捷克共和国的预算损失 156.47 亿克朗,即 4.03

〔5〕 Amy Peacock et al., *Global Statistics on Alcohol, Tobacco, and Illicit Drugs Use: 2017 Status Report*, Addiction, Vol. 113, p. 1905 – 1926(2018).

〔6〕 See Zosia Kmietowicz, *Tobacco Company Claims That Smokers Help the Economy*, British Medical Journal, Vol. 323, p. 126(2001).

亿美元,同时它带来了202.70亿克朗的税收,即5.22亿美元,以及间接节省的11.92亿克朗,即3100万美元。最终,香烟消费使捷克共和国受益,因为1999年吸烟的公共财政总余额为58.15亿克朗,即1.5亿美元。人民的早逝对于节省政府预算有益。"无烟儿童运动"(Campaign for Tobacco – Free Kids)很好地总结了这份报告的论点:"死亡福利"论点——政府不应该在减少吸烟和其他烟草使用的新努力上投资,因为让人们死于吸烟和其他烟草的使用比支付更多人因戒烟或从未吸烟而活得更久所造成的新成本要便宜得多。

例如,威廉·凯文·维斯库西(William Kevin Viscusi)就支持这样的论点:"吸烟的一些经济影响增加了各州的成本;其他保险影响则降低了各州的预算成本。重要的是,这些净保险后果是积极的还是消极的?"[7]根据维斯库西的说法,结果是积极的。在美国,如果忽略吸烟者缴纳的消费税,每包香烟带来0.32美元的净成本节省,如果一个人没有忽略税收,那么这个数字将跃升至0.85美元。换句话说,香烟是自给自足的——因为它们带来的好处超过了它们带来的更高的医疗费用。

正如常人所料,这样的论点遭到了压倒性的谴责,许多批评者很快就从经济、政治和道德的角度对这份报告进行了批判。从经济角度来看,这项研究的核心假设是有缺陷的。如果吸烟者停止吸烟,他们会用原本用于购买烟草产品的钱购买其他商品。这些商品也会被征税,尽管可以想象,它们不会产生同样的有害影响。一些人认为,吸烟不仅没有每年节省1.5亿美元,反而从捷克共和国的年度预算中消耗了大约3.73亿美元。[8]

在政治角度上,这是一个教科书式的麦纳马拉谬误案例。一个给定的结论仅仅通过一些定量观察来证明是合理的,而忽略了所有其他相关因素。美国前国防部长罗伯特·麦纳马拉(Robert McNamara)已经犯了这样一个错误,他用敌人的人数来衡量越南战争的成功,而忽略了同样与赢得战争有关的其他因素。

从伦理上讲,这项研究违背了我们的自由价值观,尤其是尊严。美国参议员黛安娜·范斯坦(Dianne Feinstein)指出,"菲利普·莫里斯公司已经远

---

〔7〕 William Kevin Viscusi, *From Cash Crop to Cash Cow: How Tobacco Profits State Governments*, Regulation, Vol. 20:3, p. 27–32(1997).

〔8〕 See Hana Ross, *Critique of the Philip Morris Study of the Cost of Smoking in the Czech Republic*, Nicotine & Tobacco Research, Vol. 6: 1, p. 181–189(2004).

远超越了正派的界限,并再次证明,它的经营方式完全脱离了是非观念”。[9]事实上,如果我们关心尊严,这项研究说明了我们不应该做的事情。

然而,在建筑业或者分区监管领域很容易找到类似的案例。例如,尽管房子里的一些材料可能对人有害,甚至致命,但它们之所以被使用,是因为它们比其他材料更便宜或更容易安装。我们的社会经常默认这种情况,因为让一些人死去更划算。然而,如果把论点推向极端,这种观点就变得荒唐可笑。有人可能会说,我们不应该投资治愈某些疾病的研究,这些疾病在人们的青壮年时期不成比例地夺走了他们的生命。这种成本效益方法显然忽略了很多东西——例如,一个社会可能会考虑它愿意承担的成本种类,而且我们是否应该更倾向于医疗成本,而不是与人们寿命更长、更健康有关的成本(如社会保障支付),这一点还远远不够明显。

但这些案例提醒了我们一件事——我们确实为人们的生命制定了价格。尽管尊严可能是我们现代自由民主的核心特征,但事实仍然是,我们为人们的生命定价。这可以在社会的各个领域观察到,不同的人被赋予不同的价值,而这取决于他们从事的活动类型。这是一种常见的做法。简单地看一下文献就足以看出统计生命价值(VLS)[10]在我们使用不同的标准时会有所不同(见表2)。比如以是否吸烟、种族、性别为标准,该价值是不同的。因此,认为人的生命“没有等价物”这一观点在现实生活中并非如此。

表2 不同研究中统计生命价值的不同

研究和文献年份	2012 年统计生命价值 $
1997 - C. R. Scotton & L. O. Taylor, *Valuing Risk Reductions: Incorporating Risk Heterogeneity into a Revealed Preference Framework*, Resource and Energy Economics, Vol. 33:2, p. 381 - 397(2011).	$ 8.04M
2002 - J. D. Leeth & J. Ruser, *Compensating Wage Differentials for Fatal and Nonfatal Injury Risks by Gender and Race*, Journal of Risk and Uncertainty, Vol. 27:3, p. 257 - 277(2003).	$ 8.90M

---

〔9〕 Dianne Feinstein, *Letter to Geoffrey Bible*, University of California San Francisco, 2001, p. 36.

〔10〕 统计生命价值不是一个特定的个体为避免死亡而付出的代价,也不是一个人生命的实际价值,而是一个为小幅降低死亡风险而付出的意愿的估计。

续表

研究和文献年份	2012 年统计生命价值 $
1998 – M. F. Evans & G. Schaur, *A Quantile Estimation Approach to Identify Income and Age Variation in the Value of a Statistical Life*, Journal of Environmental Economics and Management, Vol. 59:3, p. 260 – 270(2010).	$ 9.85M
2000 – W. K. Viscusi & J. Hersch, *The Mortality Cost to Smokers*, Journal of Health Economics, Vol. 27: 4, p. 943 – 958 (2008).	$ 9.86M
1997 – W. K. Viscusi, *Racial Differences in Labor Market Values of a Statistical Life*, Journal of Risk and Uncertainty 27, No. 3: 239 – 256(2003).	$ 21.65M
1997 – T. J. Kniesner, W. K. Viscusi & J. P. Ziliak, *Life – Cycle Consumption and the Age – Adjusted Value of Life*, Contributions to Economic Analysis and Policy, Vol. 5:1, p. 1 – 34(2006).	$ 36.17M

有些人认为这一趋势令人深感不安,但有些人则持相反态度。政府、法院和企业经常给人们的生命定价,在这个过程中,他们将其视为一种手段。重视生命是当今公共决策的重要组成部分,因为功利主义的考虑在公共领域占据了很大的空间。人们可能会注意到另外一点——人们自己给自己的生命赋予了不同的价值,至少是含蓄的。这可以从他们愿意为降低死亡风险而支付的费用中看出来。

康德的尊严理论是对他人和自己负有责任。吸烟本身可以被理解为个人对自身的不负责,因为一个人必然知道这样的活动可能会损害自己的身体。同样的情况也适用于那些长期从事有可能使身体退化的工作的人。这些行为可以被理解为有悖于人的尊严,因为它们未能适当尊重人的固有价值,并可能削弱其长期决策能力。如果我们致力于维护尊严,那么在那些可能丧失尊严的领域立法是很重要的。这也是我们的现代性反复讨论的。然而,接下来的章节表明,这也是一种危险的方法。

三、尊严的四种理论——价值、荣誉、能动性和福祉

以上表明,在我们的市场社会中,对尊严的协调性侵害的例子还可做其他许多补充。例如,我们不应低估当今劳动力市场侵犯人类尊严的程度。尽管如此,这一部分认为,我们必须抵制现代就一切与尊严相关的问题立法的呼声。事实上,我们不应该通过立法来维护人的尊严。人们可能会认为这样的主张是激进的,特别是因为我们还记得尊严是我们现代性的组成部分,比如说通过《世界人权宣言》。但是,一旦我们考虑如何在不同的尊严概念之间建立区别,这个提议就不那么极端了。我们认为,问题在于这些概念已经相互混淆,尽管它们导致我们得出不同的政策结论。让我们区分四种理论,但不要求排他性——三种来自康德,另一种来自格沃思。

(1)尊严的价值超越价格理论——也就是说,根据康德的观点,每个人都有一种内在的、不可协商的、不可替代的价值,[11]这种价值取决于他或她的道德能力。[12]

(2)尊严的荣誉理论——康德说,一个有荣誉感的人将把自己的独立性和自尊视为高于任何价格的东西,因此不能为了任何物质利益而交易。[13]这种理论可以追溯到亚里士多德,对他来说,尊严指的是对那些地位崇高的人的尊重以及担任更高职位的责任。[14]

(3)尊严的能动性理论——基于自由意志的能力。康德认为,人拥有尊严,因此他们本身应被视为目的,而不是手段。这种尊严意味着我们应该支持强烈的消极义务,如"不杀人",而不是积极义务,如福利义务。[15]

(4)尊严的幸福理论——格沃思说,尊严是"一种平等的、属于所有人的内在价值,由作为人的某些内在价值方面构成"。[16] 反过来,从这种尊严中,我们不仅可以获得消极自由的权利,还可以获得所有人和国家都必须平等承

---

〔11〕 See Jeremy Waldron, *Dignity, Ranks, and Rights*, Oxford: Oxford University Press, 2012, p. 24.

〔12〕 See Ronald Dworkin, *Is Democracy Possible Here*, Princeton: Princeton University Press, 2006, p. 9.

〔13〕 See Elizabeth Anderson, *Emotions in Kant's Later Moral Philosophy: Honor and the Phenomenology of Moral Value*, in Monika Betzler ed., Kant's Ethics of Virtue, de Gruyter, 2008, p. 123.

〔14〕 See Andrea Sangiovanni, *Humanity Without Dignity: Moral Equality, Respect, and Human Rights*. Cambridge: Harvard University Press, 2017, p. 16.

〔15〕 See Mark D. White, *Dignity*, in Jan Peil and Irene van Staveren eds., Handbook of Economics and Ethics, Cheltenham: Edward Elgar Publishing, 2009, p. 84 – 90.

〔16〕 Alan Gewirth, *Human Dignity as the Basis of Rights*, in Michael J. Meyer and W. A. Parent eds., The Constitution of Rights: Human Dignity and American Values, Ithaca: Cornell University Press, 1992, p. 12.

认和支持的对他人的福祉的义务。[17]

前三种理论都可以在康德的著作中找到,因此它们不应该被理解为必然相互对立。然而,我们认为第三个定义是最有趣的。最后,其他理论对于理解法律和尊严之间的关系并不完全令人满意。

第一,尊严的价值超越价格理论与立法行为背道而驰。对于人类的生命来说,一定存在某种可协商的价值,没有这种价值我们根本无法立法。例如,在分区监管中,我们必须始终考虑外部性的可能性,其中一些可能是致命的——比如工业设备。正如鲍威尔诉法尔案[5 Q. B. 597 (1880)]所确立的那样,“如果一个人使用了一台危险的机器,他应该为它造成的损害进行赔偿,这是公正合理的;如果他使用这台机器能获得的报酬却无须为这台机器造成的损害进行赔偿,这对公众来说是有害的,应该予以制止”。换句话说,尽管我们想尽可能地限制事故的数量,但立法者却不得不特别关注低效事故。正如大卫·弗里德曼(David Friedman)所解释的那样,这些事故的预防成本将低于预防它们的价值。[18] 要作出这样的决定,我们必须为人的生命确立一种价值。预算方面的考虑也是如此——例如,医院是否应该购买一种新的、昂贵的设备,以挽救非常有限的生命。尊严的价值超越价格理论不允许我们这样做,因此,它更像是一种哲学理论,而不是立法者或律师在日常实践中可以使用的东西。

第二,尽管尊严的荣誉理论可能很有吸引力,但它未能反映现实,尤其是未能反映那些处于更不利地位的人的现实。劳动力市场经常要求雇员放弃他们的自尊来换取报酬。例如,他们可以被禁止上厕所,因为他们必须长时间不间断地工作,或者像运动员一样被命令小便,或者被要求以一些不寻常的方式着装。人们同意这种协议不一定被理解为有损尊严,因为这可能是养家糊口的必要条件。雇主提出这样的要求也并非总是有损尊严的。就不能适用于现代市场社会这一点来说,这一理论就不能令人满意。荣誉是一种道德理想,作为法律的构成原则是不恰当的。它没能把握住人理解追求美好生活这一挑战,特别是对于那些可能把生存置于荣誉之上的弱势群体而言。

第三,更有趣的是,对于我们的目的来说,康德的尊严能动性理论与他绝对命令的版本密切相关,其内容如下:“以你对待人性的方式行事,无论是对

---

[17] Mark A. Lutz, *Human Dignity*, in Phillip Anthony O'Hara ed., Encyclopedia of Political Economy, Routledge, 1999, p. 471 – 472.

[18] David Friedman, *Law's Order*, Princeton: Princeton University Press, 2000, p. 197.

待自己还是对待他人,总是同时作为一个目的,而不是简单地作为一种手段。"[19] 自由意志,即自决或自治的能力,意味着人们有权在不受干涉或支配的情况下行事,因此,这一理论符合古典自由主义,即捍卫国家较为温和,甚至最低限度的职能。当然,对康德的不同解读可以引出不同的理论。例如,它可以让国家扮演更重要的角色,这正是格沃思所做的。但对康德的传统解读是,消极义务来源于尊严,而非积极义务。

自由意志这一关键前提必须结合康德所捍卫的自由的"积极"概念来理解——不要与以赛亚·伯林(Isaiah Berlin)提出的类似概念混淆。有了这个自由的概念,康德提醒我们,人应该按照自己的规则生活。康德写道:"意志的自由除了自主性之外还能是什么呢?也就是说,意志本身就是一种法律的属性?"[20] 因此,康德把意志理解为"在每一个行动中,它本身就是一个法律",这就意味着上述的绝对命令。

从这样一个前提出发,康德推导出了人权以及人际关系和个人义务。然而,一旦我们到达这里,就很容易忘记尊严背后的核心直觉——理性的人要成为自己的立法者。或者康德这样认为,人的理性应该使其服从道德法则。但在这样一种对道德的理解中,人去追求自己内在的偏好和价值是人本身的事。蒂莫西·罗斯(Timothy Roth)谈及**康德哲学**,说"个人应该能自由地追求他们的目标——无论它们是什么——但要受到尊重权利和公正或公平制度的约束"。[21] 因此,让个人自由地追求自己的目的和价值,是理解人类尊严的要求。在下一节中,我们将回到能动性的概念来探讨它的后果。

第四,正如之前已经注意到的,格沃思的理论可能是来源于康德的灵感,但在执行上却不是。[22] 这一理论还以人的能动性为出发点,认为权利源于尊严,因为人拥有自决权。但它通常更关注个人和国家对他人福祉的积极义务。正是这样一种理论,现在激发了围绕尊严和人权的大部分讨论。

例如,《世界人权宣言》第 23 条第 1 款以及《经济、社会及文化权利国际

---

〔19〕 Immanuel Kant, *Grounding for the Metaphysic of Morals*. trans. by James W. Elligton. Indianapolis: Hackett Publishing Company, 1993, p. 36.

〔20〕 Immanuel Kant, *Grounding for the Metaphysic of Morals*. trans. by James W. Elligton. Indianapolis: Hackett Publishing Company, 1993, p. 49.

〔21〕 Timothy Roth, *The Ethics and the Economics of the Minimalist Government*, Cheltenham: Edward Elgar, 2002, p. 74.

〔22〕 Mark D. White, *Dignity*, in Jan Peil and Irene van Staveren eds., Handbook of Economics and Ethics, Cheltenham: Edward Elgar Publishing, 2009, p. 85.

公约》第6条都承认“工作权”,其中包括人们选择是否工作、在哪里工作以及参加工会的权利。此外,《世界人权宣言》第24条基于人的尊严,规定了“休息和休闲的权利”。对于一些学者来说,比如马克·卢茨(Mark Lutz)〔23〕或大卫·埃勒曼(David Ellerman)〔24〕,这样的理论也被用来质疑当前劳动体系的道德性,因为劳动被认为是资本的一种手段。〔25〕它也被用来批判福利经济学和理性人,二者在理论上都具有工具性。

政策制定者通常遵循第四种尊严理论来塑造或重塑我们的现代社会。我们现在经常认为,维护人的尊严包含积极的责任,不仅是国家的责任,也是个人的责任。例如,《经济、社会及文化权利国际公约》认为,人们负有帮助社会其他成员获得就业机会的集体积极责任。因此,我们离康德的能动性理论还很远。现在人们认为,要正确地尊重他人,我们就必须帮助他们。但从法律角度来看,我们认为尊重和援助之间的对等是危险的。

虽然我们可能同意尊重是一种道德要求,但我们是否应该平等地向他人提供帮助这一点就不那么明确了。事实上,尽管法律和宪法迫切希望承认尊严的价值,但它们却不太愿意承认援助的义务。例如,上议院裁定,“当一个人没有做任何事情使自己与处于困境的另一个人或他的财产处于任何关系中时,仅仅是偶然的接近并不要求他去帮助那个人。这样做可能是一种道德义务,但将其作为法律义务是不切实际的”(*Home Office v. Dorset Yacht Co.*, [1970] AC 1004, [1970] UKHL 2)。因此,改变尊严的含义可能是在法律中偷偷加入一些原本被否定的积极义务的方式。问题在于,这样做会进一步削弱了法律中的能动性概念。

四、既然尊严是自主性的,它就不能成为一项法律原则

既然我们已经对尊严的四种理解进行了区分,我们就必须解释康德的能动性理论到底有多激进,以及它如何引导我们走向一种矛盾的法哲学。我们认为,理性的人将成为自己的立法者,而不仅仅是以一种隐喻的方式。作为一个尊严问题,立法活动的范围应该受到限制。这一部分将与杰里米·沃尔

---

〔23〕 Mark A. Lutz, *Human Dignity*, in Phillip Anthony O'Hara ed., Encyclopedia of Political Economy, Routledge, 1999, p. 471 – 472.

〔24〕 David Ellerman, *The Democratic Worker – Owned Firm*, Boston: Unwin Hyman, 1990, p. 221.

〔25〕 See Mark D. White, *Social Law and Economics and the Quest for Dignity and Rights*, in John Davis and Wilfred Dolfsma eds., The Elgar Companion to Social Economics, Cheltenham: Edward Elgar Publishing, 2008, p. 575 – 594.

德伦(Jeremy Waldron)的观点不同,[26]后者将尊严作为一项“法律原则”。因为尊严就是是自治,它不能成为一项法律原则。约束法律是一个相当重要的原则。事实上,康德在《道德形而上学的基础》(*Groundwork of the Metaphysics of Morals*)中对尊严的定义,必须联系《道德形而上学》(*The Metaphysics of Morals*)中具有挑衅性的“论奴性”这一段落来解读。在这一部分,康德给出了以下关于“对我们内在的人性尊严相关的责任”的例子:

> 不做任何人的仆人。不要让别人践踏你的权利而不受惩罚。不要签订你不能提供全部担保的债务合同。……跪下或跪倒在地上,即使是为了表示你对天堂之物的崇敬,也是违背人类尊严的,正如在实际的形象中引用它们一样;不是在自己的理性所代表的理想面前,而是在自己所造的偶像面前谦卑自己。

第一行特别有趣。它表明,作为人类尊严核心的自主权为人们提供了权利。因为人是自主的,他们在任何法律体系中的地位必须以他们不可剥夺的权利为前提。他们不做任何人的仆人,也不在他人面前卑躬屈膝。立法者的立法权常常与这种自决的观念不相容。

在这里,我们是建立在康德理论的基础上,而不是简单地重复它。但是直觉仍然是康德式的——“在他人面前卑躬屈膝似乎在任何情况下都不配做人”。[27] 因此,认真对待法律中的尊严观念,可能意味着个人判断能力的某种解放。正如康德所指出的,相对于人类的“奴性倾向”,尊严的概念应该引导我们走向某种反律法主义的法律哲学。[28]

反律法主义,来自希腊语 αντι 和 νομος,意思是“违反法律”,是个人无政府主义的一种形式,将人置于法律之上。它首先是一个神学教义,因其拒绝服从摩西律法的要求而被轻蔑地命名。然而,在法哲学中,它现在指的是一种理论,人们不会遵守任何一套自己不同意的规则。这种观点通常与“律法主义”相对立,后者过分强调遵守法律条文的要求。

---

〔26〕 Jeremy Waldron, *Dignity, Ranks, and Rights*, Oxford: Oxford University Press, 2012, p. 13.

〔27〕 Immanuel Kant, *The Metaphysic of Morals*, trans. by Mary J. Gregor, Cambridge: Cambridge University Press, 1999, p. 558.

〔28〕 自治必须与其他价值观相协调,比如商业组织或军队的效率。因此,我们不主张一种简单的反律法主义(antinomianism),这样一种哲学只有在自治与我们所可能有的其他承诺相对立的范围内才具有价值。

在基督教神学中,律法主义和反律法主义分别是对过分热衷于遵守摩西律法的指责或对无法无天的指控。两个著名的反律法争论定义了后一种观点——一个是 1538 年在威登堡,反对马丁·路德(Martin Luther)和约翰内斯·阿格里科(Johannes Agricola),另一个是整整一个世纪后,在马萨诸塞湾殖民地,安妮·哈钦森(Anne Hutchinson)被驱逐出波士顿。这两起事件都是由基督徒引发的,他们认为道德法律并不必然具有约束力。

例如,对阿格里科拉的艾斯勒本(Eisleben of Agricola)来说,拯救是通过信仰而不是遵守法律来实现的。正如圣保罗(Saint Paul)所说,"因为凡行律法的,都是被咒诅的"和"律法进入,是要叫过犯多起来。"[29]马丁·路德谴责反律法主义者对圣经的解读,尽管他自己的教义也支持了反律法主义者所倡导的自我治理的理想。马丁·路德写道,"因此,你是你自己的圣经,你自己的老师,你自己的神学家,你自己的传教士""只要你以此为指导,你就会比律师的所有技能和所有书籍更明智、更博学"。[30] 新教的信义主义(sola fide)也因其对法律的敌意和对武断的道德规则的蔑视而被指控为反律法主义。

除了这些神学争议,反律法主义现在也是一种世俗理论,例如乔治·奥威尔(George Orwell)或埃里克·霍布斯鲍姆(Eric Hobsbawm)所推广的理论。后者写道,20 世纪是"反律法叛乱"的缩影。[31] 对于"我们应该遵守法律吗?"反律法主义坚定地回答"不"。除了自己的良心,一个人永远不应该服从任何东西。反律法主义者相信任何遵守法律的行为都是正当的,因此任何遵守都是出于个人的深思熟虑,而不是出于法律的权威。尽管他们通常会遵守法律,但反律法主义者认为他们从根本上是不受法律约束的。任何人都不能被强迫遵守任何法律。这是个人良心的问题。因此,反律法主义对拉丁格言"*omnes legum servi sumus ut liberi esse possumus*"提出了挑战,即"我们都是法律的仆人,为的是获得自由"。根据反律法主义,自由优先于法律并且取代法律,因此它永远不能被法律的正义所定义。

康德的尊严自主论与这种法哲学产生了共鸣。康德说"如果一个人把自

---

[29] Jeremy Waldron, *Dead to the Law: Paul's Antinomianism*, Cardozo Law Review, Vol. 28:1, p.301 – 332 (2006).

[30] Martin Luther, *Works*, St. Louis: Concordia Publishing, 1958, p.236.

[31] Eric Hobsbawm, *Age of Extremes: The Short Twentieth Century*, Abacus, 1995, p.16.

己变成了一条虫子,以后如果有人踩了他,他就不能抱怨了”。[32] 康德的理论和反律法主义的观点是,一个人永远不应该使自己仅仅成为一个仆人。一个人应该继续做自己的立法者,只有在能够为自己证明这些法律的合理性时才遵守他人的法律。因此,尊严就是一个自决的问题。为了正确地尊重自己,一个人应该遵循自己的良心,而不是盲目地遵循别人的戒律。在某种程度上,这种尊严理论也是一种请呼吁,相信人们有责任管理自己的生活。

缅因州最高法院[*Opinion of the Justices*, 59 Me. 598 (1871)]说,“州对工业的干预越少越好,它指导和选择企业的渠道越少越好。没有比让个人管理自己的事务更安全的规则了。”

人们比政府更懂得如何追求自己的目标。尽管情况可能并不总是如此,毕竟有些人会一直吸烟直到自杀,但这通常是法律追求的一个良好原则——无论是出于自决还是为了效率。让人们为自己的行为负责,是尊重他们尊严的一种方式。为了维护康德的尊严,托马斯·希尔(Thomas Hill Jr.)认为人们必须能够发展他们根据理性基于审慎或效率行事的能力,以及他们发展自己目标的能力。[33] 然后,尊严就变成了一种个人责任的伦理。反律法主义促进了这样一种伦理,因为它要求每个人都成为自己的立法者。在这种情况下,不尊重法律,服从的问题是重新定制默许条款。

遵循规则的过程是由个人理性来支配的。好处是人们被要求对自己的人生故事负责。这是罗纳德·德沃金(Ronald Dworkin)在他的《民主在这里可能吗》一书中讨论的尊严的第二个原则,其尊严的第一个原则是尊严价值超越价格理论。德沃金指出“‘个人责任原则’认为,每个人都有实现自己人生成功的特殊责任,这种责任包括运用自己的判断力,判断什么样的生活对他来说是成功的。他不能接受任何人有权在没有他的认可的情况下将这些个人价值观强加给他或强加给他。”[34] 换句话说,人们对自己的人生经历负有“最高的责任”,这种责任永远不能被剥夺,也不应该交给任何人。有人认为,从属的生活是有损尊严。

然而,这并不意味着我们应该拒绝任何来自国家的立法活动,也不意味

---

[32] Kant, Ilmmanuel Kant, *The Metaphysic of Morals*, trans. by Mary J. Gregor, Cambridge: Cambridge University Press, 1999, p. 559.

[33] Thomas Jr. Hill, *Dignity and Practical Reason in Kant's Moral Theory*, Ithaca: Cornell University Press, 1992, p. 132.

[34] Ronald Dworkin, *Is Democracy Possible Here*, Princeton: Princeton University Press, 2006, p. 10.

着我们应该对其他人的困境漠不关心。我们的社会还建立在其他重要的价值观之上,因此我们必须从尊严的承诺与自由、平等和效率等价值观之间取得平衡。这些价值观很可能会让我们认可某种形式的自由主义,因为自由,因为某种市场制度设计,因为马歇尔效率,因为某种福利国家,因为平等。然而,我们认为,尊严本身指向公法范围的限制。然而,正如我们之前所指出的,这与我们在过去几十年中目睹的情况正好相反。公法范围的不断扩大是一个问题,因为它违背了康德式的积极自由——人们必须根据自己制定的法律行事。丹尼斯·阿诺德(Denis Arnold)和诺曼·鲍伊(Norman Bowie)指出,在自己良心的指引下自主行动,是我们有尊严地行动的能力的证明。[35]比如,我们需要法律禁止"超大号"汽水吗? 可能不需要。

有尊严地行动也是对自己的失败负责。如果一个人吸烟,可能会导致早死。拥有这样的失败和定义一个人如何在生活中取得成功的能力一样重要。诚然,国家应该提供一些增强自主性的法律,例如处理成瘾问题。但是,除了自主权受到损害的情况之外,法律必须尊重个人自治。正如德沃金所言,美国人常常"以跟随自己的节奏、不听从别人的指挥、按自己的方式行事为傲"。[36] 许多人会失败,也就是说,他们不会过上最充实的生活。我们对平等的承诺应该激励我们建立福利机构,其中可能包括一个没有人需要降低的底线。然而,尊严允许人们失败。不从属于别人意味着拥有自己的成功和失败。

我们现在可以明白为什么尊严的概念不能成为一个普遍的法律原则,这与沃尔德伦的观点相反。尊严的伦理,即人们行使自己的自决能力,如果你愿意,他们的能动性,是一种责任的伦理。个人对自己的人生选择负责。他们对自己起草的合同或贷款负责。天主教徒可能会承认教皇对他们的宗教信仰有一定的权威,公民也可能会承认国家在某些事务上的立法权。然而,正如德沃金所指出的那样,在这些情况下赋予的权威只是认知性的,或者可能是审慎的。[37] 人们仍然是他们自己的主人,因此他们不会给予任何人强制服从的权力。

这种尊严的能动性理论不能作为一个整体的法律原则。如果我们遵循

---

〔35〕 Denis G. Arnold & Norman E. Bowie, *Sweatshops and Respect for Persons*, Business Ethics Quarterly, Vol. 13:2, p. 221 -242(2003).

〔36〕 Ronald Dworkin, *Is Democracy Possible Here*, Princeton: Princeton University Press, 2006, p. 18.

〔37〕 Ibid., p. 19.

它,我们应该限制公法的范围,为个人提供更多行使自主权的机会,比如通过私法。当然,人们不能决定一切,因此我们仍然需要一些法律,即使只是一个最低限度的法律框架。例如,一个人不能单方面决定自己拥有什么或是否可以杀人。我们社会的其他重要价值观使得这些选择超出了个人责任的范围。反政府主义不是无政府主义。然而,重要的是要理解尊严的概念应该如何使用,以及它应该把我们的制度引向什么方向。由于法律迫使人们服从,尊严不能成为法律原则,因为它要求人们成为自己的主权立法者,书写自己的故事。

五、自由社会必须围绕尊严的能动性理论来构建

很常见的一种参与预算问题是问我们准备花多少钱来拯救某一特定人群,如吸烟者、糖尿病患者或需要透析的人。人们很容易认为,这就是我们社会自治的问题所在。例如,约翰·斯图尔特·密尔(John Stuart Mill)提醒我们,在适当的分类中,一个国家的人民不应计入其财富。他们是财富存在的目的。"财富"一词是指他们所拥有的令人向往的东西,但并不包括他们自己本身。[38] 换句话说,根据斯图尔特的观点,给生命赋予价值是一个范畴错误,因为价值只能衡量某些人拥有的东西。有人可能会和格沃思一样认为,人们有义务支持那些没有这种财富的人。当法律对这种尊严的理想持赞成态度时,我们就不得不创造一种适当的法律形式来赋予某些为他人谋福利的义务。我们捍卫了对尊严的根本不同的理解。

对于政府部门来说,追求尊严的最佳方式往往是不立法——让人民成为自己的主人。"*Cessante ratione legis cessat ipsa lex*",即"当法律的立法理由终止时,法律本身也就终止了"。反律法主义是对这条罗马格言的做出了这样个人主义的理解,对于任何法律来说,唯一有效的理由是那些个人自己想出来的。然而,与大多数无政府主义者不同,反律法主义者不会主张废除国家。因为这些规则对大多数人来说都是令人满意的,所以它们通常会受到尊重。我们认为,康德对这种哲学的理解挑战了关于尊严的普遍论述。尊严是一个哲学概念。它始于自由意志的思想,然后从自由意志中衍生出责任伦理。

另外,我们可以发现联合国《经济、社会及文化权利国际公约》特别捍卫

---

〔38〕 John Stuart Mill, *Principles of Political Economy*, Longmans, Green and Co., 1939, p. 8.

了目前对尊严的使用,该公约强调积极的义务,例如“当人们无法通过自己的努力获得自由和福祉时,帮助他们获得自由和福祉”。[39] 对于我们的社会来说,这些义务是否是值得的目标是一个悬而未决的问题。然而,我们不应该试图通过人为地将某些义务与尊严的概念联系在一起来,从而偷偷加入这些。人们可能认为这样的计划值得称赞,但这很可能是个错误。最终,它削弱了尊严的概念和这些义务本身,前者证明了太多的义务不值得认真对待,后者现在有一个令人费解的理由说明它们与尊严之间的联系。

一个人阻止别人从事艰苦但公平的工作,无助于他人的尊严。恰恰相反,它剥夺了他们定义自己对美好生活的理解和追求的能力。许多所谓的尊严问题被更恰当地理解为平等或公平问题。也许这是我们这个时代的一个标志,尊严的价值现在被用来为它们辩护。这个概念可能更受欢迎。然而,我们还是应该小心谨慎,特别是现在尊严的概念已经被许多宪法和全球宣言奉为神圣。当然,我们不想生活在一个充满屈辱的世界。但是我们也不应该自己去臆想屈辱。

的确,有些人会做出错误的选择——比如,吸烟。我们知道吸烟会导致早逝和严重的健康问题,其中许多问题会大大降低一个人的生活质量,甚至可能会损害一个人理性规划未来的能力。然而,我们认为,随着尊严的概念引导我们走向责任伦理,人们承认自己的失败是很重要的。至少,人应该能够遭遇失败,也能够努力追求自己的美好生活。以尊严的名义过度立法可能会让一些人更难追求这一目标,比如更贫困的人。至于歧视、不平等或剥削问题,应该通过使用适当的参考点来解决——这不是尊严,而是平等、公平或公正等价值观。

总之,我们认为我们应该回到尊严的能动性理论。通过对康德理论的反律法主义解读,我们认为理性的人应该成为自己的立法者。也就是说,他们必须按照自己制定的法律行事。因此,作为一个尊严问题,任何立法活动的范围都应该受到限制。另外,我们也认为尊严的作用应该在我们的法律中降低。尊严不能成为一项法律原则,因为它是责任的原则。

---

〔39〕 Alan Gewirth, *Human Rights and the Workplace*, American Journal of Industrial Medicine, Vol. 9, p. 31 – 40(1986).

特别民法理论

公司形式的历史反思：与信托的比较*

[美]约翰·莫雷　著**　林少伟　译***

目　次

---

* 本文原文发表于《Columbia Law Review》(2016年第8期)。

** 约翰·莫雷，耶鲁大学法学院教授。

*** 林少伟，西南政法大学民商法学院教授、博士生导师，公司治理法律研究中心主任。

摘 要:本文独辟蹊径,反英美商业史既成观点而行之,从新的角度拷问公司形式的重要性。本文指出,长久以来,我们默认公司权力(如有限责任、实体保护、流通股以及诉讼中的法律人格等)由公司形式决定,但事实并非如此。纵观现代历史,可以发现,通过普通法信托这一鲜有人关注但极具重要性的形式,同样可以获得前述权力。普通法中关于公司的法律于19世纪中期颁布实施,但在此前后,信托一直是英美非法人合伙企业和组织广泛使用的有效财产持有手段。信托行使的权力与公司并无二致,这说明公司在法律历史中所发挥的作用并没有我们期望的那样高,或者说至少与期望值有所出入。因此,本文希望能重新阐释公司形式,为明确其在现代商业发展中的地位抛砖引玉。

关键词:公司 资本锁定 有限责任 实体保护 信托

引 言

本文独辟蹊径,反英美商业史既成观点而行之,从新的角度拷问公司形式的重要性。笔者指出,与传统观念相左,公司形式并非现代商业运转的唯一法律权力来源。自中世纪后期至20世纪中期,普通法信托作为一种重要的法律手段,虽没有得到应有的重视,但其所能实现的基本权力与公司形式所能实现的并无二致。

纵观现代历史,普通法信托带给企业的种种好处与后来出现的各种公司形式所能给予企业的大体一致,如有限责任、实体保护、资本锁定、流通股、诉讼中的法律人格以及合理的信义权。此外,相较于公司,信托的成本和门槛都更低。但信托无法完全取代公司形式,因为法律有时会否定信托的合法性或使其不如公司形式那般具有吸引力,这大大限制了信托效用的发挥。即便如此,从司法原则的角度来看,信托的确能够有效实现公司形式的种种关键职能。

鉴于信托能够实现公司形式的诸多功能,因此,在19世纪有关普通公司设立的相关法律出台之前和之后的很长一段时间里，信托都是英美非法人合伙企业和组织持有财产的重要手段。举例而言，1844 年英国通过第一部《合股公司法》时，英国信托的数量是公司的 10 倍以上。[1] 在此后存续的 882 家大型商业信托中，仅有 4 家在公司法开放公司设立后选择成立公司。[2] 余下的 878 家仍选择以信托形式运营。19 世纪上半叶，英国司法意见中的案例显示，受托人代持以下机构和主体财产：码头、[3]剧院、[4]水疗馆和娱乐场所、[5]兄弟会、[6]铁路部门、[7]货运机构、[8]船运机构、[9]酒厂、[10]土地开发商、[11]矿业、[12]保险公司、[13]银行[14]以及其他行业的公司。[15]

信托在历史中扮演了重要的角色，这促使我们重新审视现代有关商法发展的既成观点。历代学者都致力于研究公司形式的崛起，坚信公司形式是现

---

〔1〕 See infra notes 94 –96 and accompanying text(论述信托在非独资企业中的普遍性).

〔2〕 See infra notes 105 –106 and accompanying text(论述公司形式在既有企业中不受欢迎).

〔3〕 See Meux v. Maltby (1818) 36 Eng. Rep. 621 (Ch) 622; 2 Swanst. 277, 278.

〔4〕 See Const v. Harris (1824) 37 Eng. Rep. 1191 (Ch) 1191; Turn. & R. 496.

〔5〕 See Schreiber v. Creed (1839) 59 Eng. Rep. 515 (Ch) 515; 10 Sim. 9.

〔6〕 See Duke of Queensbury v. Cullen (1787) 1 Eng. Rep. 646 (HL) 649; 1 Bro. Parl. Cas. 396, 401.

〔7〕 See Parker v. River Dunn Navigation Co. (1847) 63 Eng. Rep. 1028 (Ch) 1028; 1 De G. & Sm. 192.

〔8〕 See Ibid. at 1029; 1 De G. & Sm. At 192.

〔9〕 See Cross v. Jackson, 5 Hill 478, 479 (N.Y. Sup. Ct. 1843).

〔10〕 See In re The Vale of Neath & S. Wales Brewery Joint Stock Co. (1849) 41 Eng. Rep. 1250 (Ch) 1254; 1 Mac. & G. 225, 241; Spears v. Murray (1839) 7 Eng. Rep. 665 (HL); 6 Cl. & F. 180.

〔11〕 See Van Vechten v. Terry, 2 Johns. Ch. 197 (N.Y. Ch. 1816); In re Dickson (1836) 14 S. 958 (Scot.).

〔12〕 See Vigers v. Pike (1842) 8 Eng. Rep. 220 (HL); 8 Cl. & F. 562.

〔13〕 See Fenn v. Craig (1838) 160 Eng. Rep. 680 (Ex. Ct.) 680; 3 Y. & C. Ex. 216; Long v. Yonge (1830) 57 Eng. Rep. 827 (Ch) 827; 2 Sim. 369; Munnings v. Bury (1829) 48 Eng. Rep. 59 (Ch) 60; Taml. 147, 148; Beaumont v. Meredith (1814) 35 Eng. Rep. 447 (Ch); 3 Ves. & B. 180; Mildmay v. Folgham (1797) 30 Eng. Rep. 1111 (Ch); 3 Ves. Jr. 471; Buchanan v. Lennox (1838) 16 S. 824 (Scot.).

〔14〕 See Lund v. Blanshard (1844) 67 Eng. Rep. 540 (Ch) 541; 4 Hare 9, 9 –10; Holmes v. Henty (1836) 7 Eng. Rep. 38 (Ch); 4 Cl. & F. 99, 99 –100; Taylor v. Hughes & Hodge (1844) 7 I. Eq. R. 529 (Ch) 530.

〔15〕 See Benson v. Hadfield (1842) 49 Eng. Rep. 690 (Ch); 5 Beav. 546, 547(关于一个轮船公司); Gillett v. Abbott (1838) 112 Eng. Rep. 665 (QB) 666; 7 A. & E. 783, 783 –84(关于一个专利软木制造商).

代商法形成的关键。[16] 他们认为,公司是重要法律技术(如有限责任和法律人格)的唯一渊源,因此公司形式的出现和推广是政治和技术进步的重要环节,人类社会之所以能够发展至今,正是靠着政治和技术的进步。[17] 这种观点在现代思潮中根深蒂固,形成了美国法学院公司法入门课程的基本框架。公司法的课程通常从讨论普通法一般合伙企业展开,继而转入介绍公司是如何通过一系列理念上的创新(如有限责任和流通股)来消除合伙企业的种种弊端。[18]

信托的历史证明,我们需要重新审视公司形式。信托证明了公司并不像我们长久以来认为的那样是法律技术的唯一来源,也促使我们重新思考公司形式的重要性,或者说,令我们不得不面对这一问题,即公司形式之所以重要,其根本原因可能与我们原本的认知相左。若公司形式最主要的创新并非是创造出一系列新的法律技术,那么我们就必须找寻公司形式新的亮点。本文无意赘言公司形式的历史重要性,而旨在提出这一观点:研究者需要进行大量的史学研究,才能证明重新审视公司形式的必要性。

尽管信托极为重要,但其在商业领域的适用并未引起法律学者和史学家的重视,[19] 现代有关商业组织的主要案例汇编中并无任何有关商业信托的内容。[20] 相比合伙企业和公司法人的相关法律,我们对商业信托法律可谓

---

〔16〕 近期在这方面最具代表性的两部大作是:一部是 Ron Harris, *Industrializing English Law: Entrepreneurship and Business Organization*, 1720 – 1844, at 167 (2000),它记录了公司形式在英国的发展过程,论述了英国工业企业除公司形式外,并没有其他更好的选择;另一部是:Margaret M. Blair, *Locking in Capital: What Corporate Law Achieved for Business Organizers in the Nineteenth Century*, 51 UCLA L. Rev. 387, 419 (2003),该文主张公司形式是布莱尔(Blair)所说的"资本锁定"特征的唯一来源。这方面的著述非常多,无法详尽列出,例如:Scott R. Bowman, *The Modern Corporation and American Political Thought: Law*, Power, and Ideology 1 – 5 (1996); Edwin Merrick Dodd, *American Business Corporations Until* 1860, at 1 (1954); John Micklethwait & Adrian Wooldridge, *The Company: A Short History of a Revolutionary Idea* 56 – 60 (2003); Ronald E. Seavoy, *The Origins of the American Business Corporation*, 1784 – 1855, at 182 (1982)。公司等同于其技术特征这一观点在公司法理论中可谓根深蒂固。See e. g., John Armour et al., *What is Corporate Law*?, in The Anatomy of Corporate Law 1, 5 (Reinier Kraakman et al. eds., 2d ed. 2009)(描述公司形式的核心特征).

〔17〕 See Alfred D. Chandler, Jr., *The Visible Hand: The Managerial Revolution in American Business* 287 – 312 (1977)(阐述"现代工业公司的未来"相当于大企业的崛起).

〔18〕 See e. g., William T. Allen, Reinier Kraakman & Guhan Subramanian, *Commentaries and Cases on the Law of Business Organization* 33, 115, 607 (4th ed. 2012); William A. Klein et al., *Business Organization and Finance* 51, 240 – 41 (11th ed. 2010); D. Gordon Smith & Cynthia A. Williams, *Business Organizations* 29, 115, 190 (3d ed. 2012).

〔19〕 相反,信托在捐赠中的使用引起了很多史学家的研究兴趣。例如,捐赠信托是约翰·朗本(John Langbein)教授的普通法历史教科书中衡平法史的核心组成部分。See John H. Langbein et al., *History of the Common Law* 267 – 334 (2009).

〔20〕 See Allen et al., supra note 18; Klein et al., supra note 18; Smith & Williams, supra note 18.

知之甚少。[21] 当代史学家们对1844年《合股公司法》颁布之前的商业信托历史展开的研究,尽管取得了重要的成果,但研究地域范围仅限于英国,并未涉及美国的商业信托,且研究时间范围也限定在《合股公司法》颁布之前。显然,史学家们认为,公司形式的出现使信托变得不再重要,不再具有研究价值。同时,这种研究也反映了我们对商业组织历史的普遍认知,即信托只是公司形式"退而求其次"的替代品,[22] 具有普通法一般合伙企业的种种弊端。[23]

---

〔21〕 近期,才开始有法学家在现代法律中认真对待商业信托。See John H. Langbein, *The Secret Life of the Trust: The Trust as an Instrument of Commerce*, 107 Yale L. J. 165, 166 (1997)(论述在美国有大量资金投入信托并将其视为商业交易的一部分); Robert H. Sitkoff, *Trust as "Uncorporation": A Research Agenda*, U. Ill. L. Rev. 31, 35 (2005).

〔22〕 这是罗恩·哈里斯(Ron Harris)教授在一本颇具影响力的关于英国商业组织史的著述中的论点。Harris, Industrializing English Law, supra note 16, at 167("非法人公司……不具有合股公司的大部分固有特征……").20世纪初的史学家更加热衷于信托所取得的成就。1902年,法律史学家弗雷德里克·梅特兰(Frederic Maitland)发表了一个著名言论,"事实上,运用信托,我们不需要令人烦恼的国王和议会的批准就能设立公司,即使我们说我们并没有这样做"。Frederic William Maitland, The Unincorporated Body, in 3 The Collected Papers of Frederic William Maitland 271, 283 (H. A. L. Fisher ed., 1911). 然而,梅特兰没有提供更多的细节,并且他也无法接触现代经济学理论,这些理论会告诉他该具体研究什么。近期的一些史学家用谨慎乐观的措辞描述信托权,尽管也没有笔者在这里描述得乐观。See e. g., Jonathan Silberstein-Loeb, *The Transatlantic Origins of the Business Trust*, 36 J. Legal Hist. 192, 209 – 10 (2015)(提到"尽管传统的'科学'法律分类体系假设国家意志和个人意志对立,但在实践中,它们可以协同运作").

〔23〕 See Armand Budington DuBois, The English Business Company After the Bubble Act, 1720 – 1800, at 217 (1938)(提到以信托为基础的公司是"法律的继子",需要克服许多法律问题); Gary M. Anderson & Robert D. Tollison, *The Myth of the Corporation as a Creation of the State*, 3 Int' l Rev. L. & Econ. 107, 110 (1983)("从技术层面上说,信托需要受到合伙企业法的规制,这意味着每个成员都必须履行订立股份转易契的法律行为,并且成员的死亡会导致企业重组"); Margaret M. Blair, *The Four Functions of Corporate Personhood*, in Handbook of Economic Organization 440, 441 (Anna Grandoried., 2012)["若仅使用交易合同,法律实体地位所具有的4项功能是很难(甚至是不可能)实现的"]; Blair, Locking in Capital, supra note 16, at 419("这些'原始公司'会被法院认为是一种合伙关系"); Joshua Getzler, *The Duty of Care*, in Breach of Trust 41, 73 (Peter Birks & Arianna Pretto eds., 2002)("现代史学家已经怀疑梅特兰有关信托对贸易企业效用的明智设想了。事实上,18世纪晚期的商人需要公司形式以及独立的法律人格,用以建立现代工业公司,而他们也从州政府那里寻求并获得了自由设立公司的资格"); Timothy Guinnane et al., Putting the Corporation in Its Place, 8 Enterprise & Soc'y 687, 714 (2007)("所以,为了所有现实目标,美国商人只有两个选择:设立合伙或者拿出公司章程"); Naomi R. Lamoreaux & Jean-Laurent Rosenthal, *Legal Regime and Contractual Flexibility: A Comparison of Business's Organizational Choices in France and the United States During the Era of Industrialization*, 7 Am. L. & Econ. Rev. 28, 43 n. 8 (2005)(论述19世纪早期美国限制信托的使用,相比较其他"集中管理"手段的原因,更是因为"其自身缺点使其吸引力降低"); Paul G. Mahoney, *Contract or Concession: An Essay on the History of Corporate Law*, 34 Ga. L. Rev. 873, 888 (2000)["直到1825年《泡沫法案》被废除,非法人合股公司已经长达一个世纪无所适从,法官终于决定将它纳入现有法律类别中(如合伙)而不再将其视为特殊的合同关系"]; Giuseppe Dari-Mattiacci et al., *The Emergence of the Corporate Form* 1 (Amsterdam Ctr. for Law & Econ., Working Paper No. 2013 – 02, 2013), http://ssrn.com/abstract = 2223905("事实上,创造私人企业的独立法律人格需要立法者发挥积极的作用,作为与第三方相对立的所有权不可能完全通过私人协议来实现").

近期的研究显示,从 18 世纪到 19 世纪早期,信托曾在英国风靡一时,[24] 但即便如此,这一研究也未对前述信托劣于公司形式的这一假定提出质疑。

通过重新挖掘信托作为公司形式替代选择的效用,本文以法学史上改变公司形式作用的大事件为例,为信托的实际价值正名。[25] 本文率先对普通法信托的技术效用进行验证,扩宽了该领域研究的范畴。如今,研究者即便质疑公司形式的重要性,在研究时也会忽视信托,或是为商人容忍信托缺陷找出各种理由。[26] 没有哪位史学家承认,从司法角度来看,信托比起公司形式毫不逊色。

本文第一部分阐述了信托在商业领域的运作形式。第二部分则强调了信托在《合股公司法》通过后仍是商业领域中广泛适用的组织形式。第三部分为本文的核心,运用此前未发掘的第一手法律资料(如案件报告和法学论著),证明这一观点:纵观现代历史,信托具有现代公司形式的所有关键特质,包括实体保护、资本锁定、有限责任、诉讼中的法律人格以及合理的信义权力。

一、商业信托概述

在对信托法原理展开讨论前,我们首先要了解信托的起源及其在商业组织中的运行方式。

(一)中世纪起源

在为大型类法人(corporation-like)结构的商业公司服务之前,信托一直

---

[24] See Mark Freeman et al., *Shareholder Democracies? Corporate Governance in Britain and Ireland Before 1850*, at 23 (2012) (论述一个有关历史商业组织文件的调查结果); see generally James Taylor, *Creating Capitalism: Joint-Stock Enterprise in British Politics and Culture* 1800 – 1870(2006)(追溯合股公司在早期工业英国的影响).

[25] See Larry E. Ribstein, *The Rise of the Uncorporation* 4 (2010); Ryan Bubb, *Choosing the Partnership: English Business Organization Law During the Industrial Revolution*, 38 Seattle U. L. Rev. 337, 339 (2015); Guinnane et al., supra note 23, at 691 – 96; Henry Hansmann et al., *Law and the Rise of the Firm*, 119 Harv. L. Rev. 1333, 1336(2006)(以下简称 Hansmann et al., Rise of the Firm). 这一领域的新近观点著述参见 Joshua Getzler & Michael Macnair, *The Firm as an Entity Before the Companies Acts*, in Adventures of the Law: Proceedings of the Sixteenth British Legal History Conference, Dublin, 2003, at 267, 269 – 70 (Paul Brand et al. eds., 2005)(论述在 19 世纪中叶公司法出台前,商业公司已能通过多种途径获得类似实体的地位)。

[26] See e. g., Bubb, supra note 25, at 348 – 50 (讨论激励商人容忍信托所谓缺点的各种历史因素); see generally Ribstein, supra note 25(在对信托着墨不多的情况下,探析商业公司的历史).

是一种形式多样的不动产转让手段。“用益制度”(use)是信托最早的雏形，[27]土地所有者订立转易契(“采邑授予书”)将土地的所有权转移给友人或绅士(现在所称的“受托人”)。[28]受托人代表原本的所有人持有该财产，且双方达成共识，受托人会在将来的某个时刻，将财产归还给原主或其配偶、子女或原主指定的其他主体。[29]这里的原所有人就类似于信托法中的“委托人”，[30]而土地所有人的配偶或子女等享有受托人所持财产利益的主体就类似于“受益人”。起初，这仅仅是一种君子协定，在法庭上不具有任何效力。[31]但这种约定却于14世纪早期逐渐兴起，并在14世纪晚期、15世纪初期得到了广泛适用。[32]

信托之所以能够快速普及，最根本的原因是，土地所有人将财产托付给受托人能够规避一系列义务。最典型的就是各种遗产税和兵役义务，现代史学家称为“封地税”。封地税主要指的是在土地所有者死亡后对其所有土地征收的税费，这是封建社会后期英国国王的主要收入来源。[33]通过信托，土地所有者通过钻法律漏洞来规避这类税费。由于只能对死亡时个人名下的土地征收封地税，所以若土地在法律上属于受托人而非亡者，则不符合征税条件。[34]因此，中世纪后期，信托在英国逐渐普及开来。

(二)信托财产的法律保护

将土地转与受托人必然存在一定的风险，所有权归入受托人名下，受托人或其债权人可能会将财产据为己有。一旦受托人成为财产的合法所有人，法院就会授予受托人全部的所有权权利并要求其承担全部责任，包括自行使

---

[27] 为简单起见，笔者通常避免使用陈旧的术语而倾向于使用相对应的现代概念，以说明“用益制度”和“信托”的细微差别，see N. G. Jones, Uses and "Automatic" Resulting Trusts of Freehold, 72 Cambridge L. J. 91, 103 – 12 (2013)。

[28] 关于早期信托的一般性讨论，see Langbein et al., *History of the Common Law*, supra note 19, at 299 – 311。

[29] Ibid.

[30] 当大法官法院开始执行信托时，财产委托人通常被认为是“cestui que use”或“feoffor to uses”，受托人通常被认为是“feoffee to uses”。See e. g., Brent's Case (1687) 74 Eng. Rep. 319 (CP) 323; 2 Leon. 15, 19. 之后，术语“cestui que use”也用来指受益人。See F. W. Maitland, *The Origin of Uses*, 8 Harv. L. Rev. 127, 131 (1894).

[31] See R. H. Helmholz, *The Early Enforcement of Uses*, 79 Colum. L. Rev. 1503, 1503 (1979)(提到普通法法院拒绝强制适用).

[32] J. M. W. Bean, *The Decline of English Feudalism*, 1215 – 1540, at 126 (1968)(记录中世纪晚期英国用益制度的情况).

[33] See Ibid. at 5 – 20.

[34] 将信托作为逃避封地税的一种手段，see Ibid. at 136; Geoffrey Gilbert, *The Law of Uses and Trusts* 72 – 73 (London, E. &R. Nutt & R. Gosling 1734); Maitland, supra note 22, at 274。

用财产的权利和将财产抵押给债权人的权利。[35]

因此,如果受托人背信弃义,土地所有者会向法院之外的其他合法机构寻求帮助。[36] 在14世纪最后的25年里,教会法庭开始追究这些不忠受托人的责任,[37] 在14世纪90年代,大法官法院(the Court of Chancery)也采取了类似的措施。[38] 经大法官执行,土地所有者和受托人之间的约定不再是君子协定,而是一种正式的类所有权(property-like)协议,也就是我们现在所称的信托。[39]

大法官法院的创举由三项关键原则组成,能够有效规制受托人的渎职行为。第一,救济原则。相比直接起诉受托人请求金钱赔偿,诉讼中的受益人可以要求具体执行和恢复实际的信托财产作为赔偿。[40] 更为关键的是,这一救济不仅适用于违反受托义务的受托人,还适用于接受受托人转让财产的特定主体。[41] 第二,大法官法院规定了新的证据开示程序。与普通法法院不同,受损害的受益人要求受托人宣誓承诺的,大法官法院会予以批准,并要求受托人在宣誓之后回答问题,强制其制作信托文书和相关文件。[42] 第三,大法官法院会对信托财产进行保护,使之不受受托人及其债权人的侵害。受托人破产的,其债权人可扣押受托人的个人所有财产,但不包括以信托形式代他人持有的财产。[43] 例如,债权人可以占有受托人个人的农场,但不能占有其代受益人持有的农场。正如亨利·汉斯曼(Henry Hansman)教授和乌

---

[35] William Holdsworth, A History of English Law, 414 – 15 (1996).

[36] 例如,1402年下议院提出要采用一定措施以规制"不忠受托人"转让信托土地的行为。Ibid. at 417.

[37] Helmholz, supra note 31, at 1504.

[38] 大法官法院执行用益权的开端已经被很好地记录了下来。See James Barr Ames, *Lectures on Legal History and Miscellaneous Legal Essays* 233 – 42 (1913); Bean, supra note 32, at 123 – 30; Holdsworth, supra note 35, at 417 – 21; Langbein et al., *History of the Common Law*, supra note 19, at 305; A. W. B. Simpson, *A History of the Land Law* 175 – 76 (2d ed. 1986); R. W. Turner, *The Equity of Redemption: Its Nature*, History and Connection with Equitable Estates Generally 43 – 46 (1931).

[39] 第一个记录在案的法院执行信托案例可能发生在1446年的Myrfyn v. Fallan (1446) 2 Cal. P. Ch. xxi (Eng. & Wales)。See Ames, supra note 38, at 237 n.3.

[40] Getzler & Macnair, supra note 25, at 272 – 74(探索历史起源和救济方法的适用).

[41] 如果某人明知违反信托条款仍取得财产或未支付对价而取得财产,则受益人可以取回该财产。See 4 Holdsworth, supra note 35, at 432; 1 Austin Wakeman Scott, The Law of Trusts § 1.4 (1st ed. 1939)(论述对善意购买者的豁免); Selden Soc'y, Cases Concerning Equity and the Courts of Equity 1550 – 1660, at 269 (W.H. Bryson ed., 2001)(使善意购买者免受受益人索赔,相似处理结果可在亨利六世统治时期的审判卷中找到).

[42] See John H. Langbein, *The Disappearance of Civil Trial in the United States*, 122 Yale L. J. 522, 540 (2012)(描述了大法官法院的程序创新).

[43] Henry Hansmann & Ugo Mattei, *The Functions of Trust Law: A Comparative Legal and Economic Analysis*, 73 N. Y. U. L. Rev. 434, 454 – 56 (1998).

格·马提(Ugo Mattei)教授所述,该原则无疑是一大创举,因为它有效限制了受托人之债权人的权利,无论其是否同意。[44] 这一原则随着信托实践而逐渐成型,并在15世纪中期走向成熟。[45]

简言之,上述新规定使受托人基本能够发挥和公司相同的作用。无论是以公司还是信托形式,企业都能安全地将名下的财产转移给不同的法人(legal person),且该法人的法律人格独立于该商业组织的个人股东。在公司中,不同的法人指的是经立法或皇家特许状设立的人造实体(artificial entity)。在信托中,不同的法人指的是依据司法原则享有受托人地位的自然人。

需要说明的是,普通法信托从不具有法人人格。依照普通法,信托自始至终都是受托人的个人义务。不同于衡平法法院,普通法法院认可受托人是信托财产的合法所有人,并视其为信托相关法律义务的承担主体。[46] 但依照大法官法院的衡平原则,受托人在管理财产时,有义务以受益人利益为先。[47]

(三)机制

人们在规划房产和向家庭成员赠与财产时,常常会利用衡平法所有权和普通法所有权的差异。但不为人知的是,在17世纪后期的英国,由投资者所有的大型商业信托逐渐兴起,信托也广泛用于商业公司的组织工作。下面,就以这一时期的一家实体供水公司的结构为例,解析商业信托的运行机制。

---

〔44〕 Ibid.

〔45〕 首先,这个规则可能被间接适用。如今,一个无担保的债权人可以扣押债务人的任何财产(不动产或者动产),只要该财产上未设立担保物权。Cf. Edward M. Iacobucci & George G. Triantis, *Economic and Legal Boundaries of Firms*, 93 Va. L. Rev. 515 (2007)(说明公司结构的法律含义以及公司债权人对公司任何财产享有正式的权利). 然而在中世纪晚期和现代早期,债权人通常不能获得该土地(区别于动产),除非土地所有者为他在土地上设立了担保物权。See Claire Priest, *Creating an American Property Law: Alienability and Its Limits in American History*, 120 Harv. L. Rev. 385, 401 –07 (2006)(论述中世纪晚期英国法对土地转让权的限制). 所以,没有必要在早期信托法中设立保护不动产免受受托人无担保债权人侵害的规则。除非委托人为其设立担保物权,否则没人可以从受托人处获得信托不动产,因此没有理由禁止无担保债权人进行索赔。这个规则已经隐含了对受托人转让财产的救济方法,且大法官法院在15世纪中期开始实施该规则。See supra notes 40 –41 and accompanying text(讨论具体履行和财产追回作为救济方式的使用). 此外,在17世纪晚期诺丁汉(Nottingham)大法官开始全面保护所有形式的信托财产免受受托人的无担保债权人的侵害。See e. g., Bennet v. Davis (1725) 24 Eng. Rep. 746 (Ch) 746 –47; 2 P. Wms. 316, 316 –19; Finch v. Earl of Winchelsea (1715) 24 Eng. Rep. 387 (Ch) 387 –90; 1 P. Wms. 277, 277 –83; Burgh v. Francis (1673) 36 Eng. Rep. 971 (Ch) 971; 3 Swanst. 550, 550; Turner, supra note 38, at 46 –48.

〔46〕 Jesse Dukeminier & Stanley M. Johanson, Wills, Trusts, and Estates 567 –69 (Richard A. Epstein et al. eds., 5th ed. 1995)(讨论受托人义务).

〔47〕 Ibid. at 563(介绍信托财产中受托人和受益人的不同权益).

该公司在下文中也会被多次提及,相关内容取材于大法官法院和上议院有关 *Richmond v. City of London* 一案(以下简称 *City of London* 案)的司法报告。[48] 据笔者所知,近期的史学家之所以都未对该案进行分析,可能是因为之前有关商业组织历史的史学研究大多取材于书籍、报纸和合同文件,并未关注判例法和法学著作之类的法律资源。*City of London* 案的史学价值不容小觑,因为它是首例被报道的、涉及以信托为组织形式的商业公司的案件,审判该案件的法官不得不就该公司基本特征等诸多关键问题进行说明和阐述。

案件报告的大体内容就是一家公司的形成经过。事件的起因是,伦敦城(City of London)将供水业务出租给一位名叫托马斯·霍顿(Thomas Houghton)的企业家。[49] 在租约中,双方约定要使用5英寸的铅灰色管道将城外的天然泉水引至齐普赛街(Cheapside)和斯托克市场。[50] 订立租约之时,管道的建设仍由伦敦城雇佣的承包商负责。[51] 依照租约,霍顿对管道运输的水享有使用权,[52]因此,霍顿计划向私人住户和商户转售用水,以谋取利益。[53] 作为交换,他同意先向伦敦城一次性支付大笔款项,随后每年交付租金。[54] 此外,还同意投入6000英镑用于改善基础设施,同时免费为伦敦城内的监狱和其他公共建筑提供用水。[55]

签订租约的同一天,霍顿成立了一家公司,以信托的方式履行该租约。[56] 他任命了4名受托人,并将租约和所有相关的未来收益转让给受托人。[57] 转让文书约定,受托人须将利润分为900股,并以每股10英镑的价格向公众出售。[58] 霍顿本人和其中一些受托人出资购买部分股权,剩余的则由公众购入。[59] 购买股份的公众就是信托的受益人,但事实上,他们如同现代公司的股东,因为受托人持有公司财产的方式和公司持有公司财产的方式

〔48〕 Richmond v. City of London (City of London Ⅱ) (1702) 1 Eng. Rep. 727 (HL); 1 Bro. Parl. Cas. 516; City of London v. Richmond (City of London Ⅰ) (1701) 23 Eng. Rep. 870 (Ch); 2 Vern. 421.

〔49〕 City of London Ⅱ 1 Eng. Rep. at 727; 1 Bro. Parl. Cas. at 516.

〔50〕 Ibid. at 727; 1 Bro. Parl. Cas. at 516.

〔51〕 Ibid. at 727; 1 Bro. Parl. Cas. at 516.

〔52〕 Ibid. at 727; 1 Bro. Parl. Cas. at 516.

〔53〕 Ibid. at 727; 1 Bro. Parl. Cas. at 516.

〔54〕 Ibid. at 727; 1 Bro. Parl. Cas. at 516.

〔55〕 Ibid. at 727; 1 Bro. Parl. Cas. at 516.

〔56〕 Ibid. at 727; 1 Bro. Parl. Cas. at 516.

〔57〕 Ibid. at 727; 1 Bro. Parl. Cas. at 516.

〔58〕 Ibid. at 727; 1 Bro. Parl. Cas. at 516.

〔59〕 Ibid. at 727; 1 Bro. Parl. Cas. at 516.

并无二致。[60] 报告中的法官意见书中并未公布股权购买者的具体人数，但说明了有多位股东，且人数众多，以至于要求所有股东出庭既“无可能”[61]也“不具任何可行性”。[62]

霍顿是这家公司的幕后推手，他计划使用发行股份获得的收益来补偿其支付租金以及履行租约规定的改善基础设施义务的开销。[63] 但不幸的是，该公司“出师未捷身先死”。伦敦城雇佣的承包商完成管道工程后，管道运行不良，每小时仅可输送6吨的水，与伦敦城之前承诺的每小时19吨相去甚远。[64] 因此，霍顿和受托人拒绝支付租约规定的年租金，伦敦城则选择将其告上法庭。[65] 该案信息丰富，详细地阐述了信托在公司法律事务架构中所发挥的作用。

二、信托在商业领域应用概况

在真正获得供水公司案和其他类似案件的启示前，我们首先要了解信托在商业领域的历史沿革。一言以蔽之，信托兴起于17世纪晚期到18世纪早期的英国，在19世纪早期快速发展，随后传入美国。虽然在19世纪中期，《合股公司法》就已经放宽了公司形式的准入标准，但直至20世纪中期，信托仍旧势头不减。[66] 众所周知，19世纪《合股公司法》颁布之前，信托是非常受欢迎的商业组织形式，[67]但在该法盛行后信托仍能长盛不衰则让人讶异不已。

（一）18世纪英国商业信托的崛起

在大型商业组织中适用的第一种实体形式就是公司。16世纪中期，公司首先以营利性商业组织的形式出现，而这距开始用于慈善组织已是几百年后了。起初，设立公司的权力归属于英国王室。伊丽莎白女王、詹姆斯一世以及查尔斯一世都向众多以营利为目的的对外贸易企业和国内企业授予了

---

〔60〕 See Ibid. at 727; 1 Bro. Parl. Cas. at 516.

〔61〕 Ibid. at 728; 1 Bro. Parl. Cas. at 518.

〔62〕 City of London Ⅰ (1701) 23 Eng. Rep. 870 (Ch) 871; 2 Vern. 421, 423.

〔63〕 City of London Ⅱ, 1 Eng. Rep. at 727; 1 Bro. Parl. Cas. at 516.

〔64〕 Ibid. at 727; 1 Bro. Parl. Cas. at 516.

〔65〕 Ibid. at 727; 1 Bro. Parl. Cas. at 517.

〔66〕 信托在美国以外的其他普通法辖区也有历史，比如澳大利亚、加拿大和苏格兰。出于简单起见，笔者只关注英国和美国。

〔67〕 See Freeman et al., supra note 24, at 53; Harris, Industrializing English Law, supra note 16, at 22.

特许状。[68] 这些早期特许状不仅授予设立公司的权力,还授予某些贸易领域的垄断权力。[69] 垄断权力的买卖必然会打击特许业务的潜在竞争者,因此在1688年光荣革命中,议会驱逐了詹姆斯二世。之后,议会成为英国商业公司设立的主管机构。[70]

直至1844年,英国议会都是通过一套相当烦琐的程序来设立公司——为设立的每一家公司颁布一项特别的设立法案。设立的特权每次只向一家企业授予,[71] 要执行这种特别法案程序,必须进行即时立法。这一程序存在太多令人攻讦之处,同时容易受到政治操纵,故其冗杂繁复、代价高昂且(以现在的标准看来)腐败堕落。[72]

1688年光荣革命之后,英国的经济繁荣发展,新的公司如雨后春笋般建立起来。[73] 在这一时期,拥有诸多被动投资者的大型公司层出不穷。与此同时,信托也首次进入这些新的大型公司的视野中。[74] 拥有大量被动股东的公司被称为"合股公司",以信托为基础的公司则被称为"非法人"(unincorporated)公司,以法人为基础的公司则被称为"法人"(incorporated)公司。[75] 17世纪末至18世纪初,信托和法人公司蓬勃发展,到17世纪末,英格兰和威尔士地区就有百家以信托为基础的非法人公司。[76]

一直以来,法人公司和非法人公司共同维护着股票交易市场的繁荣,但在1720年,股价却惨遭滑铁卢。[77] 这一事件的幕后黑手是大型金融企业南海公司(South Sea Company)。[78] 南海公司最初被特许成立为海外贸易公

---

〔68〕 Harris, Industrializing English Law, supra note 16, at 41; see also 2 William Robert Scott, The Constitution and Finance of English, Scottish, and Irish Joint-Stock Companies to 1720, at 3 (1910).

〔69〕 Freeman et al., supra note 24, at 45 – 46.

〔70〕 Ibid.

〔71〕 Taylor, supra note 24, at 4.

〔72〕 Ibid. at 3 – 8.

〔73〕 Scott, Constitution and Finance, supra note 68, at 326.

〔74〕 See Freeman, et al., supra note 24, at 14 tbl. 1.1(说明信托于1720年就存在了);Harris, Industrializing English Law, supra note 16, at 53 – 58(论述公司设立在1688年光荣革命之后开始迅速增加).

〔75〕 关于"合股公司"一词的历史, see Paddy Ireland, *Capitalism Without the Capitalist: The Joint Stock Company Share and the Emergence of the Modern Doctrine of Separate Corporate Personality*, 17 J. Legal Hist. 41 (1996)。

〔76〕 Freeman et al., supra note 24, at 21.

〔77〕 Ibid. at 22(解释《泡沫法案》会削弱股票市场).

〔78〕 See e.g., Henry N. Butler, *General Incorporation in Nineteenth Century England: Interaction of Common Law and Legislative Processes*, 6 Int'l Rev. L. & Econ. 169, 171 – 73 (1986); Ron Harris, *The Bubble Act: Its Passage and Its Effects on Business Organization*, 54 J. Econ. Hist. 610, 610 (1994); Margaret Patterson & David Reiffen, *The Effect of the Bubble Act on the Market for Joint Stock Shares*, 50 J. Econ. Hist. 163, 167 – 69 (1990).

司，随后转为经营更为复杂的金融业务，即开设政府债券市场。议会和南海公司认为，新的非法人公司会带来资本的竞争，且会威胁到公共投资，因此联合起来于1720年通过了所谓的《泡沫法案》。[79] 这一法案规定，只要以信托为基础的非法人公司拥有可交易股份且“以公司实体的形式开展经营”的，即为不合法。[80]

现代史学家发现，这一法案基本形同虚设，信托依旧是18世纪和19世纪早期英国企业广泛适用的组织形式。[81] 自1720年通过，到19世纪早期，该法案几乎从未真正落地实施。[82] 事实上，有位史学家曾戏谑道，这一法案最重要的作用就是进一步推动了非法人公司的普及，因为在其颁布之后，议院进一步收紧了公司设立法案的颁布标准，进而使信托成为唯一可行的替代方案。[83] 马克·弗里曼（Mark Freeman）、罗宾·皮尔森（Robin Pearson）和詹姆斯·泰勒（James Tylor）三位教授对这一现象进行了翔实的考证，确定在1720～1844年，英格兰、爱尔兰和苏格兰地区共成立了约1400家合股公司。[84] 弗里曼、皮尔森和泰勒教授为其中514家公司的治理特征进行了编码，随后发现有224家，也就是将近一半都是非法人公司。[85] 大批公司成立于19世纪早期，但在18世纪早期成立的73家公司中，有17家都是非法人公司。[86] 数据显示这些非法人公司大多以信托形式运营，在224家非法人公司中，有209家是以受托人的名义持有公司财产的。[87] 其他史学家虽未进行这样的量化分析，但也得出了类似的结论。[88] 进言之，尽管信托得到了广泛应用，但许多以信托形式持有财产的企业并不明确认定自己是“信托”。相反，他们通常称自己为“合伙企业”“组织”或直接称为“公司”。[89]

---

[79] Harris, The Bubble Act, supra note 78, at 610.

[80] 6 Geo. 1 c. 18, § 18 (1720) (Eng.).

[81] See DuBois, supra note 23, at 12－13（说明商人和律师在考虑新商业企业时通常会忽视《泡沫法案》）.

[82] Taylor, supra note 24, at 5－6（论述19世纪《泡沫法案》执行的变化）.

[83] See DuBois, supra note 23.

[84] See Freeman et al., supra note 24, at 23.

[85] Ibid. at 15 tbl. 1. 1.

[86] Ibid.

[87] Ibid. at 54.

[88] See DuBois, supra note 23, at 222（论述非法人公司在18世纪非常普遍以及“18世纪的非法人组织不使用信托是非常罕见的”）.

[89] 帕迪·爱尔兰（Paddy Ireland）教授论述“公司”一词的历史以及它通常怎样独立于组织形式使用。Ireland, supra note 75, at 42－45.

(二)19 世纪商业信托的监管和扩张

1808 年,也就是《泡沫法案》通过后的第 88 年,王座法院百年来首次发声,威胁要追究企业家设立信托的相关责任,理由是信托的设立违反了《泡沫法案》。一时间,这一法案成为关注焦点,[90]引发了商界的强烈抵制,因此议会在 1825 年正式废除了该法案。[91]

法律上的不确定性并未阻碍商业信托继续蓬勃发展。如上所述,英国 19 世纪上半叶的案例报告显示,各行各业的公司都存在由受托人持有财产的情况。[92] 19 世纪 20 年代和 30 年代中期,英国出现了两次合股公司设立的热潮,[93] 其中信托都发挥了极为关键的作用。到了 1845 年,英国第一次合股公司普查显示,在非独资企业中,信托的数量远超公司法人,信托和公司法人的数量比甚至超过 10 : 1。[94] 合股公司注册官可以确定的是,在 966 家股东人数超过 25 人的英国商事企业中,只有 84 家是公司,[95]剩余的 882 家(约占总数的 90%)都是信托。[96]

19 世纪三四十年代,以信托为基础的非法人公司的"井喷式"发展给议会敲响了警钟。议会下属特别委员会发布了一份报告,指出许多新设立的公司要么存在诈骗,要么境况凄凉。[97] 为解决这一问题,议会在 1844 年通过了《合股公司法》。[98] 这一法案被誉为英国历史上第一部一般公司设立法,根

---

〔90〕 R v. Dodd (1808) 103 Eng. Rep. 670 (KB) 670 – 72; 9 East 516, 518. 关于具体分析,see Alceste Santuari, *The Joint Stock Company in Nineteenth Century England and France*: *King v. Dodd and the Code de Commerce*, 14 J. Legal Hist. 39 passim (1993)。艾尔登大法官也在 1825 年的一项司法意见中提出,根据独立于《泡沫法案》之外的普通法,以信托为基础的公司可能是违法的。Kinder v. Taylor (1825) 3 LJR 68 (Ch) 75 (Eng.); Ron Harris, *Political Economy*, *Interest Groups*, *Legal Institutions*, *and the Repeal of the Bubble Act in* 1825, 50 Econ. Hist. Rev. 675, 687 – 88 (1997).

〔91〕 Harris, Political Economy, supra note 90, at 688 – 91(记录废除《泡沫法案》法案的发展).

〔92〕 See supra notes 3 – 15 and accompanying text(记录受托人持有财产的行业类别).

〔93〕 Freeman et al., supra note 24, at 18 fig. 1.1; Taylor, supra note 24, at 106, 121, 131.

〔94〕 Privy Council for Trade, Report by the Registrar of Joint-Stock Companies to the Committee of Privy Council for Trade, 1845 [C. (1st series)], at 694 (UK)。该报告是 1844 年《合股公司法》颁布后发表的第一个报告,该法案要求所有拥有超过 25 名股东的新企业都必须登记为合股公司。

〔95〕 Ibid.

〔96〕 Ibid. 为了分析便利,笔者将其"宪章"由"议会法案""章程"或两者兼而有之而产生的企业视为公司。笔者认为所有形成表现为"契约"或"授产契据"的都是信托。此外,如一个企业没有说明其组织形式且并非以公司形式设立,则可能是依信托设立。每个非法人公司都使用了信托,这一假设与弗里曼、皮尔森和泰勒教授的数据一致,该数据显示 18 世纪和 19 世纪上半叶的非法人公司几乎都使用了信托。See Freeman et al., supra note 24, at 53.

〔97〕 Select Committee on Joint Stock Companies, First Report, 1844, HC, at 119 (UK). 这份报告的分段标题有"The Modes of Deception Adopted," Ibid. at ix, "The Impunity of the Offenders," Ibid. at xi, "The Amount and Distribution of Plunder," Ibid. at x, and "The Circumstances of the Victims," Ibid. at xi。

〔98〕 Registration Act 1844, 7 &8 Vict. c. 110 (UK).

据其规定,企业家们可以不经议会特别立法程序,只要在新任命的合股公司注册官处进行登记,就能设立公司法人。[99] 依照该法,进行注册的公司需要提供其主管和认股人的姓名以及设立公司相关授产契据的内容。[100] 公司还需任命一名审计员[101]并定期就经营和股东变更情况向合股公司注册官提交报告。[102]

近期的史学家大多将这一法案视为英国企业的福音,[103]但当时的观察者们并不这么认为。事实上,想要企业放弃信托,改用公司形式可谓困难重重。相比现代公司法,1844 年的《合股公司法》最关键的问题在于,它是一部具有强制性的法案,并没有太多的转圜余地。依照该法案,所有以营利为目的、有流通股或拥有超过 25 名成员的新的合伙企业、企业或组织都必须登记为公司,至于财产所有者是否有意以公司作为企业组织形式并不在其考虑范围内。[104]

相比能够设立公司额手相庆,当时商人们对之更可谓是避之不及。曾有人对该法案实施后仍存续企业所做的选择进行了统计,数据虽未经验证,但也形象地反映了公司不受欢迎的事实。尽管 1844 年的《合股公司法》要求所有新设企业必须采公司形式,但已经存在的企业享有选择权,既可选择成立公司,也可以选择继续以信托形式运行。[105] 事实证明,在法案生效时存续的股东人数超过 25 名的 882 家非法人合股公司中,仅有 4 家选择成立公司。[106] 这些企业对放开公司设立限制的冷淡反应证明了设立公司并没有那么重要。

诚然,公司形式有一定的优势,而企业之所以没有选择公司形式,原因只

---

〔99〕 See Harris, *Industrializing English Law*, supra note 16, at 282 - 84(讨论这部法案新颖之处的同时提到"直到 1844 年公司才享有作为完全法人和公司实体的部分特权");L. C. B. Gower, *Some Contrasts Between British and American Corporation Law*, 69 Harv. L. Rev. 1369, 1371 (1956)("直到 1844 年议会的一项普通法案为公司提供了简易登记程序,英国公司才能顺利设立。"). 泰勒教授新进的著述对 1844 法案的阐述更为详尽,认为 1844 年法案的目的既是授权,也是监管。Taylor, supra note 24, at 137 - 47.

〔100〕 7 & 8 Vict. c. 110 § 7.

〔101〕 Ibid.

〔102〕 Ibid. § § 7, 11, 14.

〔103〕 See Harris, Industrializing English Law, supra note 16, at 282 - 85; Gower, supra note 99, at 1371(论述"法人人格与有限责任的益处").

〔104〕 7 & 8 Vict. c. 110, § § 2, 7.

〔105〕 Ibid. § 58. 如果他们选择合并就必须像新公司一样登记。如果他们选择继续作为信托,只需进行有限登记,如披露他们的姓名、业务性质和主要地址,同时保持其他信息的私密性,例如认购者的名字以及授产契约的内容。Ibid. 选择有限登记的企业就不会成为法人。Ibid.

〔106〕 See Report by the Registrar, supra note 94.

有一个,那就是:转换为公司形式会带来诸多不便。这些企业继续采用信托的理由有很多,可能是因为授产契据条款的规定,也可能是因为《合股公司法》的种种规定。例如,设立公司需要缴纳5英镑的手续费,[107]还需要履行各种监管义务,如雇用审计员及披露公司主管、股东和授产契据等信息。[108]这些不便之处远多于设立公司所能带来的好处。尽管设立公司有一定的可取之处,但这点点甜头与付出的成本相比,显然难以打动精明的商人们。

已存在的公司并非抵制公司形式的唯一群体,一些新成立的企业通过诉讼,同样避免了设立公司。1862年颁布的《公司法》替代了1844年的《合股公司法》,该法沿用了《合股公司法》的模式,要求"公司、组织或合伙企业成员超过20人的",必须采法人公司形式。[109] 在19世纪七八十年代签发的一系列意见书中,大法官法院和上议院决定适用该20人标准,但计算的对象不是公司的股东,而是受托人。[110] 因此,只要企业的受托人人数不超过20人,哪怕股东成百上千,也无须设立公司。这一改变有效地打破了前述强制性注册规定,企业只要保证其受托人人数低于20人,就能轻松地规避设立公司的法律规定,信托因此在公司形式崛起后的很长一段时间里得以在英国继续生存和发展。到了19世纪80年代中期,相比公司和另一种新出现的类似法人的实体(被称为有限责任公司),[111]英国大型企业中开始盛行一种类似于合伙企业的组织形式(多数是以信托为基础)。

(三)商业信托在美国的兴盛

即便在美国颁布普通公司相关法律之后,信托仍旧长盛不衰。美国继承了英国法,信托也得以在美国延续下去。美国公司法的种种特殊之处也为信托的生存和发展创造了适宜的环境,繁盛之势甚至超过了英国。起初,要想

[107] 7 & 8 Vict. c. 110, § 21.

[108] Ibid. § 7.

[109] Companies Act 1862, 25 & 26 Vict. c. 89, § 4 (UK).

[110] See Crowther v. Thorley (1884) 32 App. Cas. 330 (PC) 333(认为"在法律上,业务是受托人的业务");Smith v. Anderson (1880) 15 Ch D 247, 279(认为"受托人……不在条款范围内,因为他们少于20人");Sykes v. Beadon (1879) 11 Ch D 170, 186(提到受托人有义务根据《公司法》进行登记).

[111] See J. B. Jefferys, Trends in Business Organisation in Great Britain Since 1856: With Special Reference to the Financial Structure of Companies, the Mechanism of Investment, and the Relations Between the Shareholder and the Company 104 - 05 (June 1938)(提到在19世纪七八十年代,合伙比类似公司实体的数量要多得多). 简单来说,笔者认为杰弗里斯(Jefferys)教授所提到的"合伙"实际上就是以信托名义持有他们的财产,因为弗里曼、皮尔森和泰勒教授的数据表明,在19世纪,绝大多数大型合伙都用到了信托。See Freeman et al., supra note 24, at 56.

在美国成立公司，必须和英国一样，由国家立法机关通过特别立法法案。[112] 但到了19世纪中期，美国绝大多数州都施行了普通公司设立法，任何主体只要向主管人员提交符合要求的文件，都可以设立公司。[113]

一直到20世纪20年代，信托在美国仍备受青睐。因为相比英国，美国的普通公司设立法更加凸显了信托的优势。和英国的普通公司设立法不同，美国的普通公司设立法允许但不强求新的企业设立公司，[114] 这就给美国企业选择信托留足了空间。此外，法律对选择成立公司的企业作出了更为严苛的规定。[115] 美国的普通公司设立法中就充斥着各种英国普通公司设立法中没有的强制性规定，诸如有关以下事项的具体规定：股东投票要求、最大资本限制、面值要求、有关合并的绝对多数表决要求、股票发行的优先购买权、董事个人责任、土地所有权禁止规定、分红限制、合并中的复杂评估救济、持有其他公司股份的限制等。[116] 哪怕企业选择在法律相对宽松的州设立公司，也很难规避这些限制性规定，因为许多州都对本州以外的公司适用外来公司设立法，以进行更严格的规限。[117] 直到20世纪的前10年，多数情况下，最高法院都会依据联邦宪法批准这些针对外来公司的限制性规定。[118]

相比公司形式，商业信托受监管的程度更低，因而在美国得到了广泛适用。在普通公司设立法放开公司形式准入限制后的很长一段时间里，信托都是公司规避监管的重要手段，这种情况至少持续到了20世纪20年代，引发

---

[112] See Blair, Four Functions, supra note 23, at 447; Sheldon A. Jones et al., *The Massachusetts Business Trust and Registered Investment Companies*, 13 Del. J. Corp. L. 421, 425 – 26 (1988); Ron Harris & Naomi Lamoreaux, Contractual Flexibility Within the Common Law: Organizing Private Companies in Britain and the United States 13 (June 2010), http://economics.yale.edu/sites/default/files/files/Faculty/Lamoreaux/Contractual-Flexibility – 10.pdf [http://perma.cc/2J8U-J9WS].

[113] 1836 ~ 1852年，当时联邦一半以上的州通过了普通公司法，其余州也在1903年通过了该法。See Susan Pace Hamill, *From Special Privilege to General Utility: A Continuation of Willard Hurst's Study of Corporations*, 49 Am. U. L. Rev. 81 app. at 178 (1999).

[114] 例如，1846年纽约州宪法表明"公司需依一般法设立"，但不要求企业必须设立具有法人格的公司。Seavoy, supra note 16, at 183.

[115] See Gower, supra note 99, at 1372（提到美国公司的权利与行为模式几乎不可变通）; Harris & Lamoreaux, supra note 112, at 4 – 5（提到美国公司法在公司规模、业务范围以及管理结构方面作出了严格限制）.

[116] 有关概述，see generally Harwell Wells, *The Modernization of Corporation Law*, 1920 – 1940, 11 U. Pa. J. Bus. L. 573 (2009)。

[117] See H. A. Haring, Corporations Doing Business in Other States 71 – 94 (1927)（描述对外国公司的法定限制）.

[118] Gerard Carl Henderson, The Position of Foreign Corporations in American Constitutional Law, in Harvard Studies in Jurisprudence 110 – 11 (1918)（提到从1910年开始的一系列案例，对国家排除或驱逐外国公司的权力作出了"重要的限制条件"）.

19 世纪 80 年代“反托拉斯”运动的大型垄断托拉斯(如美国钢铁公司和美孚石油公司)就是信托经久不衰的最佳例证。[119] 但垄断托拉斯只是冰山一角,即使是在 1890 年美国政府颁布了《谢尔曼反托拉斯法》重拳打击垄断组织之后,信托在商业领域仍威势不减。[120] 司法意见显示,在 19 世纪晚期和 20 世纪早期各行各业的垄断公司中,信托依旧占有一席之地,这些公司包括纺织和印染厂、[121] 快递公司、[122] 有轨电车线路公司、[123] 专利联营、[124] 宾馆、[125] 渡轮公司、[126] 高尔夫球场、[127] 各种制造企业、[128] 建筑和贷款机构、[129] 铸造厂、[130] 房地产开发公司、[131] 木材和盐业公司、[132] 铁路公司、[133] 铁路枢纽、[134] 房地产开发商、[135] 医院、[136] 零售商、[137] 缝纫机专利公司、[138] 煤矿、[139] 自助餐厅、[140]

---

[119] See Herbert Hovenkamp, The Antitrust Movement and the Rise of Industrial Organization, 68 Tex. L. Rev. 105, 160 (1989)(论述 19 世纪晚期反托拉斯的垄断案例).

[120] See Sherman Antitrust Act of 1890, ch. 647, 26 Stat. 209 (1890) [于 15 U. S. C. § §1 -7 (2012) 被修改].

[121] See Thorn v. De Breteuil, 71 N. E. 470, 471 (N. Y. 1904).

[122] See People ex rel. Nat'l Express Co. v. Coleman, 31 N. E. 96, 96 (N. Y. 1892).

[123] See Venner v. Chi. City Ry. Co., 101 N. E. 949, 950 (Ill. 1913).

[124] See Mayo v. Moritz, 24 N. E. 1083, 1083 (Mass. 1890).

[125] See Upham v. Plankinton, 140 N. W. 5, 6 (Wis. 1913).

[126] See Whitman v. Porter, 107 Mass. 522, 523 (1871).

[127] See Morrissey v. Comm'r, 296 U. S. 344, 347 (1935).

[128] See Crocker v. Malley, 249 U. S. 223, 231 (1919)(纸); Malley v. Bowditch, 259 F. 809, 812 (1st Cir. 1919)(纺织品); Anderson Steam Vulcanizer Co. v. Comm'r, 6 B. T. A. 737, 737 (1927)(硫化橡胶); Ricker v. Am. Loan & Tr. Co., 5 N. E. 284, 285 (Mass. 1885)(铁路车辆); Schenkl v. Dana, 118 Mass. 236, 236 (1875)(武器); Simson v. Klipstein, 102 A. 242, 242 (N. J. Ch. 1917)(化学物质); In re Pittsburgh Wagon Works' Estate, 54 A. 316, 316 (Pa. 1903)(马车和农具).

[129] See State ex rel. Great Am. Home Sav. Inst. v. Lee, 233 S. W. 20, 22 (Mo. 1921).

[130] See In re Froelich's Estate, 100 N. Y. S. 436, 437 (Sur. Ct. 1906).

[131] See Spotswood v. Morris, 85 P. 1094, 1095 (Idaho 1906).

[132] See Tappan v. Bailey, 45 Mass. (4 Met.) 529, 535 (1842); Loud v. Winchester, 17 N. W. 784, 784 (Mich. 1883).

[133] See Wright v. Caney River Ry. Co., 66 S. E. 588, 589 (N. C. 1909).

[134] See Chi., Milwaukee & St. Paul Ry. Co. v. Des Moines Union Ry. Co., 254 U. S. 196, 199 - 200 (1920).

[135] See Hart v. Seymour, 35 N. E. 246, 247 (Ill. 1893); Priestley v. Burrill, 120 N. E. 100, 104 - 05 (Mass. 1918); Howe v. Morse, 55 N. E. 213, 213 (Mass. 1899); Wehrman v. McFarlan, 9 Ohio Dec. 400, 401 (1899).

[136] See R. I. Hosp. Tr. Co. v. Copeland, 98 A. 273, 276 (R. I. 1916).

[137] See Connally v. Lyons, 18 S. W. 799, 799 - 800 (Tex. 1891).

[138] See Gleason v. McKay, 134 Mass. 419, 41922 (1883).

[139] See State Nat'l Bank v. Butler, 36 N. E. 1000, 1002 (Ill. 1894); Swan v. Davenport, 93 N. W. 65, 65 (Iowa 1903).

[140] See Dutton v. Comm'r, 18 B. T. A. 1151, 1152 (1930).

戏院、[141]银行以及保险公司。[142]不仅如此，信托还进入了石油开采、[143]房地产开发[144]和共同基金领域。[145] 到了20世纪20年代，大型商业信托中就包含了众多大型公众企业。[146] 信托是20世纪早期法律从业人员和学者研究的焦点之一，20世纪的前20年，在法律评论期刊，[147]实践指引手册和学术论文中，曾经出现过研究商业信托的高潮。[148]

尽管法律资料显示，19世纪中期后，信托普遍存在，但也无切实的数据支撑。和公司不同的是，信托可以私下设立，无须向社会公开。[149] 因此在各州商业组织记录中，不一定会有信托的相关信息。此外，信托游离在各州和

---

[141] See Rochester Theatre Tr. Estate v. Comm'r, 16 B. T. A. 1275, 1275 (1929).

[142] See Townsend v. Goewey, 19 Wend. 424, 424 - 27 (N. Y. Sup. Ct. 1838).

[143] See Ira P. Hildebrand, The Massachusetts Trust, 1 Tex. L. Rev. 127, 128, 153, 156, 160, 161 (1923) (以下简称 Hildebrand, Massachusetts Trust I)(引用涉及石油行业托拉斯的案例); cf. Ira P. Hildebrand, Liability of the Trustees, Property, and Shareholders of a Massachusetts Trust, 2 Tex. L. Rev. 139, 176 (1924)(提到"商业信托没有将其业务限定在石油工业中"而是"将业务拓展到大多数领域").

[144] See Bank of Topeka v. Eaton, 100 F. 8, 8 - 9 (C. C. D. Mass. 1900).

[145] Paul D. Cravath, Introduction to Leland Rex Robinson, Investment Trust Organization and Management, at xv (rev. ed. 1929); Marshall H. Williams, Investment Trusts in America 1 - 2 (1928).

[146] Comment, Massachusetts Trusts, 37 Yale L. J. 1103, 1107 n. 20 (1928).

[147] See e. g., Henry J. Aaron, The Massachusetts Trust as Distinguished from Partnership, 12 Ill. L. Rev. 482 (1918); Robert C. Brown, Common Law Trusts as Business Enterprises, 3 Ind. L. J. 595 (1928); William W. Cook, The Mysterious Massachusetts Trusts, 9 A. B. A. J. 726 (1923); Leland S. Duxbury, Business Trusts and Blue Sky Laws, 8 Minn. L. Rev. 465 (1924); Hildebrand, Massachusetts Trust I, supra note 143; Ira P. Hildebrand, Massachusetts Trust A Sequel, 4 Tex. L. Rev. 57 (1925); R. J. Powell, The Passing of the Corporation in Business, 2 Minn. L. Rev. 401 (1918); H. Rottschaefer, Massachusetts Trust Under Federal Tax Law, 25 Colum. L. Rev. 305 (1925); Austin W. Scott, The Progress of the Law 1918 - 1919—Trusts, 33 Harv. L. Rev. 688 (1920); Austin W. Scott, The Trust as an Instrument of Law Reform, 31 Yale L. J. 457 (1922); Robert S. Stevens, Limited Liability in Business Trusts, 7 Cornell L. Q. 116 (1922); H. L. Wilgus, Corporations and Express Trusts as Business Organizations, 13 Mich. L. Rev. 71 (1914); H. F. T., Recent Cases, Trusts—The Business Trust as a Legal Entity, 9 Tex. L. Rev. 299 (1931); Comment, The Doctrine of Merger as Applied to Commercial Trusts, 29 Yale L. J. 97 (1919); Comment, Massachusetts Trusts, supra note 146; Comment, Massachusetts Trusts and the Income Tax, 28 Yale L. J. 690 (1919); Comment, The Nature of Massachusetts Business Trusts, 27 Yale L. J. 677 (1918); Note, Taxation of Business Trusts, 42 Yale L. J. 270 (1932); Jasper F. Rommel, Tax Liability of Business Trusts: Crocker v. Malley and Hecht v. Malley Distinguished, 7 Nat'l Income Tax Mag. 14 (1929).

[148] See e. g., William C. Dunn, Trusts for Business Purposes (1922); Robert Gardner McClung, Representative Massachusetts Trusts (1912); Wilber A. McCoy, Business Trust Agreements and Declarations of Trust (1922); John H. Sears, Trust Estates as Business Companies (2d ed. 1921); Guy A. Thompson, Business Trusts as Substitutes for Business Corporations (1920); Edward H. Warren, Corporate Advantages Without Incorporation (1929); Sydney R. Wrightington, The Law of Unincorporated Associations and Similar Relations (1916).

[149] See 1 Francis Williams Sanders, An Essay on Uses and Trusts, and on the Nature and Operation of Conveyances at Common Law, and of Those, Which Derive Their Effect from the Statute of Uses 15 - 16 (London, W. Walker, 4th ed. 1824)(表明中世纪后期以来，信托转易契的签订一直秘密进行).

联邦税收记录范围之外,各州和联邦的税法通常将信托按合伙企业或公司处理,因此无法确定哪家合伙企业使用了信托。[150] 虽然如此,法律纠纷的传闻证据以及法律从业者的文献资料显示,至少在20世纪20年代结束前,信托仍旧是美国企业的主力。

三、信托和公司形式的特征

信托是整个工业革命时期以及20世纪前几十年间大西洋两岸重要的组织形式之一,这一点毋庸置疑。原因很简单,法学理论家和史学家们认定的奠定公司形式成功基础的所有特点,信托无一不包。尽管信托不能完全复制公司的属性,但二者相似度极高,因此即便设立公司的成本并不高,企业也愿意选择采用信托作为其组织形式。本部分着重分析史学家和现代理论家们认定的投资者所有的大型商业组织的五大要素:实体保护与资本锁定、有限责任、诉讼中的法律人格、流通股和信义权责。

本部分主要聚焦于司法理论及其效果,司法理论包括各种法令,但信托属于一个更大的法律范畴。有时法规(如英国的《泡沫法案》和1844年的《合股公司法》)会削弱信托的优势,[151] 但信托对法学理论的发展可谓居功至伟,因为其证明了公司法人不是关键理论技术的唯一来源。信托在司法理论中的巨大作用表明,虽然公司具有一些优点,但这些优点与公司法学者总结的技术理论特征并无直接联系。

(一)实体保护与资本锁定

首先讨论的是实体保护和资本锁定这一对相似的概念,它们可谓是组织法最根本的两个特征,见证了现代企业的崛起。[152] 2000年,亨利·汉斯曼(Henry Hansmann)教授和莱纳·克拉克曼(Reinier Kraakman)教授在一篇引起广泛反响的文章中首次提出了实体保护和资本锁定这两个概念,文章指出二者能够帮助商人集中持有资产,因此极具重要性。[153] 通过禁止所有者单

---

[150] See e. g. , Morrissey v. Comm'r, 296 U. S. 344, 360 (1935)(认为以从事商业为目的的信托需要像法人公司一样被征税);Hecht v. Malley, 265 U. S. 144, 156 – 57, 161 (1924)(认为部分信托像公司一样被征税);Hoadley v. Cty. Comm'rs, 105 Mass. 519, 526 – 27 (1870)(信托被征收税率与合伙相同).

[151] See supra notes 77 – 90, 97 – 106 and accompanying text(论述这些法律造成的小阻碍以及为克服这些阻碍所做的努力).

[152] See Hansmann et al. , Rise of the Firm, supra note 25, at 1399 – 401(描述实体保护的历史演变).

[153] See Henry Hansmann & Reinier Kraakman, *The Essential Role of Organizational Law*, 110 Yale L. J. 387, 393 – 98 (2000)(识别后来被称为"实体保护"的现象). 随后,"实体保护"一词首次出现在以下这篇文章中 Hansmann et al. , Rise of the Firm, supra note 25, at 1336。

独提出企业清算和资产变卖请求，[154] 实体保护能够防止企业的所有者和债权人在资产实现价值并产生投资回报之前剥离资产。此外，企业所有者破产时，实体保护还禁止所有者、债权人单独提出企业清算和资产变卖请求。[155] 因此，若某人持有一家杂货店的股份，且该店铺为现代公司，那么当其无法按时偿还信用卡债务时，信用卡发卡行囿于实体保护的限制，就无法强行以杂货店中的米面粮油、冰箱电器等资产来抵债。商店的债权人有权处置资产，但商店所有者的债权人却无权处置，因此，实体保护与有限责任是一组相对的概念。有限责任着重于保护企业所有者，使其无须对企业承担无限责任，而实体保护则恰恰相反，它重在保护企业，使其不至于受债权人和所有者财务状况的拖累。[156]

现代公司中实体保护的主要形式是优先权和清算保护。[157] 也就是说，现代企业的债权人享有：(1)优先于所有者及其债权人受偿的权利；(2)阻止所有者及其债权人强行出售公司资产偿还个人债务的权利。“资本锁定”就是实体保护这一原则的实际运用，[158] 它使得企业能够有效制约所有者及其债权人，防止企业资产遭受剥离。

实体保护的重要性体现在两个方面。其一，如果没有实体保护，拥有大基数所有者的企业必定会分崩离析。以杂货店为例，如果每个所有者及其债权人都可以任意拿取店内货品，那么杂货店必然难以为继。其二，企业所有者们无法通过内部协议解决这个问题。即便是所有者们内部达成一致，同意对其债权人清算企业的权力进行限制，这种约定最终规限的也只能是所有者自己而非其债权人。

玛格丽特·布莱尔(Margaret Blair)教授一语中的，对实体保护的传统观点进行了精准的阐释，即设立公司是实现实体保护的有力方式。[159] 合伙企业的一般法则是，企业的债权人只享有优先权，但不享有清算保护的权利。[160] 从理论上来说，各合伙人的债权人能够强行拆伙，将合伙企业的财产据为己有。布莱尔教授指出，在19世纪中期公司形式崛起之前，无论是在英

[154] Hansmann et al., Rise of the Firm, supra note 25, at 1338.
[155] See Ibid. at 1337.
[156] See Ibid. at 1336.
[157] See Hansmann & Kraakman, supra note 153, at 410 – 11(解释优先权与清算保护的区别).
[158] See Blair, Locking in Capital, supra note 16, at 388 – 92.
[159] See Ibid. at 390.
[160] See Ibid. at 396.

国还是在美国,强有力的实体保护和资本锁定都绝非易事,[161]布莱尔这一论断引起了广泛反响。

事实上,公司法人从来都不是英美法中强有力实体保护的唯一形式。自大型投资者所有企业出现以来,信托一直发挥着实体保护的功能,与现代公司的实体保护职能不相上下。

1. 起源

中世纪后期,信托中普通法所有权和衡平法所有权之分衍生了类似于实体保护的功能。信托中实体保护的基本原理是:债权人对于借款人的财产[162]享有特定权利,但这些权利只及于借款人合法所有的财产。因此,当普通法所有权属于借款人的受托人而非借款人本身时,借款人的债权人就对该财产不享有任何权利。通过向受托人转移财产,借款人可以有效消除债权人对财产的请求。事实上,一开始,对于借款人的债权人能否获得借款人对财产享有的衡平法权益都没有明确的规定,遑论受托人的合法权益。[163]

中世纪后期,议会通过了众多法律来限制信托,防止信托破坏信用体系,这些法律有力地反映了信托在规避受益人的债权人请求方面的效用。在1377年、[164]1487年、[165]1543年[166]和1571年[167]通过的一系列法律中,议会颁布了现在我们称之为反欺诈性转让的法律,禁止个人以规避债权人请求为

[161] See Ibid. at 413.

[162] 需要明确的是,相比于现在,中世纪晚期债权人对抗借款人土地的权利(区别于对抗借款人个人的权利)受到更多的限制。See Priest, supra note 45, at 403.

[163] 特纳(Turner)认为直到16世纪结束,英国法院更倾向于将信托利益视为行为上的选择(作为一种诉讼权利),而不是一种财产持有的形式。Turner, supra note 38, at 44 – 46. 关键是,与财产持有不同的是,这种行为不具有可转让性。Ibid. at 44. 也就是说这是持有者的个人事务。Ibid. at 43. 这意味着,信托利益可能不得转让,也不能由其他人获取,包括借款人的债权人。Ibid. at 43. 需要明确的是,在17世纪晚期,诺丁汉担任大法官前,有不少关于信托衡平法利益是否可转让的争论。See Warmstrey v. Tanfield (1628) 21 Eng. Rep. 498 (Ch) 498; 1 Rep. Ch. 29, 29. 大量案例表明衡平法上的利益不可转让。See e. g., Anonymous (1576) 145 Eng. Rep. 172 (Ex & Ch) 173; Jenk. 244, 245(禁止转让信托利益);Ogle v. Lady Shrewsbury (1632) 118 Selden Society 636 (Ex Ct) 636 (2001) (禁止转让信托利益); Scott, Law of Trusts, supra note 41, § 132 n. 5 citing Earl of Worcester v. Finch (1600) 123 Eng. Rep. 600 (Ch); 2 And. 162(禁止转让信托利益). 但也有一些评论家认为衡平法利益可以被转让,包括 St. German in 1523 and Francis Bacon. See e. g., Francis Bacon, The Reading upon the Statute of Uses of Francis Bacon 16 (London, William Henry Rowe ed., W. Stratford 1804) (1642); Christopher St. German, Doctor and Student 185 (London, Henry Lintot 15th ed. 1751) (1531)。

[164] 1 Rich. 2 c. 9 (1377); 50 Edw. 3 c. 6 (1376 – 1377); see also Scott, Law of Trusts, supra note 41, § 1.3.

[165] 3 Hen. 7 c. 4 (1487). 关于这一法案的讨论,see W. J. Jones, The Elizabethan Court of Chancery 429 (1967)。

[166] 34 & 35 Hen. 8 c. 4 (1542 – 1543).

[167] 13 Eliz. c. 5 (1571).

目的，向亲友或受托人转让个人财产。举例而言，1571 年法律规定，无论“用益（如信托）或其他事项如何推脱、粉饰”，[168] 都不得以规避债权人请求为目的转让财产。

但这些法律并不能彻底解决问题。只有具有欺诈性质的信托，债权人才有权扣押财产，在信托合法的情况下，债权人仍旧束手无策。因此，议会在 1677 年颁布了《防止欺诈与伪证法》，[169] 提供了更为完善的解决方案。该法第 10 条规定，无论信托的设立者是谁、设立本身是否存在欺诈，债权人都可以合法地执行几乎所有的信托实益权益。[170] 但问题是，依据该法，债权人能够得到的仅仅是受益人的衡平法权益，而不是属于受托人的普通法权益。[171] 若受益人对财产享有终身权益，则债权人只能获得该终身权益，而不能立即以法律所有人的身份直接扣押或占有财产。

这些法律在某种程度上削弱了信托法中保护信托财产的实体保护体系，但即便受到法律制约，被削弱的实体保护体系仍十分强大，且在功能上几乎等同于现代企业中的实体保护机制。虽然信托从来都不是法律实体，但大法官法院制定的原则经过不同法律多次修订后，确保了法律上属于受托人的资产不会受到受益人的债权人请求的影响，效果等同于资产属于独立的实体。和现代公司股东的债权人可以占有股东的股份但不能占有公司财产一样，信托受益人的债权人可以占有受益人的衡平法权益，但不能占有法律上属于受托人的财产。

信托早期在担保贷款和破产应对措施领域的应用，有力地证明了信托资产分割权的价值和功效。1518 年，克里斯托弗·圣·杰尔曼（Christopher St. German）指出，信托成为一种普遍的担保手段。[172] 大法官法院的记录中也存

[168] Ibid.

[169] 29 Car. 2 c. 3 (1677).

[170] Scott, Law of Trusts, supra note 41, § 147, at 730.

[171] See Creed v. Colville (1683) 23 Eng. Rep. 395 (Ch) 395; 1 Vern. 172, 174（认为即使是遗产信托中的普通权益也能被债权人取得）; Maitland, supra note 22, at 377 – 78（描述“衡平法中的所有权”的特征）; Turner, supra note 38, at 161（解释债权人针对借款人资产所享有的利益是《防止欺诈与伪证法》项下的衡平法权益，而不是普通法权益）. The statute's effect was classically summarized in Forth v. Duke of Norfolk (1820) 56 Eng. Rep. 791 (Ch) 791 – 92; 4 Madd. 503, 504 – 05.

[172] St. German, supra note 163, at 184 – 85.

在有关担保贷款的内容,时间可以追溯到17世纪早期到18世纪。[173] 当时的担保贷款协议是这样的:借款人首先将自己的财产转让给受托人,并指示受托人在其向债权人足额清偿贷款前,不得归还财产。[174] 借款人未能足额清偿贷款的,受托人将按照指示,将财产转让给债权人。这一协议赋予有担保债权人类似实体保护的优先权,只要借款人将财产转移给受托人并指明债权人为次顺位受益人,那么借款人的其他债权人就无权占有该财产。如果把信托比作公司,那么就像是借款人将其财产交给公司,以防止自己的债权人占有财产。

信托还利用实体保护这一特性完成破产程序中的债务执行。债务人资不抵债的,对其房产执行会带来诸多棘手的问题。借款人和出借人以信托的形式,通过不同的协议解决这些问题,这种安排就叫作"组合"(composition)。[175] 尽管具体内容有所不同,但都包含债权人承诺,即债权人放弃其对债务人享有的部分救济,以换取债务人放弃交托给受托人的部分财产,并指明债权人为该部分财产的受益人。[176] 之后,受托人会为债权人之利益管理或出售该部分资产,而债务人仅享有剩余部分财产的利益。[177] 通常情况下,受托人会依据各债权人主张的数额,按比例分配财产。债务人清偿债务就能免除牢狱之灾,[178] 出借人则获得获取债务人财产的权利和有序公平清算财产的权利。[179]

这些协议最核心的基础就是资产分割。在"组合"中债务人最看重的就是有序清算程序,但要想实现有序清算,信托就必须确保未能成为信托受益

---

[173] See 1 Selden Soc'y, supra note 41, at 229; see also Chetwynd v. Fleetwood (1742) 1 Eng. Rep. 580 (HL) 581; 1 Bro. Parl. Cas. 300; Tasburgh v. Echlin (1733) 1 Eng. Rep. 934 (HL) 938; 2 Bro. Parl. Cas. 265, 265 – 66; Paget v. Bridgewater (1724) 1 Eng. Rep. 1190 (HL) 1190; 3 Bro. Parl. Cas. 79, 79 – 80; Allibon v. A-G (1707) 1 Eng. Rep. 341 (HL); Colles 393, 393 – 95; Kingsland v. Barnewall (1706) 2 Eng. Rep. 105 (HL); 4 Bro. Parl. Cas. 154; Vernon v. Jones (1691) 24 Eng. Rep. 17 (HL); Fin. Pr. 32; Seymour v. Fotherby (1691) 24 Eng. Rep. 23 (Ch); Fin. Pr. 44.

[174] See Jones v. Prior (1674) 23 Eng. Rep. 96 (Ch); Fin. 175; Foley v. Lingen (1674) 23 Eng. Rep. 91 (Ch) 91 – 92; Fin. 166, 166 – 67; Vaughan v. Morgan (1674) 23 Eng. Rep. 75 (Ch); Fin. 138.

[175] Julian Hoppitt, Risk and Failure in English Business: 1700 – 1800, at 29 – 30 (1987); V. Markham Lester, Victorian Insolvency: Bankruptcy, Imprisonment for Debt, and Company Winding-Up in Nineteenth-Century England 78 (1995); see Israel Treiman, Majority Control in Compositions: Its Historical Origins and Development, 24 Va. L. Rev. 507, 523 (1938).

[176] See Hoppitt, supra note 175, at 29 – 30.

[177] Ibid.

[178] Jay Cohen, The History of Imprisonment for Debt and Its Relation to the Development of Discharge in Bankruptcy, 3 J. Legal Hist. 153, 163 (1982).

[179] Peter J. Coleman, Debtors and Creditors in America 4 – 5 (1999).

人的债权人无权对财产提出请求。财产转归受托人而非债务人所有后,实体保护就能防止债务人的债权人通过一般司法程序占有财产,债权人需要按照受托人规定的程序获取财产。[180] 到了 17 世纪末期,信托已经建立起非常强大的资产分割制度。

2. 合股公司中的表现

信托在合股公司的应用始于 17 世纪末期,带有鲜明的资产分割色彩。这一特征起初并不明显,但随着信托的发展逐渐凸显,并在 19 世纪早期成为信托的显著特征。

这一现象在早期的合股公司中表现得并不明显,是因为在 18 世纪,大法官法院报告很不完善,只有极少数的非法人合股公司的涉诉记录。[181] 但仍有间接证据显示,企业家期望锁定资本,防止资本剥离。以前述 1701 年的供水公司案为例,[182] 该公司股东人数有 900 名之多,[183] 但是这些股东在任何时候都无法对企业发起清算,因为公司订立了一份为期 15 年的租约。[184] 依照租约,公司还承诺会以一次性付款的方式投入大笔的前期投资,并开展大范围的基础设施完善工作。[185] 这些投资的回报周期长达数年,这意味着公司的运营者有长期经营的打算。该公司和同时期同类公司[186] 的存在证明,即便是在以信托为基础的合股公司发展初期,实体保护也是为大家所认同的。弗里曼、皮尔森和泰勒教授近期对 18 世纪和 19 世纪早期合股公司的调查也证实了这一点,他们发现,大多数以信托为基础的公司都在其授产契据中宣称会无限期存续下去。[187]

---

〔180〕 前文所述的反欺诈性转让法规允许债权人撤回债务人信托转移行为,即使该债权人不是"组合"成员。很多世纪以来,破产法的核心功能在于通过使私人财产对不同意转让的债权人具有约束力,在某些特定情形下消除反欺诈性转让法规的效力。

〔181〕 这一主张建立在对英国报告广泛数字检索之上。1722 ~ 1880 年唯一涉及信托形式公司的案例是 Lynch v. Dalzell (1729) 2 Eng. Rep. 292 (HL); 4 Bro. Parl. Cas. 431, and Horsley v. Bell (1778) 27 Eng. Rep. 494 (Ch); Amb. 770。最有可能解释这一阶段记录缺失的原因是,大法官法院报告之间有矛盾之处,只记载了部分的案件结果。

〔182〕 See supra section I. C [论述 City of London II (1702) 1 Eng. Rep. 727 (HL); 1 Bro. Parl. Cas. 516, 首个涉及信托形式公司的报告案例].

〔183〕 City of London II, 1 Eng. Rep. at 727; 1 Bro. Parl. Cas. at 516.

〔184〕 City of London I (1701) 23 Eng. Rep. 870 (Ch) 870; 2 Vern. 421, 421 - 22.

〔185〕 Ibid. at 870; 2 Vern. At 421 - 22.

〔186〕 See Scott, Constitution and Finance, supra note 68, § § 1D, 1E, 5A, 5C, 5E(列举从 17 世纪末到 18 世纪初以信托为基础的合股公司); see also Freeman et al., supra note 24, at 23 - 28(论述 18 世纪合股公司的发展).

〔187〕 Freeman et al., supra note 24, at 55.

及至19世纪早期,非法人公司资本锁定的迹象越发明显,最早有关合伙企业的著述就是最直接的例证。在19世纪上半叶,有关合伙企业著述的论者一直认为,尽管合伙企业的默认规定允许合伙人在任意时间撤回资本和解散合伙企业,但只要另行达成约定,这一规则可随时更改,合伙人只需要说明合伙企业会永久或在固定的期限内存续即可。举例而言,约翰·柯利尔(John Collyer)指出,默认情况下,"合伙人做出明确意思表示、破产、被剥夺法益、犯重罪或死亡的,不定期合伙可解散"。[188] 此外,柯利尔表示,"除了破产……或重罪等情形,法律还规定,合伙人在有正当理由的情况下,可决定是否解散合伙企业。例如,合伙人死亡的,其子女或代表人可超出法定解散期限继续经营合伙企业"。[189] 此外,柯利尔还指出,合伙企业设立时,可规定企业存续时间,这种情况下,"存续期届满"是唯一的解散理由。[190] 尼尔·高(Niel Gow)也表达了相同的观点,"即便没有订立明示合同,各方也会就合伙企业的存续时间达成默示合同。如此一来,在约定的时间届满之前,任一方无权解散合伙"。[191] 这一观点也得到了其他议者的认同。[192]

解散诉讼非常复杂,这是企业提前解散的另一块拦路石。1826年,大法官艾尔登(Eldon)就 *Van Sandau v. Moore* 案(以下简称 *Van Sandau* 案)所作判决清楚地证明了这一点。[193] 在该案中,一名股东希望通过解散公司来撤回自己投入的资本。[194] 该股东提出,公司并未明确规定存续期间,因此合伙人可任意解散。[195] 然而,法院认为,该股东若想强行解散公司,必须向公司的300名股东分别送达传票。[196] 就可行性而言,要想定位数百名股东并向其发送传票根本是天方夜谭,因此该公司得以继续营业。[197]

---

〔188〕 John Collyer, A Practical Treatise on the Law of Partnership 58 (London, S. Sweet 1832).

〔189〕 Ibid. at 62.

〔190〕 Ibid.

〔191〕 Niel Gow, A Practical Treatise on the Law of Partnership 278 (London, Charles Hunter 1823).

〔192〕 Andrew Bisset, A Practical Treatise on the Law of Partnership 55 (Harrisburg, Pa., I. G. McKinley & J. M. G. Lescure 1847) ("通常情况下,合伙企业的经营期限是确定的,如果在此之前没有其他法定的终止日,合伙企业在该期限届满后即解散"); Joseph Story, Commentaries on the Law of Partnership 403 (Bos., Charles C. Little & James Brown 1841).

〔193〕 Van Sandau v. Moore (1826) 38 Eng. Rep. 171 (Ch); 1 Russ. 441.

〔194〕 Ibid. at 171; 1 Russ. at 441.

〔195〕 Ibid. at 172; 1 Russ. at 443.

〔196〕 Ibid. at 173; 1 Russ. at 447.

〔197〕 Ibid. at 183; 1 Russ. at 474.

Van Sandau 案常被作为英国法院系统功能缺陷的例证,[198] 但事实上,这一处理机制背后存在深刻的现实动因:锁定公司资本。如下文所述,只有在解散程序中,才要求所有股东参与,而其他程序并不强制要求商业信托的所有利益相关者参与。[199] 该案背后的功能逻辑在于认定解散问题的特殊性以及确保资本撤出的难度。总而言之,非法人公司同样可以像法人公司一样锁定公司资本。

(二)股东和受托人的有限责任

信托中同样存在有限责任。信托提供的有限责任随着时间的发展在不断演变,和我们理解的现代公司的有限责任存在诸多差异。但商业信托中有限责任的功用和同时期公司中有限责任的功用不相上下,甚至略胜一筹。此外,信托中的有限责任通常远超一般合伙企业中的有限责任。

1. 有限责任的演变

18 世纪早期以信托为基础的合股公司出现之前,信托中的有限责任范围并不确定,因为早期信托法根本没有涉及这一问题。中世纪时期,英国的典型家庭赠与信托的受托人只持有土地,不涉及业务活动,因此受托人很少越俎代庖,承担受益人应负的责任,也不会承担导致自身职责受限的责任。[200]

然而,有限责任和信托几乎是同时出现在合股公司中。首先,有限责任并非谨慎决策的产物;相反,信托财产的缔约和授权形式已经决定了责任的有限性。上文已指出,信托法的核心逻辑是普通法上的所有权属于受托人。[201] 因此,受托人是以个人名义而非信托或者受益人的名义订立合同的。这就意味着,受托人本人(而不是受益人)需要对信托的债务负责。鉴于受托人既是信托财产的所有人,也是信托合同的签字人,因此其需要对信托的债务承担责任。[202] 1884 年,美国最高法院对这一逻辑作出了解释,"受托人

---

[198] See e. g., Bd. of Trade, Report on the Law of Partnership, HC, in 530 Parliamentary Papers 2, 3 (1837); Mahoney, supra note 23, at 888 - 89.

[199] Joseph Story, Commentaries on Equity Pleadings § 132 (Bos., Charles C. Little & James Brown 2d ed. 1840)(论述作为一般规则的例外,成员人数众多的合伙在其解散时,并不要求全部合伙人都参加). 雷德斯戴尔(Lord Redesdale)大法官得出一个类似结论,认为合伙解散是多数成员实际都需要参加的少数情形之一。John Mitford, A Treatise on the Pleadings in Suits in the Court of Chancery 416 - 17 (London, J. & W. T. Clarke 5th ed. 1827).

[200] See John H. Langbein, The Contractarian Basis of the Law of Trusts, 105 Yale L. J. 625, 640 - 42 (1995).

[201] See supra note 46.

[202] See Duke of Queensbury v. Cullen (1787) 1 Eng. Rep. 646 (HL) 652; 1 Bro. Parl. Cas. 396, 404 - 05.

订立此种合约的,自身必受规限,因为合约中并不存在任何委托人"。[203] 换言之,受托人若以自身名义订立合同,那么对其代表信托订立的合同,他就是唯一受规限的主体。直至20世纪,受托人个人责任仍是美国信托的定律。[204]

尽管对于受托人而言个人责任制度并不是什么好事,但对于受益人而言却恰恰相反,因为受益人在功能上也享受到了对等的有限责任。简言之就是,由于受托人负有责任,相应地,受益人就无须负责。这一特点随着合股公司纪元的到来日益明晰,上述1701年 *City of London* 案中供水公司就是典例之一。[205] 在该案中,被告人是受托人而不是信托或股东,[206] 且原告是对受托人个人提起的诉讼。[207] 受托人曾试图以股东应为责任主体为由规避责任,他们提出,"衡平法应当对信托受益人(也就是股东)而不是受托人进行判决"。[208] 但法院对此并不认同,大法官认为,受托人的个人责任不证自明,对于受托人提出的受益人应当是责任主体的观点,大法官表示"此法不可行"。[209] 上议院的上诉报告对此作出了更详细的解释,法院认定伦敦城起诉的对象是受托人而非被其代表的股东,因为受托人是租约的持有人。[210] 因此,在受托人承担个人责任时,股东的权益毫发无损,实现了事实上的有限责任。

然而,信托最终还是失去了有限责任这一特性,直至20世纪早期,才逐渐有所恢复。19世纪早期,为了实现有限责任,法院开始将合股公司信托按合伙企业处理。[211] 这背后的基本逻辑是,合伙企业法将所有与合伙企业类似的契约安排视为合伙企业,而商业信托正是一种与合伙企业类似的契约安排。此举影响深远,因为合伙企业法规定,企业的每一合伙人均需对企业债务承担个人责任。事实上,将某种商业组织视为合伙企业的重点就在于使企业的合伙人对企业债务负责。这种学理转向最早出现在19世纪20年代前

---

[203] Taylor v. Davis, 110 U. S. 330, 335 (1884). 另一个经典案例, see Hussey v. Arnold, 70 N. E. 87, 88 (Mass. 1904); See also Scott, Law of Trusts, supra note 41, § § 261 - 263。

[204] Scott, Law of Trusts, supra note 41, § § 261 - 263.

[205] City of London I (1701) 23 Eng. Rep. 870 (Ch); 2 Vern. 421; see supra section I. C.

[206] City of London I, 23 Eng. Rep. at 871; 2 Vern. at 423.

[207] Ibid. at 871; 2 Vern. at 423.

[208] Ibid. at 871; 2 Vern. at 423.

[209] Ibid. at 871; 2 Vern. at 423.

[210] City of London II (1702) 1 Eng. Rep. 727 (HL) 728; 1 Bro. Parl. Cas. 516, 518.

[211] See e. g., Taylor v. Davis, 110 U. S. 330, 337 (1884); Hussey v. Arnold, 70 N. E. 87, 88 (Mass. 1904); Wells-Stone Mercantile Co. v. Grover, 75 N. W. 911, 916 (N. D. 1898); Duke of Queensbury v. Cullen (1787) 1 Eng. Rep. 646 (HL) 651 - 52; 1 Bro. Parl. Cas. 396, 404 - 05.

后，也就是英美法院无视合伙人意愿，开始将契约安排视为合伙企业的时候。[212]

但这一现象并未持续太久，1856 年议会通过《有限责任法案》，赋予英国公司普通有限责任。[213] 同年，英国大法官法院和上议院开始授予商业信托有限责任，著名的案例就是 *Cox v. Hickman* 案。[214] 在该案中，涉案的铁制品公司资不抵债，公司所有人将其全部衡平法权益转让给受托人，并指定公司的债权人为信托的受益人。[215] 这是一种标准的破产信托，曾在英国盛行了数百年。但这同样引发了有关有限责任的问题，因为在原所有人将企业转让给受托人后，受托人并未清算企业，而是选择继续经营，替出借人牟利。[216] 在经营期间，受托人又发展了新的出借人，[217] 然而，公司效益依旧毫无起色，最终不仅无法清偿原出借人的债务，还难以补偿新出借人。[218] 因此，新的出借人将原出借人告上法庭，称由于企业继续经营，旧出借人不再是单纯的受益人，同时还是企业的合伙人，因此需要为合伙企业的新生债务承担个人责任。[219]

受理该案的法官们左右为难，他们必须在传统信托法规则（明确规定受益人无须负责）和合伙企业规则——也就是所谓的“商业信托”法（未规定受益人无须负责）——之间划定界限。但在破产程序中，普通信托和商业信托之间的界限并不清晰，具体适用哪一套规则也没有定论。几经争论，上议院最终作出了有利于原出借人的决定，认定其只需要承担有限责任。[220]

---

[212] See 3 James Kent, Commentaries on American Law 26 (N. Y. C., O. Halsted 2d ed. 1832); Naomi R. Lamoreaux, Constructing Firms: Partnerships and Alternative Contractual Arrangements in Early Nineteenth-Century American Business, 24 Bus. & Econ. Hist. 43, 53 (1995). 有关英国的资料，see Holmes v. Higgins (1822) 107 Eng. Rep. 28 (KB) 29; 1 B. & C. 74, 76; Charles Wordsworth, The Law of Joint Stock Companies 226 – 39 (Phila., John S. Little 3d ed. 1843)。无论如何，在 19 世纪 50 年代之前，这个原则都是明确的。See Cox v. Hickman (1860) 11 Eng. Rep. 431 (HL) 450; 8 H. L. Cas. 268, 314; Re Stanton Iron Co. (1855) 52 Eng. Rep. 821 (Ch) 825; 21 Beav. 164, 173 – 74.

[213] 1855 年《有限责任法案》(18 & 19 Vict. c. 133)。一年后该法案被 1856 年的《合股公司法》(19 & 20 Vict. c. 47) 废除。有限责任的出现早于 1855 年，但仅以特别法案或特许状的形式存在。1855 年法案使得所有登记为公司的企业都适用有限责任。18 & 19 Vict. c. 133, § II.

[214] 11 Eng. Rep. at 431; 8 H. L. Cas. at 268. Cox 一案基于另一个相关的案子：Re Stanton Iron Co. (1855) 52 Eng. Rep. 821; 21 Beav. 164。

[215] Cox 11 Eng. Rep. at 432; 8 H. L. Cas. at 268 – 70.

[216] Ibid. at 432; 8 H. L. Cas. at 268 – 70.

[217] Ibid. at 432; 8 H. L. Cas. at 268 – 70.

[218] Ibid. at 432; 8 H. L. Cas. at 268 – 70.

[219] Ibid. at 433; 8 H. L. Cas. at 271.

[220] Ibid. at 445; 8 H. L. Cas. at 278.

由该案确立的有限责任原则最初仅适用于专为破产设立的信托,随后很快扩展到以信托为组织形式的一般企业。尤其是在大西洋另一侧的美国,有限责任原则备受青睐。1890 年由马萨诸塞州最高法院审理的 *Mayo v. Moritz* 案是确立美国商业信托有限责任原则的首例案件,[221] 在该案中,法院认定专利信托的股东对信托债务承担有限责任。[222] 随后,在 1913 年的 *Williams v. Inhabitants of Milton* 案和 1914 年的 *Frost v. Thompson* 案中,马萨诸塞州法院又对适用有限责任的要求进行了进一步解释:以信托为组织形式的企业应当被视为信托而非合伙企业,因此,若信托对股东控制权有所限制,则股东对信托所负责任也应为有限责任。[223] 只要受托人而不是股东享有控制权,那么就应当适用信托法而不是合伙企业法的相关规定。评论家们随后便提出,若商业信托的股东对信托享有有限控制权,则该信托为“真正的”或“纯粹的”信托,能够适用信托法的基本规则;但若商业信托的股东对信托享有绝对的控制权,则该信托实际是合伙企业,应当适用合伙企业法的相关规定。[224] 有限责任原则随后便从马萨诸塞州推广开来,仅仅几年,加利福尼亚州、[225] 伊利诺伊州、[226] 罗得岛州 [227] 以及阿肯色州 [228] 的法院就采用了这一原则。

一些史学家将有限控制要求解读为一种严苛的限制,认为该要求剥夺了股东的表决权,并断定其在实践中不具可行性。[229] 但事实恰恰相反,经过完善,马萨诸塞州确定的有限责任原则对管理集中程度的要求几乎与现代公司的普遍要求相等同。在现代公司的正常商业活动中,制定决策和订立合约的权力属于董事会而非股东,[230] 股东有权选举董事,但最终享有控制权的却是

---

[221] See 24 N. E. 1083, 1083 (Mass. 1890); see also Wells-Stone Mercantile Co. v. Grover, 75 N. W. 911, 912 - 13 (N. D. 1898).

[222] Mayo, 24 N. E. at 1083.

[223] Frost v. Thompson, 106 N. E. 1009, 1010 (Mass. 1914); Williams v. Inhabitants of Milton, 102 N. E. 355, 359 (Mass. 1913).

[224] See e. g., Hecht v. Malley, 265 U. S. 144, 147 (1924).

[225] See Goldwater v. Oltmann, 292 P. 624, 629 (Cal. 1930).

[226] See Schumann-Heink v. Folsom, 159 N. E. 250, 253 (Ill. 1927).

[227] See R. I. Hosp. Tr. Co. v. Copeland, 98 A. 273, 279 (R. I. 1916).

[228] See Betts v. Hackathorn, 252 S. W. 602, 604 - 05 (Ark. 1923).

[229] See Guinnane et al., supra note 23, at 695 n. 15(“在英国和美国的企业可以选择设立合股公司或者信托……后者的投资者完全放弃了对受托人的管理权,以致相较于其他形式,他们更易受到侵害”); Silberstein-Loeb, supra note 22, at 205.

[230] See e. g., Del. Code Ann. tit. 8, § 141(a) (2016).

董事。[231] 这就是现代公司和现代合伙企业的区别所在,前者由选举产生的董事会享有管理权而后者则由合伙人享有管理权。[232]

马萨诸塞州商业信托原则的最终版本仅规定了商业信托必须适用和现代公司一样的以董事会为中心的控制模式。为了满足股东有限责任的要求,信托只需要将管理信托的权力交予受托人委员会即可。马萨诸塞州商业信托的股东和现代公司的股东一样,仍旧享有选举受托人委员会的权力,借此可以保持对信托的控制。1925 年的 *Greco v. Hubbard* 案确立这一规定,[233] 在该案中,法院对信托和公司进行了明确的对比,发现若涉案的信托"采用公司的组织形式,那么被告在成为股东之后,即便选举了新的管理者,其与公司的关系也不会导致其需要对公司的债务承担个人责任"。[234] 信托也是一样,法院指出,"法律旨在对有效信托下的信托受益人(比如股东)进行保护",[235] 5 年后,加利福尼亚州最高法院也得出了同样的结论。[236] 到了 20 世纪 20 年代,马萨诸塞州商业信托就承担与现在美国各州公司相同的有限责任。

马萨诸塞州有限责任原则的最大短板就是不能在所有州适用。尽管马萨诸塞州和加利福尼亚州都规定信托和公司均承担有限责任,但南部有些州的法院还是拒绝适用这一原则,比如佛罗里达州、[237] 肯塔基州、[238] 路易斯安那州,[239] 以及得克萨斯州。[240]

2. 有限责任的历史和商业维度

20 世纪早期,美国信托所提供的有限责任在某种程度上逊于现代公司提供的有限责任,但我们必须正确地看待这一"不及",千万不要过分夸大。公司在有限责任方面的优越性也是近些年才逐渐展露出来的,几乎在整个现代历史中,信托在有限责任方面的劣势并未给其在与公司的竞争中造成多大

---

[231] See Ibid. § 141(b).

[232] See Del. Code Ann. tit. 6, § 15 - 202 (2016).

[233] 147 N. E. 272, 274 - 75 (Mass. 1925).

[234] Ibid. at 275.

[235] Ibid.

[236] See Goldwater v. Oltmann, 292 P. 624, 629 - 30 (Cal. 1930).

[237] See Willey v. W. J. Hoggson Corp., 106 So. 408, 411 - 12 (Fla. 1925)(认为普通法信托"只不过是为了逃避合伙企业的责任,享有其特权和豁免权,不遵守公司法而做出的隐蔽且无用的努力").

[238] See Ing v. Liberty Nat'l Bank, 287 S. W. 960, 961 (Ky. 1926)("这是一个很好的规则,在这个州,这些非法人组织都是合伙关系,每个成员都需要对合伙组织的债务承担个人责任").

[239] See Am. Nat'l Bank of Shreveport v. Reclamation Oil Producing Ass'n of La., 101 So. 10, 12 (La. 1924).

[240] See Thompson v. Schmitt, 274 S. W. 554, 559 (Tex. 1925).

的困扰,因为公司所能提供的有限责任同样表现平平。直到18世纪末或19世纪初,有限责任才成为相关公司设立特别议会法案的必备内容,[241]且直到1856年,也就是 *Cox v. Hickman* 案[242]确立信托同样适用有限责任的同年,有限责任才成为英国普通公司的普遍特征。[243] 此外,在整个18世纪,信托所提供的有限责任远非公司可比。举例而言,1702年的 *City of London* 案就赋予信托股东有限责任,这种有限责任,公司形式哪怕在百年之后也未能实现。[244]

还有一点需要注意,受托人(以及股东)承担个人责任的趋势并不意味着信托逊于公司,因为受托人责任在当代公司中亦有翻版。在18世纪和19世纪早期,英国和美国的公司董事常常需要对公司的债务承担个人责任,这一点和受托人对信托债务负责异曲同工。[245] 此外,还可以通过合约的方式加强信托的有限责任保护,若受托人可以说服债权人以合约形式放弃对受托人和股东个人资产的请求权,则债权人就无法占有这些资产。[246] 在19世纪早期,这一做法在美国得到充分的实践,例证就是信托的股东开始对企业的债务承担责任,[247]而到了20世纪早期,这一做法逐渐成为标准。[248] 信托契约通常要求受托人就其签订的所有合同获得股东和受托人的免责声明。[249]

在20世纪早期的美国商业信托中,受托人责任免除司空见惯,因而衍生出新的案件类型。法院认为,在一份合同中,受托人只要在签名旁边写上"以受托人而非个人名义"的字样,就能对个人责任加以限制。[250] 此外,在20世

---

[241] K. G. Davies, *Joint-Stock Investment in the Later Seventeenth Century*, 4 Econ. Hist. Rev. 283, 293–94 (1952).

[242] See Limited Liability Act 1855, 18 & 19 Vict. c. 133.

[243] (1860) 11 Eng. Rep. 431; 8 H. L. Cas. 268.

[244] See City of London II (1702) 1 Eng. Rep. 727 (HL); 1 Bro. Parl. Cas. 516.

[245] 3 Seymour D. Thompson, Commentaries on the Law of Private Corporations § 4163, at 3059 (S. F., Bancroft-Whitney Co. 1895)(提到美国存在大量这样的法规,要求公司董事和受托人……在发生官方违约时,承担其任职期间签订的合同所产生的债务);Henry N. Butler, Nineteenth-Century Jurisdictional Competition in the Granting of Corporate Privileges, 14 J. Legal Stud. 129, 146 (1985).

[246] 3 Kent, supra note 212, at 26–27.

[247] Ibid.

[248] Thompson, Business Trusts, supra note 148, at 14–15; Warren, supra note 148, at 384.

[249] See, for example, the Keystone Manufacturing Company Agreement made in 1920. McCoy, supra note 148, at 193–99.

[250] 经典案例是 Shoe & Leather Nat'l Bank v. Dix, 123 Mass. 148, 150 (1877); see also Duvall v. Craig, 15 U. S. 45, 56 (1817); Rand v. Farquhar, 115 N. E. 286, 288 (Mass. 1917); Mitchell v. Whitlock, 28 S. E. 292, 292–93 (N. C. 1897). See e. g., Dunn, supra note 148, at 197; Scott, Law of Trusts, supra note 41, § § 263, 263.2; Sears, supra note 148, § § 33, 56, 75; Warren, supra note 148, at 860。

纪早期的美国,第三方而非受托人可以依据信托契据直接收回信托资产,受托人只需要在信托资金不足时承担责任。[251]

合同责任免除成效卓著。在整个"封闭式基金"(closed-end funds)全军覆没后,合同责任免除在 20 世纪早期登上了历史舞台。封闭式基金指的是购入其他公司股票然后向希望进行广泛投资的投资人发行本公司股票的投资基金。[252] 在 20 世纪 20 年代,封闭式基金举足轻重。在 1929 年的黄金牛市上,这类基金发行了接近 30 亿美元的债券,占美国全部新发行公司债券的 30% 以上,[253] 关键在于,这些基金绝大多是都选用信托作为其组织形式。在 20 世纪 20 年代,信托形式在此类基金中风靡一时,甚至有人以"投资信托"称之。[254]

然而,在 1929 年,封闭式基金产业随股市的崩盘而土崩瓦解,各个公司瞬间债台高筑。封闭式基金的资本架构除了股票之外,还包含多级债券,[255] 因此当股票市场在 1929 年 10 月触礁时,大多数的封闭式基金都选择了解散或破产。[256]

但值得注意的是,并没有证据显示这些基金的股东曾对债务承担责任。尽管美国证券交易委员会(SEC)曾花费数年时间调查基金产业的崩盘,并就其调查结果整理了四卷总计上千页的报告,[257] 但从未发现有关股东个人责任的只言片语。首先,依据马萨诸塞州的先例,基金的集中管理结构决定了股东只承担有限责任;其次,基金的债务合同中包含股东免责条款。无论出于哪种原因,对股东加以保护都是应有之义。因此,封闭式基金的实践证明,

[251] See Scott, Law of Trusts, supra note 41, § 265.4; Sears, supra note 148, §§ 53–54. 到 20 世纪初,这已成为马萨诸塞州和其他美国重要司法辖区的默认规则。See Frost v. Thompson, 106 N. E. 1009, 1010 (Mass. 1914); Wright v. Caney River Ry. Co., 66 S. E. 588, 590–91 (N. C. 1909); Wells-Stone Mercantile Co. v. Grover, 75 N. W. 911, 912 (N. D. 1898); Dunn, supra note 148, at 347; Scott, supra note 41, §§ 270–270.2; Wrightington, supra note 148, at 157–59.

[252] John Morley, Collective Branding and the Origins of Investment Management Regulation, 6 Va. L. & Bus. Rev. 341, 348 (2012).

[253] SEC, Investment Trusts and Investment Companies, H. R. Doc. No. 70, pt. 2, at 186 tbl. 59, 190 tbl. 60 (1939).

[254] See e. g., Cravath, supra note 145, at 14–15; Walter N. Durst, Analysis and Handbook of Investment Trusts 5–6 (1932); Theodore J. Grayson, Investment Trusts, Their Origin, Development and Operation 1 (1928); 1 C. P. Keane, Keane's Manual of Investment Trusts 550, 552–53 (1928); Williams, supra note 145, at 1–2.

[255] 证券交易委员会估计,1929 年,债权和优先股约占封闭式基金总资产的 56%。H. R. Doc. No. 70, pt. 2, at 140 tbl. 33.

[256] Morley, supra note 252, at 353.

[257] See H. R. Doc. No. 70, pt. 2.

负有合同债务的、以信托为基础的企业在大规模倒闭时可以保证自己的股东毫发无损。

确切地说,股东责任的契约免除也是有限度的,它不能免除股东有关侵权和税务的非契约责任。[258] 但在20世纪早期之前,这一问题并未引起足够的重视,在19世纪中期之前,侵权责任鲜为人知,[259]哪怕到了20世纪早期,侵权法的发展也处于非常不完善的状态。[260] 同样,税收责任也相对乏人问津。尽管英国在1803年就征收了公司所得税,但在之后的一百年间,税率一直都非常低。[261] 美国直到1909年才开始对企业征收所得说,且以如今的标准来看,当时的税率实在很低。[262]

到了20世纪20年代,许多从业者开始向客户建议,如果商业信托的股东选择采用信托形式而不是公司形式作为其组织形式,就能够大大减少其承担侵权责任或政府责任的风险,值得一试。哈佛大学法学院教授爱德华·沃伦(Edward Warren)虚构了一名律师与其企业家客户的对话来解释信托形式的好处,[263]律师向其客户表示信托形式下的个人责任风险简直可以忽略不计。[264] 在该对话中,律师是这样说的:

> "如果采用信托,那么就没人能对您提出合同索赔,唯一可能对您提出的就是工伤索赔或者税费索赔。如果是这类索赔,您有权在必要的情况下使用全部的信托资产进行赔偿,以此来保全自己。总而言之,您唯一需要担心的就是数额超出信托资金的索赔。但这种情况出现的概率非常小。"[265]
>
> 客户答道:"还有这等好事!"[266]

---

[258] See Warren, supra note 148, at 384.

[259] See Lawrence M. Friedman, A History of American Law 222 – 23, 350 (3d ed. 2005); John Fabian Witt, The Accidental Republic 4 – 6 (2004)(描述了美国内战后侵权法的发展); Richard A. Epstein, The Historical Origins and Economic Structure of Workers' Compensation Law, 16 Ga. L. Rev. 775, 777 – 86 (1982)(论述19世纪中后期适度加重雇主的侵权责任).

[260] See G. Edward White, The Emergence and Doctrinal Development of Tort Law, 1870 – 1930, 11 U. St. Thomas L. J. 463, 483 (2014).

[261] See Steven A. Bank, Anglo-American Corporate Taxation 24 – 26, 49 – 54 (2011).

[262] See Ibid. at 70 – 71.

[263] Warren, supra note 148, at 383 – 84.

[264] Ibid.

[265] Ibid. at 384.

[266] Ibid.

和股东责任一样,在整个 20 世纪早期,受托人责任并不是多棘手的问题。合同免责条款显然非常有效,个人责任风险也没有大到令受托人望风而逃的程度。在 18 世纪,非法人公司通常会选择当地的贵族或其他德高望重的人担任受托人。[267] 后来,公司会从公司秘书和其他管理人员中抽选人员担任受托人,这些人可以作为判断依据且唯一的工作就是听从董事会的指令。[268] 20 世纪后半叶,美国大部分司法管辖区都通过法律废除了受托人的个人责任。[269]

(三)诉讼中的法律人格

在信托的众多弱点中,被近期学者无限放大的弱点之一就是信托无法取得诉讼上的法律人格。[270] 诉讼上的法律人格非常重要,因为自近代早期开始,衡平法就要求诉讼的所有利益相关人员以当事人的身份加入诉讼。[271] 一言以蔽之,若原告对一家信托提起诉讼,而该信托有多名受益人,则依据衡平法规定,每一名受益人都是被告,法院需要向其送达传票。

如果不做任何变通直接对非法人合股公司适用这一规则,那么诉讼根本无法进行,因为法院需要将传票送达公司的每位股东,这在没有电子邮件的年代可谓是困难重重。此外,合股公司常常有成百上千名股东,向所有人发传票更是一件不可能完成的任务。[272] 因此,近期的史学家认为公司形式是一大创举,因为它赋予了企业法律人格,令其可以以自身名义参与诉讼。[273] 在涉及公司的案件中,利益相关方是公司而不是股东,因此公司可以在股东不参与的情况下进行诉讼。[274]

但在这一点上,实际情况是,信托并不逊色于公司。在 18 世纪前后,信

---

[267] See Freeman et al., supra note 24, at 41(描述企业为努力增加成功设立公司的可能性而使信托形式流行的情形);Chantal Stebbings, The Private Trustee in Victorian England, at i (2002)(描述信托的普及是维多利亚中产阶级为保护财产而产生的结果).

[268] See Blundell v. Winsor (1837) 59 Eng. Rep. 238 (Ch) 238 - 39; 8 Sim. 601, 601 - 02(描述一个指定其财务主管为受托人的公司);Harrison v. Heathorn (1843) 134 Eng. Rep. 817 (CP) 822 - 23; 6 Man. & G. 81, 95(相同).

[269] See Jones et al., The Massachusetts Business Trust, supra note 112, at 434 - 35(描述在马萨诸塞州受托人免于个人合同责任).

[270] See Harris, Industrializing English Law, supra note 16, at 153 - 54(描述受托人面临的个人责任); Mahoney, supra note 23, at 887 - 88(描述议会为了取缔非法人公司,拒绝赋予他们法人资格).

[271] See Story, Equity Pleadings, supra note 199, § §72 - 76.

[272] See Van Sandau v. Moore (1826) 38 Eng. Rep. 171 (Ch) 173; 1 Russ. 441, 447.

[273] See Harris, Industrializing English Law, supra note 16, at 159 - 66;Mahoney, supra note 23, at 877(分析现代法律怎样赋予公司以"独立法律人格并能以自己的名义起诉和应诉")。

[274] See Mahoney, supra note 23, at 877.

托首次出现在合股公司中时,信托就制定了一系列一般共同诉讼的例外规定。尽管衡平法规定合股公司的所有股东都要参与涉及公司的诉讼,但衡平法法院也清楚,这一规定并不具有可行性。因此法院作出了诸多例外规定,在共同诉讼不具有可行性的案件中,法院几乎都免除了信托股东参与诉讼的责任。

一般共同诉讼的例外情况数不胜数。最简单的情形就是争议当事方身处国外。举例而言,如果合伙企业的合伙人或信托的受益人身处印度或加勒比,只要其他当事人可以充分代表他们,法院就不会坚持要求其参加诉讼。[275]

另一种例外情况出现在为债权人牟利的信托中。[276] 如上所示,[277] 至少从现代早期开始,为了担保贷款、管理破产事宜或确保债权人在其死亡时可以获得土地,借款人通常会将资产转移给受托人,以保障债权人的利益。在这类信托中,被指定为受益人的债权人数量庞大,分布范围广,没有外部人员或受托人或其他债权人的协助根本无法令其加入诉讼。因此,在17世纪末,大法官法院通常会免除这些信托中债权人参与诉讼的责任。[278] 19世纪中期,美国铁路公司开始以信托的方式向数以千计的债权人发行公司债券,之后美国的法院也开始适用类似的免责规定。[279]

可以说,至少在18世纪早期,大法官法院就已经建立起众多共同诉讼规则的例外规定,在当事方数量过于庞大的案件中免除利益相关方参与诉讼的责任,这对于当时出现的以信托为基础的合股公司而言尤为重要。1840年,19世纪最伟大的论者和美国最高法院法官斯托瑞(Justice Story)曾这样总结有关合股公司股东的规定:这是一条“衡平法法院的规则,若当事方人数过多需要记录但实践难度大或不可行的;若所有当事方均享有共同利益,则部分

---

[275] See Good v. Blewitt (1807) 33 Eng. Rep. 343 (Ch) 345; 13 Ves. Jr. 397, 401; AG v. Baliol Coll. (1744) 88 Eng. Rep. 538 (Ch) 539; 9 Mod. 407, 409; Quintine v. Yard (1702) 21 Eng. Rep. 886 (Ch) 886; 1 Eq. Ab. 74, 74; Cowslad v. Cely (1698) 24 Eng. Rep. 40 (Ch) 40; Fin. Pr. 83, 83; Walley v. Walley (1687) 23 Eng. Rep. 609 (Ch) 610; 1 Vern. 484, 487.

[276] See Cockburn v. Thompson (1809) 33 Eng. Rep. 1005 (Ch) 1008; 16 Ves. Jr. 321, 328 (允许一个信托受益人代表其余所有受益人提起诉讼); Story, Equity Pleadings, supra note 199, §76(b).

[277] See supra notes 175-179.

[278] See Barker v. Wyld (1682) 23 Eng. Rep. 373 (Ch) 373; 1 Vern. 140, 140; see also Cockburn, 33 Eng. Rep. at 1007; 16 Ves. Jr. at 327.

[279] See Shaw v. Norfolk R. R., 71 Mass. (5 Gray) 162, 170 (1855) (放弃在债券违约案中要求所有债券持有人都参加诉讼); Bd. of Supervisors v. Mineral Point R. R., 24 Wis. 93, 132 (1869).

当事方可代表自己以及公司的其他成员进行诉讼”。[280]

18 世纪早期以信托为基础的合股公司诞生之时，这一原则就已初露端倪。在 1701 年的供水公司案（*City of London* 案）中，伦敦城对公司的受托人及部分股东而不是全部股东提起了诉讼。[281] 受托人随后以所有公司股东必须加入诉讼为由进行抗辩。[282] 因为公司售出了 900 股，受托人知道原告根本无法令所有股东参与诉讼。

但大法官清楚要求所有股东参与的难处，因此拒绝适用一般共同诉讼规则。大法官发现，受托人“通过将租约分成多份发行，想要让所有股东加入诉讼，根本不现实”。[283] 因此直接取消了共同诉讼要求，准许原告以受托人为对象进行诉讼。[284] 上议院随后支持了大法官的决定，指出令所有股东出庭“不具任何可行性，这样会导致答辩者永远不可能胜诉”。[285] 20 年后，也就是 1722 年，大法官在 *Chancey v. May* 案中对涉案的合股公司及其股东作出了同样的决定。[286] 法院表示，任何时候因股东人数众多难以进行共同诉讼的，就不会对此做强制要求。此举一出，可谓是将一般共同诉讼规则撕扯得支离破碎。

19 世纪初大法官法院发布的一系列意见书[287]重申了这一规则，这些意见书受到了当时评论家们的热议，但近期的史学家们对此不置一词。这类意见书首次出现在 1805 年，是由大法官艾尔登就 *Adair v. New River Co.* 案作出的。[288] 在该案中，艾尔登法官免除了涉案的非法人公司部分股东参与诉讼的责任，理由是股东人数过多，全部加入诉讼“不具可行性”，因此“不应强行适用”共同诉讼规则。[289] 据其所言，原告只需“起诉其能起诉的”股东即可满足要求。[290] 在 4 年之后的 *Pearce v. Piper* 案和 *Cockburn v. Thompson* 案

---

[280] Story, Equity Pleadings, supra note 199, § 115（强调）[论述 Small v. Attwood（1838）7 Eng. Rep. 684（Ch）；6 Cl. & F. 232].

[281] See City of London I（1701）23 Eng. Rep. 870（Ch）870；2 Vern. 421, 422.

[282] Ibid. at 870；2 Vern. at 421, 422.

[283] Ibid. at 871；2 Vern. at 422.

[284] Ibid. at 871；2 Vern. at 423.

[285] City of London II（1702）1 Eng. Rep. 727（HL）728；1 Bro. Parl. Cas. 516, 518.

[286] （1722）24 Eng. Rep. 265（Ch）265；Fin. Pr. 592, 592.

[287] 很难说清在 1722 年 *Chancey v. May* 与 18 世纪末之间发生了什么，以至于出现大量例外，如前文（注释 181）所述，1722 年和 19 世纪早期大法官法院诉讼程序报告中几乎没有信托案例。

[288] （1805）32 Eng. Rep. 1153（Ch）；11 Ves. Jr. 429. 新河公司根据皇家特许状设立，依照该计划，王室将持有相当于年利润一半的股份。Ibid. at 1153；11 Ves. Jr. at 429. 之后，将利润分做股份分给“100 个人或者更多。” Ibid. at 1153；11 Ves. Jr. at 429.

[289] Ibid. at 1159；11 Ves. Jr. at 444.

[290] Ibid. at 1159；11 Ves. Jr. at 444.

(以下简称 *Cockburn* 案)中,艾尔登法官得出了同样的结论。[291] 在 *Cockburn* 案中,一家联合年金公司与其发起人和部分共同股东对簿公堂。发起人提出了相同的论点,称在所有共同股东全部加入诉讼之前,不可继续向前推进案件,[292] 但艾尔登法官并未支持这一论点。他注意到,在19世纪早期,伦敦以信托为基础的公司数量呈现爆发式的增长,并指出,若依被告所言,起诉这些公司的人需要令所有股东加入诉讼才能推进案件的话,那么"这个城市里所有以合伙企业形式存在的类似机构(也就是以信托为基础的合股公司),若没有成立法人,法院根本就束手无策,无法适用任何法律来对这些机构的成员进行管制"。[293] 换言之,这些公司可以为所欲为,大法官决不允许出现这种情况。除了这一实践论据外,艾尔登法官还提出了一条理论论据。他援引"类似的债权人案件"来提醒当事人,信托长期以来都用以构建债权关系,债权人人数众多的,就可以免除债权关系中债权人参与诉讼的责任。[294]

Cockburn 案确立的规则很快被普及开来。1818 年,大法官法院的案卷主事官对 *Meux v. Maltby* 案进行了裁决,该案涉及一家以信托为组织形式的码头公司,[295] 这一案件对前述规则的发展影响深远。法庭援引 *Cockburn* 案和信托历史上有关债权关系的其他案件,指出在这些案件中,法院都经过审慎考量,最终决定免除信托当事人参与诉讼的责任。[296] 案卷主事官还援引了18世纪早期两家非法人合股公司的案件(包括前述供水案件)来证明共同诉讼责任的免除是一条由来已久的原则。[297]

股东共同诉讼免责原则迅速在大西洋另一端推广开来。1816 年,在 *Van Vechten v. Terry* 案中,现代美国法领军人物、[298] 时任纽约大法官的詹姆斯·肯特(James Kent)免除了一家非法人股份银行业公司 250 名股东参与诉讼

---

[291] Cockburn v. Thompson (1809) 33 Eng. Rep. 1005 (Ch); 16 Ves. Jr. 321; Pearce v. Piper (1809) 34 Eng. Rep. 1 (Ch); 17 Ves. Jr. 1.

[292] Cockburn 33 Eng. Rep. at 1006; 16 Ves. Jr. at 322 - 23.

[293] Ibid. at 1006; 16 Ves. Jr. at 324.

[294] Ibid. at 1007; 16 Ves. Jr. at 327. 当时的著述同样承认,债权人可以代表一大批债权人起诉,而不必加入其他债权人。See e. g. , Denis George Lubé, An Analysis of the Principles of Equity Pleading 188 - 89 (London, S. Sweet 1823); John Whitworth, Equity Precedents 288, 309, 316 (Phila. , T. & J. W. Johnson 1848).

[295] (1818) 36 Eng. Rep. 621 (Ch); 2 Swanst. 277.

[296] Ibid. at 623 - 25; 2 Swanst. at 282 - 87.

[297] Ibid. at 623 - 25; 2 Swanst. at 282 - 87 [引用 Adair v. New River Co. (1805) 32 Eng. Rep. 1153 (Ch); 11 Ves. Jr. 429; City of London I (1701) 23 Eng. Rep. 870 (Ch); 2 Vern. 421].

[298] See John H. Langbein, Chancellor Kent and the History of Legal Literature, 93 Colum. L. Rev. 547, 548 (1993).

的责任。[299] 和艾尔登法官一样，肯特法官是这样说明其推理过程的：

"就本案而言，受托人已经足以担任被告……如果非要原告把所有股东都找齐才能推进案件的话，未免过于严苛，其间造成的时间和金钱负担势必会影响本庭的公正性。这就是一般原则不能也不必适用的原因之一，因为受托人足以代表本案相关的所有利益，且受托人本来就是为了代表股东而选任出来的，本庭没必要越俎代庖。"[300]

到了19世纪30年代，例外情况多如牛毛，以至于一般共同诉讼规则竟无立锥之地。尽管也有一些案件适用了一般规则，[301]但绝大多数法院都会习惯性地免除合股公司股东参与诉讼的责任。[302] 关键是，在涉及原、被告组合的案件中，法院同样作出了责任免除决定，如公司与第三方的诉讼案件、公司股东内部诉讼案件或公司股东与受托人的诉讼案件。[303]

1840年，法官斯托瑞出版了有关英国和美国衡平法诉讼的著述，[304]这一著述振聋发聩，具有里程碑式的意义，它明晰了共同诉讼规则例外情形的边界。在该著作中，作者仅用4页来描述一般共同诉讼规则，却用了127页来详细列举这一规则的例外情况。[305] 斯托瑞法官并不是独一无二的存在，1825~1850年，英国和美国有关衡平法诉讼的主要著述几乎都会从各个角度对共同诉讼原则的例外情况进行讨论，从破产中的例外情况到非法人合股

---

[299] 2 Johns. Ch. 197, 197 – 98 (N. Y. Ch. 1816).

[300] Ibid.

[301] See e. g., Deeks v. Stanhope (1844) 60 Eng. Rep. 278 (Ch) 282 – 85; 14 Sim. 57, 66 – 75; Leigh v. Thomas (1751) 28 Eng. Rep. 201 (Ch) 201 – 02; 2 Ves. Sen. 312, 313.

[302] See e. g., Walker v. Miller & Co., 11 Ala. 1067, 1085 – 87 (1847); Willis v. Henderson, 5 Ill. (4 Scam.) 13, 20 (1842); Willink v. Morris Canal & Banking Co., 4 N. J. Eq. 377, 398 (Ch. 1843); Cross v. Jackson, 5 Hill 478, 480 (N. Y. 1843); Townsend v. Goewey, 19 Wend. 424, 430 (N. Y. 1838); Stimson v. Lewis, 36 Vt. 91, 91 (1863); Richardson v. Hastings (1844) 49 Eng. Rep. 1089 (Ch) 1091 – 92; 7 Beav. 323, 327 – 31; Benson v. Hadfield (1842) 49 Eng. Rep. 690 (Ch) 693; 5 Beav. 546, 554; Taylor v. Salmon (1838) 41 Eng. Rep. 53 (Ch) 53; 4 My. & Cr. 134, 134; Fenn v. Craig (1838) 160 Eng. Rep. 680 (Ex Ct) 680; 3 Y. & C. Ex. 216, 216; Gillett v. Abbott (1838) 112 Eng. Rep. 665 (KB) 665; 7 A. & E. 783, 783; Mare v. Malachy (1836) 40 Eng. Rep. 490 (Ch) 498; 1 My. & Cr. 559, 579; Walburn v. Ingilby (1833) 47 Eng. Rep. 96 (Ch) 96; Coop. temp. Brough. 270, 270; Small v. Attwood (1832) 159 Eng. Rep. 1051 (Ex Ct) 1072; 1 You. 407, 457 – 59; Hitchens v. Congreve (1828) 38 Eng. Rep. 917 (Ch) 922; 4 Russ. 562, 576; Baldwin v. Lawrence (1824) 57 Eng. Rep. 251 (Ch) 254 – 55; 2 Sim. & St. 18, 27; Jones v. Garcia del Rio (1823) 37 Eng. Rep. 1113 (Ch)1113; Turn. & R. 297, 297.

[303] See Carlisle v. Se. Ry. Co. (1850) 41 Eng. Rep. 1432 (Ch) 1436; 1 Mac. & G. 689, 698; Richardson v. Larpent (1843) 63 Eng. Rep. 227 (Ch) 230; 2 Y. & C. Ch. Cas. 507, 513; Preston v. Grand Collier Dock Co. (1840) 59 Eng. Rep. 900 (Ch) 906; 11 Sim. 327, 344.

[304] See Story, Equity Pleadings, supra note 199.

[305] See Ibid. § § 74 – 204.

公司的例外情况,应有尽有,无所不包。代表学者包括乔治·库珀(George Cooper)、巴泽尔·蒙塔古(Basil Montague)以及雷德斯戴尔法官(Lord Redesdale),[306] 查尔斯·华兹华斯(Charles Wordsworth)在《合股公司法》的论文中也泛论了一些例外情况。[307]

在19世纪30年代,法院只会在解散之诉中严格适用共同诉讼规定。[308] 有些衡平法诉讼著述将解散之诉作为一种例外的例外情况:虽然在股东人数众多的情形下,以信托为基础的公司鲜少需要所有股东加入诉讼,但解散之诉例外,所有股东必须参加。[309] 艾尔登法官对 *Van Sandau v. Moore* 案(以下简称 *Van Sandau* 案)出具的意见正是受到这一观点的启发,在该案中,一名股东提出解散公司,法院便要求剩余的所有股东加入诉讼。[310] 如上所述,这一例外的例外并不能证明理论存在漏洞,也不能证明司法存在瑕疵,相反,其恰恰反映出这是一条从实际出发制定的规则。[311] *Van Sandau* 案适用的规则具有合理性,因为它帮助公司锁定了资本。

另一类引发争议的案件是以信托为基础的合股公司股东之间的诉讼,这类诉讼不涉及任何第三方。19世纪早期,信托再次进入衡平法法院的视野时,一些裁决规定,以信托为组织形式的公司,其股东若想对其他股东提起诉讼,首先要解散公司,[312] 但这一规则宛如昙花一现。1844年,案卷主事官兰代尔(Langdale)在 *Richardson v. Hastings* 案中对此进行了明确的解释。[313] 兰代尔发现有些法院会要求股东在起诉其他股东前先解散公司,对此他表示,"这显然是无稽之谈,根本没有这样的规定"。[314] 此外,他还指出,"有一点很肯定,那就是在正常存续的合伙企业中,若部分合伙人对特定标的享有对剩余合伙人不利的利益,并请求获得该利益的收益时,则剩余合伙人中的

---

[306] See George Cooper, A Treatise of Pleading on the Equity Side of the High Court of Chancery 185 – 87 (N. Y. C., I. Riley 1813); John Mitford, A Treatise on the Pleadings in Suits in the Court of Chancery 164 – 81 (London, George Jeremy ed., J. & W. T. Clarke 4th ed. 1827) (1782); 1 Basil Montagu, A Digest of Pleading in Equity 58 – 60 (London, J. & W. T. Clarke 1824).

[307] See Wordsworth, supra note 212, at 226 – 32.

[308] See Evans v. Stokes (1836) 48 Eng. Rep. 215 (Ch) 218; 1 Keen 24, 32 – 33; Long v. Yonge (1830) 57 Eng. Rep. 827 (Ch) 833 – 34; 2 Sim. 369, 385 – 87.

[309] See Mitford, supra note 306, at 163 – 65(提到"所有与该标的有重大利害关系的人一般都应当是诉讼的当事人……尽管他们可能人数众多"); Story, Equity Pleadings, supra note 199, § § 130 – 133.

[310] Van Sandau v. Moore (1826) 38 Eng. Rep. 171 (Ch) 180; 1 Russ. 441, 465 – 66.

[311] See supra text accompanying notes 198 – 199.

[312] See Report on the Bd. of Trade, supra note 198, at 3.

[313] (1844) 49 Eng. Rep. 1089 (Ch); 7 Beav. 323.

[314] Ibid. at 1091; 7 Beav. at 328.

一名或多名可代表自己或全部剩余合伙人对前述部分合伙人提起诉讼”。[315]

值得注意的是,这些赋予以信托为基础的公司诉讼资格的规则均未载入史册。究其原因,大概是它们的光芒都被1837年横空出世的《合伙企业法报告》彻底遮盖了。[316] 1830年,议会授权贸易委员会设立公司的特许权,[317]受委员会委托,该报告指出,合伙企业法需要通过设立公司进行改革或变更,因为非法人合股公司不能以公司或受托人名义起诉或应诉。[318] 该报告在19世纪中期引发了极大反响,对现代史学家们的研究有着重大意义。[319]

事实上,该报告存在错漏之处,或者说,本身就非常不完善。更令人惊奇的是,在当时从业人员著述口径一致将股东共同诉讼责任免除作为定律的背景下,该报告竟没有引用任何前述案例。报告有关合股公司诉讼困难的主张,其主要来源有两条,一是作者从其采访的律师口中道听途说;二是对 *Van Saudau* 解散案结果的泛谈。[320] 尽管报告也援引了一些要求公司在股东互诉之前解散的案件,[321]但并未提述任何反例。此外,报告也没有预见到,仅仅在几年之后,案卷主事官兰代尔就宣告股东内部诉讼不再以公司解散为先决条件。[322]

如果对非法人合股公司是否有资格在股东不参与的情况下提起诉讼仍有疑问,那么议会在1852年通过的法令就彻底解决了这一问题。得益于该法案,受托人在股东不参与的情况下以个人名义提起诉讼的权利得以确立下来。[323] 19世纪后半叶,美国的许多立法机构也纷纷效仿,颁布了类似的法令。[324]

因此,以信托为基础的公司其诉讼权利逊于公司的诉讼权利。和公司不

---

[315] Ibid. at 1091; 7 Beav. at 328.

[316] Bd. of Trustees, supra note 198.

[317] See 6 Geo. 4 c. 91 (1825). 议会通过法律授权贸易委员会设立公司的特许权,同时在该部法规中废除了《泡沫法案》。Ibid.

[318] See Bd. of Trade, supra note 198, at 6–8.

[319] See e. g., Mahoney, supra note 23, at 889–90.

[320] See Bd. of Trade, supra note 198, at 6–8.

[321] See Ibid. at 3 n. *.

[322] See supra notes 313–315.

[323] Chancery Procedure Act 1852, 15 & 16 Vict. c. 86.

[324] 第一部这样规定的法律是纽约著名的《菲尔德法典》,也是美国和英国(除了路易斯安那州)的第一部程序规则。Robert G. Bone, Mapping the Boundaries of the Dispute, 89 Colum. L. Rev. 1, 9–10 (1989); see N. Y. Code of Civ. Proc. §599 (1850). 其他州很快通过了类似规定的程序规则。See e. g., Cal. Civ. Proc. Code §378 (1872); Mo. Rev. Stat. art. 2, §2 (1855); N. C. Code of Civ. Proc. §57 (1868).

同,信托需要依靠法官适用一般规则的例外情形,本身不享有以自身名义直接起诉的权利。但到了19世纪30年代,例外情况反客为主,反而成为普遍适用的规则。

(四)流通股

信托同样允许流通股的存在。对于投资者而言,股份买卖的能力非常重要,因为这样投资者才能将自己持有的股份变现,公司才能继续持有和使用潜在资本。以前述1702年大法官法院裁决的案件为例,若供水公司的创始人想要退休,他可能有意将自己持有的26%的股份变现,作为自己的退休金。如果他无法出售自己的股份,那么就能只请求公司买断其所持股份。但这样极有可能令公司万劫不复,因为公司若想筹措足够的资金买断股份,唯一的办法可能就是变卖水管或其他维持公司运营的资产。相反,若其能够出售自己的股份,那么其他人就可以从他那里购入,且公司可以继续使用设备进行正常营业。学者们一直将股份交易能力作为公司形式的一大创举,因为传统的合伙企业法给合伙人交易股份设置了诸多障碍。[325] 但事实上,信托同样能够解决这些问题,且在流通股企业中,信托至今仍占有一席之地。[326]

1. 慈善企业

慈善信托是商业信托流通股实践的先行者。从中世纪后期到19世纪中期,英国绝大部分的慈善资产由信托而不是公司掌握,[327] 英国的受托人持有修道院、[328] 新教教堂、[329] 共济会、[330] 行会[331] 以及济贫社团[332] 的财产。此

---

[325] See Harris, Industrializing English Law, supra note 16, at 142.

[326] 例如,在纽约证券交易所上市的Mesabi信托的设立是为了从明尼苏达州的一家采矿公司获得特许权使用费。See Mesabi Tr., Annual Report of the Trustees of Mesabi Trust (Form 10-K) exh. 13, at 15 (Apr. 15, 2015).

[327] Gareth Jones, History of the Law of Charity: 1532-1827, at 6 (1969)(说明大部分慈善捐赠是通过"用益制度"或"信托"实现的).

[328] See e.g., Prioress of Thetford v. Wychyngham (1426) 10 Selden Society 119 (1896); Maitland, supra note 22, at 338-39.

[329] See e.g., AG v. Floyer (1716) 23 Eng. Rep. 1090 (Ch) 1090; 2 Vern. 748, 748; AG v. Gouge, YB 8 Car. 1, fol. 116, Hil., pl. 172 (1633) (Ex Ct) (Eng.), reprinted in 118 Selden Society 643, 643 (2001).

[330] See e.g., R v. Cain (1841) 169 Eng. Rep. 81 (Ch) 81; 2 Mod. 204, 205; Todd v. Emly (1841) 151 Eng. Rep. 832 (Ex Ct) 834; 7 M. & W. 425, 427.

[331] Shaw Livermore, Early American Land Companies: Their Influence on Corporate Development 17 (1939).

[332] See e.g., Love v. Eade (1676) 23 Eng. Rep. 147 (Ch) 147; Fin. 269, 269(指控违反了为教区穷人利益而设立的信托).

外，在改革剥夺了教堂法人的法律地位后，受托人甚至还持有英国天主教堂的财产。[333]

在这些企业中，信托最基本的职能就是巩固受托人名下的所有权。依照英美法，财产为特定法人所有，必须以特定人的名义进行转让或授权。这在慈善机构中行不通，因为转让或授权的主体并不明确。若慈善机构有多名受益人，那么是否所有受益人都要成为立约方？依据共有权规定，转易契必须注明每位联权共有人的姓名。[334] 但指定每位受益人为联权共有人并不现实，因为行会和修道院等慈善机构的受益人通常是不固定的，且济贫项目也具有周期性，很难事先确定受益人。

慈善机构是这样解决上述问题的，通常它们会选择将财产授予受托人，而受托人随后可以自身名义转让财产的所有权，[335] 这样做的目的在于受益人无须再签署任何转易契。若慈善信托想要出售部分财产，根本无须找到每个受益人，因为受托人是财产的唯一合法所有人。

2. 商业企业

17 世纪末，信托开始从慈善领域转向商业领域，这一转向带来的好处之一就是解决了有关受益人身份确定的问题——虽然在企业中，受益人被称为股东或合伙人。和共有权法类似，合伙普通法要求契约或转易契上必须包含每位所有人的姓名。[336] 换言之，合伙企业的财产不得在企业自身名下，必须在各合伙人名下。[337] 财产法规则要求合伙企业在买卖财产之时，各合伙人必须在买卖契据上签字或盖章。因此，大型合伙企业在买卖财产时就会遇到和慈善机构财产买卖相同的问题，即合伙企业要想顺利转让或受让所有权，必须找到所有合伙人。[338] 非法人公司的股东人数在 18 世纪之交呈现螺旋式上升之态，前述 1702 年案件中，涉案供水公司的股东就有 900 名之多，[339] 找齐所有合伙人在每份转易契上签字的难度可见一斑。股份的可流通性进一步加剧了这一问题，在具有流通股的非法人合股公司中，合伙人不但人数众多，而且流动性也极大，随着股份的买进卖出，新旧合伙人不断交替。就理论

---

[333] Maitland, supra note 22, at 358, 364.

[334] See DuBois, supra note 23, at 217 - 19.

[335] Cf. Ibid. at 217.

[336] Ibid. at 217 - 19.

[337] See Bisset, supra note 192, at 47; Joseph Dixon, A Treatise on the Law of Partnership 48 - 52 (London, Butterworths 1866); Story, Commentaries on the Law of Partnership, supra note 192, § 92.

[338] DuBois, supra note 23, at 217 - 19.

[339] City of London I (1701) 23 Eng. Rep. 870 (Ch) 870; 2 Vern. 421, 422.

上而言,依照财产法的默认规则,具有流通股的合伙企业需要每天更新所有权和契约,以记录合伙的变更情况。[340]

为了解决这一问题,企业效仿慈善机构,同样将财产所有权转移到受托人名下。将其财产转移给受托人后,企业就无须令其合伙人在契约和转易契上签字,只要受托人签字即可。[341] 一家企业可以有900名股东,但只设有几名受托人。对于有流通股的企业而言,信托效用更强,因为信托契据能更好地适应企业中持续的合伙变更。信托法一直允许匿名或潜在的钱财受益人的存在。[342] 就像祖父可以为其未出生的孙辈设立信托一样,企业家也可以为不确定的未来股东设立信托。[343] 此外,若碰巧某位合伙人将属于整个合伙的财产进行了转让,法律将视该合伙人为整个合伙企业的实际受托人。[344]

于是,信托成为巩固所有权的标准方式,其重要性也逐渐为人所知。[345] 在1816年纽约大法官法院出具的意见书中,大法官肯特对以信托为基础的合股公司将财产置于受托人名下的原因作出了解释:"在这种情况下,选取受托人的目的是令其持有和代表财产,是权宜之计,因为认股人人数众多,以合伙形式持有和管理财产难度太大。"[346]

通过信托,企业无须重新调整财产的所有权,也无须进行企业重组。依照18世纪和19世纪合伙企业法的默认规则,合伙人出售其股份或由于死亡等其他原因退股的,合伙企业自动解散。[347] 因此,若一名合伙人售出股份但企业计划继续运营的,合伙企业法的默认规则就要求该企业解散后进行重组,并以购买者作为新的合伙人。[348] 但这一问题并不难解决,依据信托法,受益人死亡、失踪或变更的,并不影响信托的存续,对于信托会在股份转让以

---

[340] Ibid. at 870; 2 Vern. 421, 422.

[341] See DuBois, supra note 23, at 217 - 19.

[342] See e. g., Lloyd Bonfield, Marriage Settlements: 1601 - 1740, at 1 - 2 (2008).

[343] City of London I, 23 Eng. Rep. at 870; 2 Vern. at 422; McCoy, supra note 148, at 193 - 95.

[344] E. g., Collyer, supra note 188, at 101; Gow, supra note 191, at 47 - 48; 1 Nathaniel Lindley, A Treatise on the Law of Partnership 323 - 24 (Bos., Charles H. Edson & Co. 5th ed. 1888) (1860).

[345] Bisset, supra note 192, at 47 - 48.

[346] Van Vechten v. Terry, 2 Johns. Ch. 197, 197 (N. Y. Ch. 1816); Wiser v. Blachly, 1 Johns. Ch. 437, 437 (N. Y. Ch. 1815).

[347] See Dixon, supra note 337, at 167 - 68; 1 Lindley, supra note 344, at 194 - 95; Story, Commentaries on the Law of Partnership, supra note 192, § 275.

[348] Harris, Industrializing English Law, supra note 16, at 141 - 43.

后继续存续这一事实,信托契据甚至不用另加申明。[349] 在适用方面,合伙企业法具有相似的灵活性,其有关转让的禁止性规定属于默认规则而非强制性规则,合伙人可以通过协议对禁止转让的内容进行变更。

由于股份交易的相关证据已经载入《泡沫法案》,可见信托是实现股份可流通性的有效手段。要知道,1720 年通过《泡沫法案》的目的是对商业信托进行监管,[350] 其核心要义在于禁止信托"假装募集可转让股票"。[351] 这一表述证明了信托实际上是非法人公司拥有"可转让股票"的重要工具。有一点需要明确的是,该法案并未起到应有的效果。如前所述,[352]《泡沫法案》没有真正落实,非法人合股公司股份交易并未受其影响,反而在 19 世纪之交越发频繁。[353]

(五)信义权

商业信托还建立了精妙的信义权框架。正如约翰·朗本(John Langbein)教授所言,20 世纪之前,受信托法掣肘,受托人所能行使的权力十分有限。[354] 通常情况下,若无财产授予人明示授权,受托人几乎不享有任何权力。[355] 此外,信托法也对投资和财产所有权作出了众多严苛的限制性规定。[356] 例如,受托人只能投资土地和政府债券,不得对新的商事企业进行投资;[357] 再如,未经特别授权,受托人不得买卖信托财产。[358] 信托法的这种模式是为了配合传统赠与受托人的经营管理,与商业受托人并不匹配。从中世纪晚期到 20 世纪早期,赠与受托人的主要工作就是持有家族产业并将其转交给下一代,前述不健全的信义权力框架能够防止受托人背离家族意愿行事。[359] 现代史学家们则指出,这种不健全的信托框架并不适合企业,因为经

---

[349] See e. g. , McCoy, supra note 148, at 193 - 99.

[350] See supra text accompanying notes 77 - 80.

[351] 6 Geo. 1 c. 18, § 18 (1720) (Eng.).

[352] Supra notes 81 - 89.

[353] DuBois, supra note 23; Freeman et al. , supra note 24.

[354] Langbein, Contractarian Basis, supra note 200, at 640 - 42.

[355] Michael R. Chesterman, Family Settlements on Trust: Landowners and the Rising Bourgeoisie, in Law, Economy and Society, 1750 - 1914: Essays in the History of English Law 124, 159 - 60 (G. R. Rubin & David Sugarman eds. , 1984).

[356] Ibid.

[357] Ibid.

[358] Ibid.

[359] Langbein, Contractarian Basis, supra note 200, at 640 - 64; see also John H. Langbein, Questioning the Trust Law Duty of Loyalty: Sole Interest or Best Interest?, 114 Yale L. J. 929, 947 (2005); John H. Langbein, The Rise of the Management Trust, 143 Tr. & Est. 52, 53 (2004).

营企业需要开展诸多复杂的活动,适用这种信义权力框架无异于作茧自缚。[360]

但事实上,这些规则并未过多束缚19世纪的商业公司,因为它们默认该规则不具有任何强制性,公司只需制定相应的授产契据就能对规则进行变更。这在捐赠信托中得到了证实,19世纪捐赠信托授产契据的起草者几乎排除了所有默认的限制性规定。[361] 商业信托也不遑多让,例如,企业常常会授予受托人非标准形式的财产(如机器和私营公司债券),借此排除有关投资的限制性规定。此外,企业还会要求受托人听从董事会的指令,排除有关自由决策的默认规则。[362] 无论是哪种情况,都说明有关受托人权力的法律并未对非法人合股公司受托人的活动进行有效限制。再者,信托在商业公司的盛行也佐证了前述问题并非不可解决的事实。鉴于20世纪早期信托已在商业组织中普及,我们没有理由再质疑受托人经管企业的能力。

结　论

纵观现代历史,普通法信托为英国和美国企业提供了强有力的法律组织形式。它几乎具有公司形式的所有理论特征,同时具有极强的开放性,对两国民众一视同仁。信托最大的短板就是有限责任,但即便是在有限责任方面,信托与公司的表现也不相上下。因此,虽然信托从来都不是公司形式的完美替代,但从现代早期直到公司形式得到普及的几百年后,信托一直是公司形式的有力竞争者。

本文的重要性在于对商法历史的主流观点提出质疑。数十年来,法律学者常常埋首于考证公司形式出现的准确时间以及具体的受众,这种研究风气建立在公司形式是造就现代商业法律技术的唯一组织形式这一观点之上。公司形式的崛起史就被等同于大型商业的发家史。

而信托则启发我们对公司形式及其历史功效重新进行评估。若公司形

---

[360] Harris, Industrializing English Law, supra note 16, at 147 – 59.

[361] Chesterman, supra note 355, at 162 – 63. 当代的著述也清楚地表明,有关某些类型投资的信托责任可以很容易地被免除。例如,桑德斯(Sanders)1824年在其著述中说,"受托人不能……改变信托财产的性质"——除非该受托人获得了"为实现某一目的的明示授权。"1 Sanders, supra note 149, at 364 – 65. 托马斯·勒温(Thomas Lewin)的第一版著述持相似观点。Thomas Lewin, A Practical Treatise on the Law of Trusts and trustees 311 (London, A. Maxwell 1837).

[362] 以公司为例, see Vigers v. Pike (1842) 8 Eng. Rep. 220 (HL) 220; 8 Cl. & F. 562; Lund v. Blanshard (1844) 67 Eng. Rep. 540 (Ch) 541 – 44; 4 Hare 9; R v. Cain (1841) 169 Eng. Rep. 81 (Ch) 81; 2 Mod. 204。

式理论特征并非独一无二，那么其实际作用到底是什么？企业为何选择设立公司？政府又为何要对公司的设立资格加以限制？这些都是值得我们深入挖掘探索的问题，信托的历史也证明了我们需要从新的视角寻找答案。

从多学科看自然人人格与人格权难点问题*

——聚焦创造性劳动能力培养与一般人格权的关系

黄清华**

摘　要：人格与人格权广泛涉及教育、伦理和法律问题。从教育学、伦理学和法学多学科地观察自然人人格与人格权难点问题，可形成关于人格与人格权抽象理论的“立体感”。教育学上，自然人“健全的人格”包括“身”“心”“智”“德”“灵”人格五要素，是人格权理论的基础。人格的教育学含义，可为解决创造性劳动能力培养法制环境问题和创造性劳动能力评估问题，提供扎实的人格基础理论。人格尊严具有“个人独特性”和“天赋性”。人格的伦理学含义，有助于理解人格尊严的“个人独特性”，为具体行为的伦理评价提供规范基础。人格的法学含义，不仅有助于理解人格尊严的“天赋性”，而且对于理解人格自由与人格尊严的关系，促进人格自由发展具有一定的价值。从一种综合的视野看人格与人格权，有助于全面理解一般人格权，包括人格安全、人格自由、人格尊严和人格平等，以及基于人格安全、自由、尊严和平等产生的其他人格权益，从而对创造性劳动能力培养所需的制度环境形成全面的基础性认识。所有这些研究视野，都提示《民法典》第990条第2款需要完善，尤其“人身自由”应当改为“人格自由”。

---

* 本文获同济大学人文与社会科学研究基金资助（项目编号：TJRWSKRF2020－19）。

** 黄清华，（留英）法学博士，同济大学上海国际知识产权学院研究员（正高），中国综合开发研究院特聘研究员，研究方向：民法与知识产权。

关键词：人格五要素　创造性劳动能力　人格尊严　一般人格权　《民法典》第990条第2款

一、序言：问题与方法

自然人人格具有成长性，又与教育及政治经济社会生活环境存在密切联系，故而人格权所涉权益十分丰富，所涉问题也很复杂。我国《民法典》第990条第2款[1]，作为一般人格权条款，十分重要又极其概括、抽象，其中的"人身自由""人格尊严""其他人格权益"应当如何理解，学术上存在多种理解和解释[2]，属于我国人格权理论难点问题。以"人身自由"为例，我国《宪法》《民法典》，以及《劳动法》《产品质量法》《消费者权益保护法》均有涉"人身自由"条款，但其内涵被认为存在较大差异。[3] 这不仅给法律理解、解释和适用带来困难，也可能影响到《民法典》第990条第2款立法上的科学性，进而可能影响国民人格自由发展。

对此，本文认为，讨论自然人人格权这些难点问题，须从全面认识人格开始。就个人而言，根据《现代汉语词典》，人格所包含的内容十分丰富，有教育学、心理学和法学多重含义，从人生观、价值观和从事法律活动的主体资格，到一个人的能力和品德，再到其个性习惯，[4]所有这些方面，都关系到自然人的生存、生活和发展，涉及其人格权益。就社会与国家而言，人是生产力最重要、最活跃的因素，决定生产力的发展水平，人格问题对于经济社会发展，对于政治文明，甚至科技创新，都具有重要影响。因此，人格与人格权理论难点问题，值得重视。

值此之故，本文采用"法学＋"的多学科研究方法，先从不同学科看人格与人格权难点问题，再从综合视野观察之，以便完善我国人格与人格权理论，进而讨论《民法典》第990条第2款的理解、解释和修订问题。期待通过这种讨论，促进国人人格自由发展，提高创造性劳动能力。

---

〔1〕《民法典》第990条第2款规定："除前款规定的人格权外，自然人享有基于人身自由、人格尊严产生的其他人格权益。"

〔2〕参见胡玉鸿：《个人的独特性与人的尊严之证成》，载《法学评论》2021年第2期；瞿灵敏：《人身自由、人格尊严与民法典人格权体系》，载《民主与法制时报》2021年7月12日理论版；杨立新：《人身自由与人格尊严：从公权利到私权利的转变》，载《现代法学》2018年第3期；温世扬：《民法典视域下的"人身自由"》，载《法制与社会发展》2022年第3期。

〔3〕参见朱晓峰：《人身自由作为一般人格权价值基础的规范内涵》，载《浙江大学学报（人文社会科学版）》2021年第2期。

〔4〕《现代汉语词典》编辑委员会：《现代汉语词典》，商务印书馆1980年版，第462页。

二、从教育学看人格与人格权难点问题

(一)人格五要素

在教育学上,人格指人的性格、气质、能力、品德等特征的总和(character 或 personality)。教育家蔡元培先生认为:“所谓健全的人格,内分四育,即(1)体育、(2)智育、(3)德育、(4)美育。”“以上四育,都宜时时试验演进,要一无偏枯,才可教练儿童有健全的人格。”[5]本文认为,蔡公 1925 年这段关于人格教育的论述,极富远见地指出了培养“健全的人格”在教育上应当努力的方向,即通过“四育”,促进每个人“身”“心”“智”“德”“灵”人格五要素全面发展,以培养国人“健全的人格”。

在人格五要素中,“身”指身体或人身,“心”指情感、情操,“智”指智慧、智力、思维,“德”指品德、名誉,“灵”指灵魂、灵感、思想、良心、价值观——“美育”主要滋养人们的“心”“灵”。就基础教育而言,蔡公关于“四育”与“健全的人格”的观点,仍有现实意义。从国外情况来看,古罗马政治家、哲学家、悲剧作家塞涅卡(Seneca)指出:“有谦和、愉快、诚恳的态度,而同时又加上忍耐精神的人,是非常幸运的。”[6]俄国作家契诃夫(Чехов)认为:“人在智慧上应当是明豁的,道德上应该是清白的,身体上应该是清洁的。”[7]显然,这些观点,同样是在强调“健全的人格”的重要性。

创造性人格(应当)是教育学关注的重点。[8] 创造性人格具有敏锐的感觉、知觉、情感、灵性,开放的心扉,独立的判断力、思考力和行动力,以及实现创新所必需的理想、信念、意志、情感、情绪、道德等非智力素质。因此,创造性人格对于人格五要素有更高的要求:一般情况下,除了要求强健的体魄,还包括“批判性、原思维、进取心、自信心、坚韧性、综合力、远大抱负等品格”[9],以及基于良心自由的自省力。

值得注意的是,从人格与人格权的关系来看,人格权客体是教育学上人格五要素在法律上的外化,诚如莎士比亚所言:“品性是一个人的内在,名誉

---

[5] 蔡元培:《普通教育和职业教育——在新加坡南洋华侨中学等校欢迎会的演说词(节选)》,载《基础教育论坛》2015 年第 35 期。

[6] [古罗马]塞涅卡:《塞涅卡道德书简:致鲁基里乌斯书信集》,刘晴译,社会科学文献出版社 2021 年版,第 19 页。

[7] [俄]契诃夫:《变色龙》,汝龙译,人民文学出版社 1998 年版,第 98 页。

[8] 参见文岚、马湘培:《培养创新性人格是创新教育的重中之重》,载《社科与经济信息》2000 年第 4 期。

[9] 文岚、马湘培:《培养创新性人格是创新教育的重中之重》,载《社科与经济信息》2000 年第 4 期。

是一个人的外貌。"[10]人格五要素在外化为健康状况、肖像、荣誉、名誉、隐私、信用等人格权客体的过程中,由于内外因素,可能存在真实的外化和虚假的外化两种情况。真实的外化,通常的例子是,相(肖像)由心生,或者因德才(品德、智慧、灵性)兼备获得荣誉、名誉;虚假的外化,例如,面善心毒,缺德少才者通过剽窃、篡改、欺骗或者政治投机等投机活动获得各种荣誉、名誉。显然,对于虚假的外化,法律应保护的,当然应当是人格五要素的真实状况,而不是作为虚假表象的各种"荣誉""名誉"。这说明,教育学对人格的认知,或者人格五要素,是人格权的基础,对于涉荣誉、名誉等人格权问题的处理,对于具体案件中人格尊严的评价,首先应当明确真实的人格状况。鉴于这一观点有实务价值,下文将深入论述。

(二)创造性劳动能力培养所需制度环境

劳动创造世界。在教育学看来,劳动能力是人格五要素在劳动上的综合反映。如何培养、提高人们的劳动能力,尤其是创造性劳动能力(creative labor capacity),始终是人生各阶段教育的基本任务。[11] 事实上,从人格五要素和创造性人格的特征可知,在创造性劳动能力培养的制度环境方面,基于"人格安全""人格自由"产生的劳动能力,肯定优于基于"人身安全""人身自由"形成的劳动能力,这主要是由获得信息的差异、心灵的开放程度、灵魂生活的自由程度决定的。仅仅强调"人身安全""人身自由"而忽略"人格安全""人格自由",这样一种法制环境,不利于创造性劳动能力的培养。

"人格安全"除了强调"人身安全",还突出强调精神安全[12]尤其是灵魂安全[13],强调对人格安全利益的全面保护。人格安全利益,是一个"完整的人"的人格安全受到各种不法侵害所指向的那些人格利益,而非仅仅是生命、身体、健康受到损害所指向的人身安全利益。例如,"2013 年 4 月 29 日下午,一位 7 岁左右患有严重先天性心脏病患儿突然发病,送往馆陶县人民医院,经多方抢救无效去世。患儿家属不能接受,纠集多人在就诊医院滋事,硬是把一位年仅 30 多岁的女医生王某打骂至一个屋子里,王医生在极度恐惧与

---

[10] [英]威廉·莎士比亚:《尤里乌斯·恺撒》,慕希琳、孙倩译,大连出版社 2011 年版,第 64 页。

[11] 参见刘希平、徐慧等:《小学生劳动教育的价值与劳动能力的培养——基于积极行为塑造的视角》,载《天津师范大学学报(社会科学版)》2022 年第 2 期;冯亚丽:《"源"于幼儿"种"出成长——谈在种植活动中幼儿自主劳动能力培养的有效组织》,载《科学咨询(教育科研)》2020 年第 12 期;张庆花:《"完整人格"理论视域下高校思想政治教育的创新发展》,载《学校党建与思想教育》2021 年第 18 期。

[12] 参见杨帅、刘新玲:《新生代农民工精神安全现状及维护途径》,载《福建省社会主义学院学报》2011 年第 5 期。

[13] 参见王和成、刘文华:《逼人跪地求饶诱发精神分裂》,载《人民法院报》2004 年 2 月 5 日,第 4 版。

绝望之下,4 月 30 日凌晨 1 时许,从医院 3 楼医生办公室跳下,于 5 月 1 日凌晨 2 时左右经抢救无效死亡。"[14]在这一事件中,医生跳楼自杀的根本原因,本文认为是其人格安全利益尤其是精神安全利益受到不可接受的侵害,而非仅仅人身自由或人身安全被侵害。这是因为,依本案案情和具体情节——王医生被"打骂至一个屋子里",患儿家属如果侵犯的仅是王医生的人身安全或人身自由,都不足以导致其自杀。王医生跳楼自杀,正是其心理与灵魂层面受到严重伤害的结果。由此可见,人格安全利益确实是客观存在的。

人格安全利益意味着,人们精神上的安全感应当受到保护,精神安全有免于来自他人的不合理的恐惧的自由,例如,极少数管理者爱对劳动者说:"让你(们)活着就是对你(们)的恩赐",这是完全不可接受的。免于这类恐惧的自由,是培养创造性劳动能力的必要条件。这种免于恐惧的自由,是联合国《公民权利和政治权利国际公约》(International Covenant on Civil and Political Rights,ICCPR)追求的"理想"(详见其"序言")。为此,中国民法上的"人身安全"条款[15],是否应当调整为"人格安全"条款,从而全面保护身体安全、精神安全和灵魂安全利益,可能值得关注。同理,"人格自由"不仅包括"人身自由"——"与人的身体直接相关的自由",即"身体自由不受侵犯""人格尊严不受侵犯""公民住宅不受侵犯""通信自由",[16]也包括全面的"精神活动之自由",尤其是灵魂生活之自由,如良心自由[17]和信息自由[18],这些都是高水平创造性劳动能力即原创力的必要条件。公认的"科学良心"之说即含此意。显然,《民法典》第 109 条、第 990 条第 2 款对于培养创造性劳动能力,对于营造这样的法治环境,存在不足。鉴于此,《民法典》第 109 条和第 990 条第 2 款的"人身自由",作为一般人格权,似应改为"人格自由",以便形成"人格自由 = 人身自由 + 其他自由"的开放性人格权条款,从而促进人格自由发展和个性解放[19]。制度建设上这样处理可能更有利于尊

---

[14] 《43 岁医生自杀! 生前发生的一起医疗事故》,载医学中文网,https://www.cn-healthcare.com/articlewm/20210505/content-1216770.html。

[15] 具体指《民法典》第 1167 条,《劳动合同法》第 38 条,《产品质量法》第 13 条第 2 款、第 34 条、第 49 条,《消费者权益保护法》第 7 条、第 18 条,以及《社会保险法》《安全生产法》《未成年人保护法》《工伤保险条例》中的人身安全条款,等等。

[16] 参见《辞海》编辑委员会编纂:《辞海》,上海辞书出版社 1999 年版,第 373 页。

[17] 《世界人权宣言》第 18 条规定,"人人有思想、良心和宗教自由的权利"。良心自由指按良心良知说话做事的自由。

[18] 信息自由含信息输入与输出之自由,涉及"信息权、传播权"等,参见[加]托比·曼德尔:《信息自由:多国法律比较》,龚文庠等译,社会科学文献出版社 2011 年版,目录页。

[19] 自由的本质是"个性解放",参见《辞海》编辑委员会编纂:《辞海》,上海辞书出版社 1999 年版,第 373 页。

重、释放和保护人们的创造性劳动能力。

人格五要素和创造性人格的特征，也意味着人格平等和人格尊严，同样是创造性劳动能力培养对人格权制度环境的要求。对此，下文会全面讨论创造性劳动能力培养与一般人格权的关系。

（三）创造性劳动能力评估所涉法律问题

劳动能力是一种十分重要的人格权益。通说认为，“自然人享有劳动能力这种人格利益，一是有权保有这种利益，二是有权利用这种劳动能力以满足自己及社会的需要，三是有权发展这种利益，四是当这种利益受到损害时，有权要求加害人损害赔偿”[20]。这无疑是正确认知。存疑之处在于，劳动能力是否是一种独立的人格利益？如何评估创造性劳动能力？按中国大陆民法学认知，劳动能力“只是自然人从事创造物质财富和精神财富活动的脑力和体力的总和，是自然人健康权的一项基本人格利益，存在于健康权之中”，属于“健康权的基本内容”，“非独立的人格利益”，“劳动能力损害是健康权受损的结果”[21]。至于如何评估创造性劳动能力及其受损情况，目前学术界和实务界对这个重要问题，讨论几近空白。[22]

本文认为，在新一代信息技术和人工智能时代，大量体力劳动和简单重复劳动（可能）被智能机器人所取代，因此，如何提高并保护人们的创造性劳动能力，成为关键问题，而创造性劳动能力及其受损情况的评估，则是重要的立法技术问题。《劳动能力鉴定 职工工伤与职业病致残等级》（GB/T 16180—2014，以下简称“劳动能力鉴定标准”）主要用于体力劳动或者重复劳动能力或者一般化劳动能力评估，虽然提及创造性劳动能力“必须具备脑力的因素和体力的因素”，却对于其独立性和独特性缺乏充分的考量，没有注意到不少残疾人“残而不废”在劳动中创造的巨大价值。例如，英国物理学家霍金和中国音乐指挥家舟舟。从来源与本质上看，创造性劳动能力并非像健康权那样与生俱来，而是经过长期的学习工作磨炼逐渐形成的，其首先是为了于现实生活中满足自然人人格安全、自由、尊严和平等的需要。因此，将

---

[20] 《民法典对健康权的规定是怎样的》，载找法网 2021 年 1 月 8 日，https://www.findlaw.cn/rengequan/a1844.html。

[21] 《民法典对健康权的规定是怎样的》，载找法网 2021 年 1 月 8 日，https://www.findlaw.cn/rengequan/a1844.html。

[22] 2022 年 10 月 10 日，笔者以“创造性劳动能力评估”（evaluation of creative labor capacity）在中国知网分别以中英文“关键词”“主题”检索，结果均为零。以 assessment of creative work capacity 检索，结果同样为零。

劳动能力完全归入健康权范畴难免失之偏颇。大量“残而不废”的实例同样显示,健康与创造性劳动能力之间的关系可能需要被重新认识,如何评估健康(权)损害程度与创造性劳动能力受损程度的联系,同样需要再认识。因此,史尚宽先生针对我国台湾地区“民法”第 193 条第 1 款的规定〔23〕,主张将劳动能力作为“一独立的人格利益”〔24〕。本文同意史先生这一观点。

然而,史先生将劳动能力完全视为一种“营生能力”,可能值得商榷。本文认为,劳动能力既是一种营生能力,也可能是一种为满足精神需求的创新创造能力,可能涉及重要的精神利益。除一般工匠之技术能力、体力劳动者之体力被单纯视为一种营生能力,脑力劳动者提供精神成果的能力〔25〕、商人之经营能力,不仅可营生,也可能具有巨大的创造创新价值,超出“营生”范畴。这一认识,涉及对创造性劳动能力的价值评估问题。评估和赔偿自然人创造性劳动能力受到的损害,以及由此造成的损失,可能需要从个案出发具体对待,区别简单重复劳动与创新创造性劳动。在鉴定过程中,应重点强调创造性劳动能力受损情况,除了需要掌握身体或健康状况损害情况外,可能需要全面参考被鉴定者的教育背景、职业、工作内容、研究方向、以往的劳动成果、社会活动、成果的转化应用情况、创造的价值、对经济社会技术文化的贡献等相关具体因素,而不宜不加区别地一概套用“劳动能力鉴定标准”,因为该标准是基于对健康权及其损害的生物医学理解制定的,在对创造性劳动能力的评估方面,只有“智能损伤”〔26〕情况的分析标准,缺乏对创造性劳动能力各种个案因素(如灵性、灵气、灵感)、创造性人格及其利益、创造性劳动的特点等因素的具体考量。一句话概括为:缺少对创造性劳动及其能力与特点的专门考量。就此而言,在法理上将劳动能力纳入《民法典》第 990 条第 2 款

---

〔23〕 我国台湾地区“民法”第 193 条第 1 款规定:“不法侵害他人之身体或健康者,对于被害人因此丧失或减少劳动能力或增加生活上之需要时,应负损害赔偿责任。”

〔24〕 参见史尚宽:《债法总论》,中国政法大学出版社 2000 年版,第 148 页。

〔25〕 例如,“脑力劳动创造了知识产权的内容,创造了丰富的精神世界,这是知识产权对人类社会的宝贵贡献!”参见侯仰坤:《论知识产权权利的形成过程》,载《知识产权》2005 年第 3 期。

〔26〕 工伤鉴定判定基准中的“智能损伤”的症状标准为:(1)记忆减退,最明显的是学习新事物的能力受损;(2)以思维和信息处理过程减退为特征的智能损害,如抽象概括能力减退,难以解释成语、谚语,掌握词汇量减少,不能理解抽象意义的词汇,难以概括同类事物的共同特征,或判断力减退;(3)情感障碍,如抑郁、淡漠,或敌意增加等;(4)意志减退,如懒散、主动性降低;(5)其他高级皮层功能受损,如失语、失认、失用,或人格改变等;(6)无意识障碍。“智能损伤”的严重标准为:日常生活或社会功能受损。其病程标准为:符合症状标准和严重标准至少已 6 个月。因脑部受伤造成智能损伤的,以前只按照智商(IQ)来判定伤残级别,新标准则把智能减退改为智能损伤,除鉴定智商外,增加记忆商(MQ)作为判定依据。参见《工伤职工劳动能力鉴定管理办法》和“劳动能力鉴定标准”。

“其他人格权益”范畴,这样可能更为合理,有利于对劳动能力尤其是创造性劳动能力的保护。

三、从伦理学角度看人格与人格权难点问题

(一)人格的伦理学含义

人格可专指人的道德品质与灵魂,即人格尊严(human dignity,亦译为人的尊严或人性尊严)的精神内容。马克思所言“良心是由人的知识和全部生活方式来决定的”[27];德国著名思想家、文学家、自然科学家歌德(Goethe)主张“你若要喜爱你自己的价值,你就得给世界创造价值”[28];莎士比亚(Shakespeare)认为“道德和才艺是远胜于富贵的资产。堕落的子孙可以把贵显的门第败坏,把巨富的财产荡毁,可是道德和才艺,却可以使一个凡人成为不配的神明”[29];英国哲学家、历史学家罗素(Russell)认为“我们有力的道德就是通过奋斗取得物质上的成功;这种道德既适用于国家,也适用于个人”[30];美国政治家威廉·惠普尔(William Whipple)主张“谁将自由卖掉以换取黄金和荣耀,谁就等于出卖了自己生来就有的权利”[31];俄国作家屠格涅夫(Тургенев)关于“一个人必须剔除自己身上的顽固的私心,使自己的人格得到自由表现的权利”[32]之见解;印度诗人泰戈尔(Tagore)关于“虚伪永远不能凭借它生长在权利中而变成真实”[33]的观点;诸葛亮“夫君子之行,静以修身,俭以养德,非淡泊无以明志,非宁静无以致远”[34]的忠言;梁启超关于“忠孝二德,人格最要之件也”[35]的阐述……所有这些关于人格的名人名言,几乎都是从道德品质或灵魂的层面阐述人格的,实际上是强调人格尊严的伦理性。

伦理意义上的人格,揭示了“人作为精神、道德主体的本质”[36],不仅是

---

〔27〕[德]马克思:《对哥特沙克及其同志们的审判》。转引自《人民日报》评论员:《马克思的学说依然闪烁着耀眼的真理光芒》,载《人民日报》2018年5月5日理论版。

〔28〕[德]歌德:《浮士德》,杨武能译,中国书籍出版社2005年版,第187页。

〔29〕[英]莎士比亚:《莎士比亚戏剧集》,朱生豪译,人民文学出版社1978年版,第261页。

〔30〕[英]伯特兰·罗素:《罗素自选文集》,戴玉庆译,商务印书馆2006年版,第163页。

〔31〕William Whipple, *Famous Masonic in History*, CreateSpace Independent Publishing Platform, 2016, p. 46.

〔32〕[俄]伊凡·谢·屠格涅夫:《父与子》,袁静译,广西师范大学出版社2017年版,第28页。

〔33〕[印度]拉宾德拉纳特·泰戈尔:《飞鸟集》,郑振铎译,国际文化出版公司2020年版,第19页。

〔34〕诸葛亮:《诫子训》。

〔35〕梁启超:《新民说》,黄坤评注,中州古籍出版社1998年版,第78页。

〔36〕周云涛:《论德国宪法人格权——以一般行为自由为参照》,载《法学家》2010年第6期。

人格教育的重点内容[37],在法律上涉及人的名誉、荣誉、自由和尊严问题,涉及创新创造活动所涉人格利益,涉及犯罪预防。就此而言,可以认为法律上"人格尊严"与"人的尊严""人性尊严"同义,而人格尊严同样属于人格的基础性要求,属于一般人格权范畴。

(二)对人格尊严的伦理评价

"人格尊严,指人格的一切内容",身体、姓名、肖像、品德、能力、思想、情感、良心、价值、名声、荣誉、平等,等等,"都应当受到尊重"[38]。与人的自由或者人格自由一样,人格尊严同样全面涉及人格五要素,且与"德"的关系十分密切。这是从"人的成就、才干、贡献来论证尊严的存在",或者说这顾及了人格尊严的"个人独特性"[39]。古罗马哲学家、法学家西塞罗(Cicero)说:"没有诚实何来尊严。"[40]美国心理学家兼作家艾琳·C.卡瑟拉(Casella)认为:"诚实是力量的一种象征,它显示着一个人的高度自重和内心的安全感与尊严感。"[41]在法国大文豪雨果(Hugo)看来,"丧失人格的诗人比没有诗才而硬要写诗的人更可鄙、更低劣、更有罪"[42]。这充分说明,人格尊严确实是具有伦理性品格的权利。

关于人格尊严,民法学理上,有学者认为"人格尊严是主体对自己尊重和被他人尊重的统一,是对个人价值主客观评价的结合"[43]。姚辉教授则认为人格尊严作为一般人格权的最重要内容,是指"民事主体作为一个'人'所应有的最起码社会地位并且受到他人和社会的最基本尊重,是民事主体对自身价值的认识与其在社会上享有的最起码尊重的结合"[44]。本文认为,这两种互补的理解都是对的,只是就"人格尊严"问题的评价,应当对于具体的人和具体事件中的人格尊严问题,充分考虑人格尊严的伦理性品格。例如,在某种医疗体制下,一个医生把1000元能治好的病收费10万元,无疑,他的生活可能"体面"了,可是,医生的尊严呢?对于这样的医生的人格尊严,究竟应

[37] 参见刘玲:《新时代道德人格教育范式的应然转向——评〈主体间性道德人格教育〉》,载《中国教育学刊》2020年第11期。

[38] 参见《辞海》编辑委员会编纂:《辞海》,上海辞书出版社1999年版,第373页。

[39] 胡玉鸿:《个人的独特性与人的尊严之证成》,载《法学评论》2021年第2期。

[40] [古罗马]西塞罗:《论老年 论友谊 论责任》,徐奕春译,商务印书馆2003年版,第143页。

[41] [美]艾琳·C.卡瑟拉:《全力以赴——让进取战胜迷惘》,袁玮、林旭、何鸣译,鹭江出版社1986年版,第168页。

[42] [法]维克多·雨果:《雨果诗选》(上册),张秋红译,上海译文出版社1989年版,第142页。

[43] 魏梦:《论一般人格权中的人格尊严》,苏州大学2014年硕士学位论文,第1页。

[44] 姚辉:《论一般人格权》,载《法学家》1995年第5期。

当如何评价和维护？显然，一个热衷于创收而无视患者痛苦的医生，其人格尊严是要打折扣的。根据具体情节甚至可以给予否定性评价。同理，实施庸政懒政的官员，依靠“假大空”“政绩”“混日子、骗位子”的官员，搞“不负责任的创新”[45]的科研人员，其人格尊严，同样必须接受伦理性评价。因此，人格尊严，同样是创造性劳动能力培养必需的制度环境。

由此可见，对于具体的人格，对于某(类)人某种行为作出人格尊严上的评价，一定涉及伦理判断。因此，法律所保护的人格尊严，应当建立在对具体的人、具体的场景、具体的行为合伦理性的综合判断基础之上。例如，对于“不负责任的创新”，应当按照科学研究伦理规范进行伦理审查。[46] 当然，这种对具体的人及其行为作人格尊严的具体判断，以及可能采取的措施，不应当突破《公民权利和政治权利国际公约》第10条关于“尊重其天赋人格尊严”的底线。显然，人格尊严，不仅涉及伦理问题，也涉及法律问题。

四、从法律角度看人格与人格权难点问题

(一)人格的法律含义

1. 基本含义

人格在法律上有两层含义：一指人作为权利义务主体的资格(qualification)；二指受法律保护的人格(利益)范围，属于人格权客体范畴，例如，日常生活将损害他人名誉或者侵犯人身自由称为侵害人格。作为主体资格的人格，于自然人而言，基于人的出生这一事实，是人格的其他含义的前提和事实基础，故《民法典》总则第13条规定自然人的民事权利能力始于出生。就此而言，人格是指公民作为平等的人和平等的法律主体的资格和权利，正如《世界人权宣言》(The Universal Declaration of Human Rights)第6条规定：“人人在任何地方有权被承认在法律前的人格。”《公民权利和政治权利国际公约》第16条同样有此规定。这意味着人格代表人权，其人格尊严，不仅应当得到国家宪法的尊重和社会保障法的(逐步)实现[47]，还应当得到

[45] 中共中央办公厅、国务院办公厅《关于加强科技伦理治理的意见》第5条第4款指出：“任何单位、组织和个人开展科技活动不得危害社会安全、公共安全、生物安全和生态安全，不得侵害人的生命安全、身心健康、人格尊严，不得侵犯科技活动参与者的知情权和选择权，不得资助违背科技伦理要求的科技活动。”

[46] 参见《关于加强科技伦理治理的意见》第5条第1款“严格科技伦理审查”。

[47] Stefano Civitarese Matteucci & Giorgio Repetto, *The Expressive Function of Human Dignity: A Pragmatic Approach to Social Rights Claims*, European Journal of Social Security, Vol. 43:2, p. 34 - 42 (2021).

民事和刑事等法律的平等保护。这个层面的人格,强调人格的主体性和平等性。

人格平等性,意味着人的平等或者人格平等,这也是一项基本的人格权利(一般人格权)。《世界人权宣言》第 1 条规定,“人人生而自由,在尊严和权利上一律平等”。第 7 条规定,“法律之前人人平等,并有权享受法律的平等保护,不受任何歧视”。第 10 条规定,“人人完全平等地有权由一个独立而无偏倚的法庭进行公正的和公开的审讯”。所有这些,都指向人格平等权。《公民权利和政治权利国际公约》同样有此类规定,可见人格平等作为一般人格权,确有其依据;而其要义,依本文理解,没有人格平等,弱势群体的人格安全、人格自由和人格尊严可能难有保障。对此,《欧盟基本权利宪章》(Charter of Fundamental Rights of the European Union)比《世界人权宣言》前进了一大步,设专章调整(人格)平等(equality)问题,并将(人格)平等权具体化为非歧视(non-discrimination,第 21 条),文化、宗教和语言多样性(cultural, religious and linguistic diversity,第 22 条),男女平等(equality between women and men,第 23 条),儿童权利(the rights of the child,第 24 条)、老年人权利(the rights of the elderly,第 25 条)和残疾人融入社会(integration of persons with disabilities,第 26 条)。其提示意义在于,强调人格平等的重要性,并特别关注弱势人群的人格利益,以实现弱势群体的自由和尊严。此外,鉴于人格平等的基础,在于人格五要素人人具有,在人格权制度建设上尊重和保障人格平等,不仅是必要的,且有利于培养创造性劳动能力,有助于尽可能多的人释放其创造创新活力。

作为人格权客体的人格(利益),由于人格的成长性和人格问题的社会性、历史性,不同历史时期人类对于人格法律问题的认识水平不同,各国对于人格权利的法律政策差异较大,人格权客体呈现一定的复杂性。对这种复杂性的讨论,同样有助于完善一般人格权制度。

2. 国外情况

1907 年《瑞士民法典》第 28 条第 1 款规定:“人格被不法侵害者,可提出去除侵害之诉求。”这一规定中的“人格”,即指人格权客体,既可能指具体的人格权客体,例如,身体(身体权客体)、名誉(名誉权客体);也可能指那些一般人格权客体,例如,自由(自由权客体)、平等(平等权客体)。这一条款在人类文明史上,首次明确保护自然人一般人格利益,而在此之前的《法国民法典》(1804 年)、《德国民法典》(1897 年)和《日本民法典》(1898 年),受制于一般人格利益认识的历史局限性，均不存在对于人格（利益）保护的一般性规定。实务中，"《法国民法典》第1382条、《德国民法典》第823条、《日本民法典》第709条规定的不法行为的弹性条款或者原则规定，通过司法判例用于人格利益保护。随着实践的积累，日本1929年公开发行的《人格权法的发达》已经论及作为人格权的生命、身体、健康、自由、精神生活、贞操、名誉、信用及秘密、肖像权、姓名权等。"[48]

"二战"后，有感于侵略战争对于人权与人格野蛮而残酷的践踏，德国著名宪法学者克劳斯·穆勒（Klaus Müller）把"人格"界定为"在质量上和数量上对人的个性有意义的所有的事物"[49]。1949年《德国基本法》（德语：Grundgesetz für die Bundesrepublik Deutschland，缩写：GG）宣示"人的尊严"（第1条）[50]，主张"人格自由发展"（第2条）[51]，强调"人人平等"（第3条）[52]。这三条构成《德国基本法》"基本权利"的一般条款。其中的"人格"，也被认为"意指个人自身特有的个性"[53]。因此，现代德语中的"人格"，被解释为"一个人全部个人特性的总称"，包括"生命、身体、健康、精神、自由、姓名、名誉、肖像以及生活等有关利益的整体"[54]。根据《德国基本法》，《德国民法典》第823条第1款[55]在战后实施中，其中的"其他权利"被认为应作相应的扩张解释，"包括一般人格权在内"[56]。此外，实务中，德国联邦法院以基本法为依据，"建立一般人格权观念，扩大非财产损害金钱赔偿的范围"，以"加强人格权保护"[57]。由此可知，《德国基本法》和《德国民法典》从"人格自由发展"的要求出发，没有将自由限定为"人身自由"，这为思想自

---

[48] 参见［日］加藤雅信：《日本人格权论的展开与最近的立法提案》，杨东译，载《华东政法大学学报》2011年第6期。

[49] Klaus Müller, Grundgesetz, 1976, S. 66.

[50] 《德国基本法》第1条规定："人之尊严不可侵犯，尊重及保护此项尊严为所有国家机关之义务。因此，德意志人民承认不可侵犯与不可让与之人权，为一切人类社会以及世界和平与正义之基础。下列基本权利拘束立法、行政及司法而为直接有效之权利。"

[51] 《德国基本法》第2条规定："人人有自由发展其人格之权利，但以不侵害他人之权利或不违反宪政秩序或道德规范者为限。人人有生命与身体之不可侵犯权。个人之自由不可侵犯。此等权利唯根据法律始得干预之。"其实质是强调"人格自由发展为最高法律原则及法律价值，应受尊重。"

[52] 《德国基本法》第3条第3款规定："任何人不得因性别、出身、种族、语言、籍贯、血统、信仰、宗教或政治见解而受歧视或享特权。"

[53] Ekkehart Stein, Staatrecht, 2000, S. 247.

[54] 王泽鉴：《人格权法：法释义学、比较法、案例研究》，北京大学出版社2013年版，第20～21页。

[55] "因故意或过失不法侵害他人的生命、健康、自由、所有权或其他权利者，负有向他人赔偿因此所生损害的义务。"

[56] 王泽鉴：《民法学说与判例研究（1）》，中国政法大学出版社1998年版，第44～46页。

[57] 王泽鉴：《民法学说与判例研究（1）》，中国政法大学出版社1998年版，第44～46页。

由、“良心自由”等[58]提供了广阔空间,使“人格自由发展”在基本法和私法两个维度上得到充分尊重和保护,为创造性劳动能力的培养提供了良好的制度环境。

3. 中国情况

1929 年《中华民国民法》[59]承继并发展了《瑞士民法典》第 28 条第 1 款之规定。现行我国台湾地区“民法”第 17 条规定自然人“自由不得抛弃”“自由之限制,以不背于公共秩序或善良风俗者为限”。第 18 条第 1 款规定:“人格权受侵害时,得请求法院除去其侵害;有受侵害之虞时,得请求防止之。”第 19 条规定姓名权之保护。第 195 条第 1 款规定:“不法侵害他人之身体、健康、名誉、自由、信用、隐私、贞操,或不法侵害其他人格法益而情节重大者,被害人虽非财产上之损害,亦得请求赔偿相当之金额。”由此可见,我国台湾地区“民法”采用具体人格利益(姓名、身体、名誉等)与一般人格权益相结合的方式,进一步明确了作为权利客体的“人格”的含义与范围。

需要指出的是,我国台湾地区“民法”中的“自由”,含义是宽泛的,泛指“身体动作之自由”(行为自由)和“精神活动之自由”[60],似应作为一般人格权理解。这样一种开放式人格(权益)保护立法,随着学术研究和司法实践的积累,使法律上的人格(权益)含义日益丰富而深刻,个人人格在当时的政治经济社会环境下一定程度上得以自由发展。这一观点有大量史实史料支持。而在我国台湾地区,其“民法”对于人格权益的保护,随着其“司法院”对于台湾地区“宪法”[61]解释的展开得以逐步全面发展,在司法实践中以“维护人性尊严与尊重人格自由发展”的“自由民主秩序之核心价值”为目标,保护人格权益。[62] 当前,稍显不足的是,良心自由等灵魂生活之自由及其民事价值,似乎尚未得到重视。

在中国大陆,根据《民法典》第 990 条规定,人格权客体,包括第 1 款的“具体人格权”客体和第 2 款规定的“一般人格权”客体。[63] 由此不难看出,

---

[58] 《德国基本法》第 4 条第 1 款规定:“信仰与良心之自由及宗教与世界观表达之自由不可侵犯。”

[59] 即现行我国台湾地区“民法”,1929 年公布,同年 10 月 10 日施行,后经多次修订。

[60] “精神活动之自由,应包括心理活动表达于外部之自由及意思决定之自由。”参见史尚宽:《债法总论》,中国政法大学出版社 2000 年版,第 148 页。

[61] 即 1946 年《中华民国宪法》。

[62] 参见黄茂荣:《台湾“人格权法”的最新发展——基于法官造法与“法律”修订的双重观察》,载《华东政法大学学报》2017 年第 3 期。

[63] 杨立新:《人格权的客体不是人格而是人格利益——“民法人格权编”立法研究(3)》,载法律教育网 2018 年 3 月 9 日,http://www.chinalawedu.com/web/23304/yy1803093589.shtml。

对于一般人格权的保护范围,《民法典》既没有像《瑞士民法典》那样概括保护全部人格(利益),也没有像《德国民法典》和我国台湾地区“民法”那样保护人格“自由”[64]和人格自由发展,而是仅仅保护“人身自由”,保护“基于人身自由和人格尊严产生的其他人格权益”。这是对自由权的低水平保护。

不仅如此,《民法典》中的“人格尊严”与德国法和我国台湾地区相关规定上的人格尊严,在立法上或者官方解释上也存在很大的差异。根据《德国基本法》第1条,人格尊严具有纲领性:其一,尊重及保护人格尊严“为所有国家机关之义务”;其二,基于人格尊严而规定的各项基本权利有“拘束立法、行政及司法”的效力,且“为直接有效之权利”。受《德国基本法》影响,我国台湾地区相关规定无论其“司法院”对于我国台湾地区“宪法”解释还是“民事司法”,如上所述,均强调“维护人性尊严与尊重人格自由发展”,认为这是“自由民主秩序之核心价值”的要求。相比之下,《民法典》中的“人格尊严”,受制于《宪法》第38条的立法目的,人格尊严的含义实际上局限于“禁止用任何方法对公民进行侮辱、诽谤和诬告陷害”,而对“人的完整权”有所忽略(详见下文)。这也导致《民法典》对于人格利益的尊重和保护不足,既不利于人格自由发展,也难以营造创造性劳动能力培养所需的制度环境。对此,本文第五部分将从综合视角进一步讨论一般人格权问题。

(二)人格自由与人格尊严

如上所述,从法律角度看人格与人格权,人格自由与人格尊严的关系是一个难点问题。本文认为,法谚“唯自由者具有人格尊严”(Only a truly free person has human dignity),简练地阐明了人格自由与人格尊严的关系,即人格尊严以(充分的)自由为前提。“人格尊严”是“二战”结束后《世界人权宣言》《公民权利和政治权利国际公约》《欧盟基本权利宪章》等许多重要的国际法律文件所确认的重要价值——“天赋人格尊严。”[65]《世界人权宣言》第1条规定:“人人生而自由,在尊严和权利上一律平等。”《欧盟基本权利宪章》第1条规定“人的尊严不可侵犯”,“必须得到尊重和保护”(Human dignity is inviolable. It must be respected and protected.),第3条规定“人的完整权”(right to integrity of the person),强调人的身体与精神(含灵魂)的完整性,之

---

[64] 不只台湾,《澳门民法典》第26条也有类似规定。

[65] 胡玉鸿:《个人的独特性与人的尊严之证成》,载《法学评论》2021年第2期。

所以如此,是因为“人可自由、人能思想、人具理性、人是目的”[66]。这意味着,“生命、身体或精神上的完整性,人的尊严和自由(应)享受最广泛的保护”[67]。也意味着,为了尊重和保障人格尊严,必须强调人格自由(或“人的自由”)而非仅仅“人身自由”[68]。国内有学者将《民法典》“人身自由和人格尊严”,解释为“人作为一种物种所具有的自由和尊严而非指个体的自由和尊严,它是人区别于其他动物的本质属性”,进而认为“人性的自由和尊严在价值位阶上超越了个体的自由和尊严,构成了对人格权的内在限制”[69]。这句话的结论部分是否正确暂且不论,但至少前提存在问题。

实际上,根据《世界人权宣言》第1条、第3条的规定,以及《欧洲基本权利宪章》第1条、第6条(right to liberty and security, 人的自由和安全权)的规定,前提应当是人的自由、安全和尊严,而非仅仅“人身自由和人格尊严”。(人的)自由,最初的含义是指“从被束缚、被虐待中解脱出来”,现在主要是指“个性解放”“自己能做主”。[70] 显然,《民法典》第990条第2款所界定的一般人格权,其范围确实窄了:一是对精神自由尤其是灵魂自由有所忽略;二是对自由的另外两个要素——自律和责任有所忽略(详见下文)。本文这一判断的科学根据,就是前述的“完整的人”“健全的人格”所具有的人格五要素,以及生命科学对于灵魂细胞的发现。[71] 灵魂细胞的存在,是人格尊严的“物质基础”,证明思想自由、良心自由、信仰自由、宗教信仰自由、表达自由是人的自由必不可少的部分;或者说,自由是一个整体,不能只强调某个方面的自由,而忽略人的其他自由。灵魂细胞的发现,则证明了“天赋人格尊严”判断的科学性。这提示作为法定权利的人格权,应当考虑如何全面尊重和保障人格利益,如何从民事法律制度层面保护和发挥人的灵感、灵性、灵巧和良心内审力。人格权制度的完善,尤其是一般人格权制度的完善,不仅对于在民事活动中实现人格尊严,例如生产经营不搞假冒伪劣、科技开发强调“负责任的研究与创新”,具有积极意义,更为创造性劳动能力培养所必需。

(三)以人格权保护人格自由发展

从法律角度看人格权难点问题,最重要的是,应当明确民法人格权的法

---

[66] 胡玉鸿:《个人的独特性与人的尊严之证成》,载《法学评论》2021年第2期。

[67] 欧洲侵权法团体:《欧洲侵权法基本原则》,于敏译,载《环球法律评论》2006年第5期。

[68] Article 6, Charter of Fundamental Rights of the European Union, 2000/C364/01.

[69] 瞿灵敏:《人身自由、人格尊严与民法典人格权体系》,载《民主与法制时报》2021年7月12日理论版。

[70] 《辞海》编辑委员会编纂:《辞海》,上海辞书出版社1999年版,第2281页。

[71] 参见奇云:《挑战宗教"灵魂不灭论" 科学家发现灵魂细胞》,载《发明与创新》2003年第6期。

律目标,同样是为了促进和保护人格自由发展,即在市民社会通过民事关系和民事活动实现人格自由发展。美国著名管理学大师史蒂芬·柯维(Stephen R. Covey)提出:“每一个人成长过程中,人格都会经历三个阶段,依赖期、独立期、互赖期。”[72]通俗地说,依赖期的人依靠别人来满足愿望;独立期的人单枪匹马“闯世界”;互赖期的人,相互帮助、群策群力实现愿望。“互赖是一个更为成熟和高级的概念,是超越依赖型人格和独立型人格的,一个互赖型人格的人,会很好地处理自己和他人的关系,在社会上游刃有余。”[73]其提示意义为,一方面,人格自由发展在人生的不同时期,具体的发展方式应当是不同的;另一方面,人格自由发展的前提,是人格自由而非仅仅人身自由,简言之,人格自由发展需要全面的自由保障。

从民法的角度来看“人格自由发展”,尤其需要深刻理解自由在民法上的含义。自由,作为民法上的一般人格权,是指“人们在尊重他人和遵守法律的同时自由发表言论或做自己想做的事情的权利”[74]。这一定义,隐含自主、自律与责任三重含义:自主,即自己支配所思所言所行;自律,即尊重他人的权利和自由,遵守法律以维护每个人人格自由发展所需要的公序良俗和公共利益;责任,即损害他人权利和自由,或者违反法律强制性规定应当承担相应的法律责任。相比之下,中国大陆主流民法学对于“人身自由”的理解,仅限于“身体自主”“思维自主”“意识自主”[75],似乎忽略了人格自由发展的自律与责任面向,也忽略了自由权是在人格五要素层面上的广泛的自由,是一个“完整的人”的自由,即“人格自由”。[76] 根据《大辞海》,“人格自由,一般人格权的基本内容之一。民事主体保持其人格、发展其人格的自由”。“是民事主体参与社会活动和享有权利、行使权利的基本前提。”[77]此所谓“保持其人格”“发展其人格”即“保持其个性”“发展其个性”之意,从教育学的角度来看,应当引导人格或者个性朝着创造性劳动能力培养的方向自由发展。

---

〔72〕 [美]史蒂芬·柯维:《高效能人士的七个习惯》,李耘译,湖南文艺出版社2015年版,第67~68页。

〔73〕 [美]史蒂芬·柯维:《高效能人士的七个习惯》,李耘译,湖南文艺出版社2015年版,第67~68页。

〔74〕 "Civil freedom, the right of people to be free to say or do what they want while respecting others and staying within the law", in *the Oxford English Dictionary*, Oxford University Press, 2015, p. 364.

〔75〕 杨立新:《人身自由与人格尊严:从公权利到私权利的转变》,载《现代法学》2018年第3期。

〔76〕 随着讨论的深入,杨立新教授也意识到:"因为人身自由讲的是身体自由、行动自由、意志自由,讲的是这个,但是要能够作为一般人格权,他必须是人格自由才行。"参见杨立新:《中国民法典新规则要点专题讲座实录·完整版》,载雄县人民检察院网2020年9月1日,http://www.xiongan.jcy.gov.cn/xxjc/xxjcyw/202012/t20201230_3087936.shtml。

〔77〕 夏征农、陈至立主编:《大辞海(法学卷)》,上海辞书出版社2009年版,第247页。

由此可知,为了实现人格自由发展,《民法典》第 990 条第 2 款中的“人身自由”,确实应当改为(人的)“自由”或者“人格自由”。

从法学的角度来看,对作为“母权利”和“框架权利”的一般人格权,理论上如果出现认识错误,人格权制度的立法就很难设计好,人格权司法也可能受到钳制,就很有可能严重制约“人格自由发展”和创造性劳动能力的培养。

五、从综合视野看人格与人格权难点问题

(一)最广泛的人格权范围

综合以上不同学科的分析可知,没有直接经济内容的人格五要素,法律上可外化为或“识别”为:(1)“生命、身体、健康等物质性要素”和“姓名、肖像、荣誉、名誉、隐私等精神性要素”[78];(2)人格安全、自由、尊严和平等,这样的物质性要素与精神性要素有机融合体——其中的“物质性要素”指人身安全、人身自由,“精神性要素”指精神安全、灵魂安全、“精神活动之自由”[79]、灵魂生活之自由,以及尊严和平等的精神灵魂需求;(3)(创造性)劳动能力、贞操和非歧视等,这些基于人格安全、自由、尊严和平等产生的其他人格权益。所有这些人格权益,因折射自然人人格五要素状况,正是“完整的人”和“健全的人格”在法律上的反映,依法理应当得到法律保护,构成最广泛的人格权范围,以满足人格自由发展的客观要求。

最广泛的人格权范围,这一理念就中国大陆而言,意味着《民法典》人格权编立法、法律修订、法律解释(包括立法解释、司法解释、学理解释)和法律实施的目的,应当通过对自然人人格五要素所涉权益的全面保护,促进国人尽可能多地成为“完整的人”拥有“健全的人格”,在此基础上培养、造就大量具有创造性劳动能力的优秀人才。而《民法典》第 109 条、第 990 条之规定,仅仅保护“基于人身自由和人格尊严产生的其他人格权益”,对基于“法无禁止皆自由”的一般行为自由和人格自由发展,对创造性劳动能力培养,对于落实中国《宪法》第 47 条关于“科学研究、文学艺术创作和其他文化活动的自由”,以及中国《科学技术进步法》第 8 条关于科学技术研究开发自由的规

---

〔78〕 王利明:《试论人格权的新发展》,载《法商研究》2006 年第 5 期。

〔79〕 史尚宽:《债法总论》,中国政法大学出版社 2000 年版,第 148 ~ 150 页。

定[80],是不利的,因为它对于“精神活动之自由”的保护,仅限于前述的“意志自由”和“思维自由”,明显忽略了灵魂生活之自由和信息自由问题,而没有这些方面的自由,思想自由、信仰自由、良心反省自由和表达自由,必然受到种种限制,创造性劳动能力的培养,就缺乏必要的社会环境和制度条件。此外,一般人格权制度缺乏对于人格安全和人格平等的保护,同样不利于人格尊严和人格自由发展,也不利于创造性劳动能力培养,尤其是对于弱势群体人员。

(二)如何理解“其他人格权益”

上文主张,理解和解释“其他人格权益”,需要从人格五要素的角度,对基于人的安全、自由、尊严和平等产生的全部人格权益,“在质量上和数量上”进行全面的保护,以促进国民普遍拥有“健全的人格”并涵养创造性劳动能力。这一主张,有两个方面的考虑。

1. 保护“完整的人”的需要

作为人格健全的“完整的人”,自然人应当享有信息自由、言论自由、契约订立自由、意思决定之自由、独立思考之自由、良心反省并公开表达之自由、学术研究之自由,等等。在现实生活中,很难将这些精神自由、灵魂自由与民事活动剥离开来,例如,信息(输入与输出)自由对于合同签订与履行的必要性,对于科技创新与艺术创作的重要性。因此,民法保护的自由不应当局限于“人身自由”。过于强调人身自由而忽略其他自由,易割裂或伤害人格的完整性。再者,“完整的人”是一个发展中的概念。随着生命科学对人的认识不断深入,人的精神安全(含灵魂安全)利益日益受到重视。灵魂应当有免于被要挟、恫吓、恐惧、伤害的自由。对各种类型的精神胁迫,民国时期法学家史尚宽先生曾十分富有远见地指出:“因胁迫而生恐惧,尚未至变更意思决定,妨害学者之思索或妨害人之安眠休息,皆为对意思作用以外之精神生活,与以影响,亦构成人格权之侵害。”[81]在法律上,这意味着人的精神安全(含灵魂安全)利益,亦应当得到法律保护。《世界人权宣言》中文版第3条中的“人身”两字系误译应删除,其符合“信、达、雅”要求的译法,应当是

---

[80] 《科学技术进步法》第8条规定:“国家保障开展科学技术研究开发的自由,鼓励科学探索和技术创新,保护科学技术人员自由探索等合法权益。科学技术研究开发机构、高等学校、企业事业单位和公民有权自主选择课题,探索未知科学领域,从事基础研究、前沿技术研究和社会公益性技术研究。”

[81] 史尚宽:《债法总论》,中国政法大学出版社2000年版,第158页。

"人的安全"[82]。而事实上,正如前述,《欧盟基本权利宪章》第 6 条同样明确规定(人的)"自由与安全权"(right to liberty and security)。[83] 鉴于此,本文主张一般人格权益,应当包括:(1)人格安全、人格自由、人格尊严和人格平等;(2)基于人格安全、人格自由、人格尊严和人格平等产生的其他人格权益,例如,免受非歧视待遇[84],属于以人格平等为基础的人格权益。并认为这种广泛的一般人格权益,为创造性劳动能力培养所必需。

2. 弘扬"社会主义核心价值观"的需要

"弘扬社会主义核心价值观"见于《民法典》第 1 条,而自由是社会主义核心价值观的基本要素之一,其价值目标指向人的全面发展,即马克思所讲的"个人的独创的和自由的发展""全部才能的自由发展",可以肯定,"自由:科学揭示了社会主义核心价值观的本质规定和最高理想"[85]。从思想渊源来看,马克思这一观点继承了康德的人格主义观念,而康德的人格主义观念对于德国人格权法的发展影响至深。在康德看来,人是理性的存在物,可自由行事,人的天赋能力或人格的发展是意志自由的核心,应被当作自然的权利,同时这种权利也伴随着对自我决定所生后果,并承担的相应义务。[86] 因此,德国人格权法——《德国基本法》《德国民法典》,以及对德国有约束力的《欧洲人权公约》《欧洲基本权利宪章》关于人格权及其保护的规定,实际指向作为自然权利的"人的天赋能力或人格的发展",具有普遍的意义——它们包括人的安全、自由、尊严和平等之意。就此而言,《民法典》应当保护的,当然是"人的自由"而非仅仅"人身自由"。而人的自由发展,需要安全、平等的社会与制度环境,需要服从于人格尊严,故我国《民法典》中的一般人格权,本文认为,应当是"基于人格安全、自由、尊严和平等产生的其他人格权益"。唯其如此,才能培养大量具有创造性劳动能力的杰出人才,才能对人类文明尤其是精神文明有数量可观的重大贡献。

显然,《民法典》第 990 条第 2 款应当保护的是基于人格安全、自由、尊严和平等产生的其他人格权益,这些权益指向一个"完整的人"在政治、经济与

---

[82] Article 3. Everyone has the right to life, liberty and the security of person. 其中 person 指的是"人、个人、某人",而非"人身"。

[83] Everyone has the right to liberty and security of person.

[84] 《世界人权宣言》第 7 条规定,人人有权享受平等保护,以免受违反本宣言的任何歧视行为以及煽动这种歧视的任何行为之害。

[85] 《社会主义核心价值观:自由》,载澎湃网 2020 年 5 月 14 日,https://m.thepaper.cn/baijiahao_7398804。

[86] 参见[德]康德:《道德形而上学原理》,苗力田译,上海人民出版社 2002 年版,第 92 页。

社会生活中必须拥有且应受到保护的人格权益，为培养“健全的人格”所必需：既为尽可能多的人拥有“健全的人格”提供法治环境；又为每一个人自由发展其个性、形成其独特的人格提供法治保障。

六、结论与建议

“人格”一词有多义，“与吾人密切相关；或品性之不修，或个人特质之不具，或法律人格之不备，则均难以称之为完整的人”[87]。人格权法对于人格（利益）的保护，客观上要求从多维度地全面认识、理解人格。

从教育学角度看人格与人格权难点问题，“完整的人”或人的完整性是应有的人格状况。保护“完整的人”的人格利益使之具有“健全的人格”，是人格权的目标。人格权客体是“身”“心”“智”“德”“灵”人格五要素在法律上的外化，但可能存在虚假的外化——通过不名誉的手段获得荣誉。培养创造性劳动能力，要求从人格安全、人格自由、人格尊严和人格平等四个层面全面构建中国一般人格权制度。如何保护创造性劳动能力免受不法侵害，以及如果受到损害法律上应当如何评估和救济，值得深入研究。现行“劳动能力鉴定标准”难以顾及创造性劳动能力的独立性和独特性。

从伦理学角度看人格与人格权难点问题，伦理意义上的人格，从道德品质或灵魂的层面阐述人格，与法律上人的名誉、荣誉、自由和尊严存在密切联系，涉及人格尊严的“个人独特性”。这意味着，法律所保护的人格尊严，应当建立在对具体的人、具体的场景、具体的行为合伦理性的综合判断基础之上。这一认知，对于评价医生、官员和科研人员等大量涉及专业或职业伦理的行为，对于认识这些行为背后的“人格尊严”问题，对于处理过度医疗、庸政懒政和“不负责任的创新”等社会热点问题，对于创造性人格的培养，均具有积极意义。

从法律角度看人格与人格权难点问题，一般人格权客体除了人格自由、人格尊严外，还应当包括人格安全、人格平等。人格自由发展客观上需要全面保障人的自由，实现法律框架下人的自主、自律与责任。《民法典》第 109 条、第 990 条第 2 款所界定的“人身自由”，一是对精神自由尤其是思想自由、良心自由和信息自由等灵魂自由有所忽略；二是对自由的另外两个要素——自律和责任有所忽略。因此，应当以“人格自由”替代“人身自由”。

---

[87] 王爱君：《人格论》，南方出版社 2009 年版，第 102 页。

灵魂细胞的存在,是理解和支持一般人格权的唯物主义哲学基础和科学基础,证明思想自由、良心自由、信仰自由、信息自由、表达自由是人格自由必不可少的部分;或者说,自由是一个整体,不能只强调某个方面的自由,而忽略人的其他自由。灵魂细胞的发现,既证明"天赋人格尊严"判断的科学性,也证明"人身自由"作为一般人格权的局限性。

从综合视野看人格与人格权难点问题,人格尊严的实现程度,取决于人格安全、自由与平等的程度。《民法典》人格权编立法、法律修订、法律解释和法律实施的目的,依本文理解,应当通过对自然人人格五要素所涉权益的全面保护,促进国人尽可能多地成为"完整的人"拥有"健全的人格",在此基础上培养、造就大量具有创造性劳动能力的优秀人才。为此,本文提出如下建议:

1. 将《民法典》第 109 条和第 990 条第 2 款的"人身自由",改为"人格自由",形成"人格自由" = "人身自由" + "其他自由"的开放性人格权条款,促进人格在民事领域自由发展。明确人格安全和人格平等亦为一般人格权。

2. 完善一般人格权法律制度,探索建立人格安全法律制度的必要性和可能性,以便从制度层面保护和发挥人的灵感、灵性、灵巧和良心内审力,全面尊重和保障人格利益。

3. 民法人格权制度的立法,应当有利于尊重和保护宪法基本权利和各领域具体的自由,例如学术研究自由离不开思想自由和良心自由。对此,民法人格权制度建设应当有相应的回应,全面保护基于人格安全、自由、尊严和平等的其他人格权益,是必要的。

4. 探索建立创造性劳动能力损害情况的评估标准,充分考虑影响创造性劳动能力各种具体因素:被评估者的创造性人格及其利益,所从事的创造性劳动的特点与成果,在所涉专门领域的能力,所受损害的范围与程度等。